suhrkamp taschenbuch 2670

Angefangen hat alles, als sich Ann und Sarah bewußt wurden, daß sie als Töchter von Überlebenden der Shoah die Geschichte ihrer Familien nur in Fragmenten kennen. Die persönliche Biographie wird zu Hause tabuisiert, totgeschwiegen. Die Eltern erzählen nichts, die Kinder stellen keine Fragen. Dieses jahrzehntelange Schweigen, hebräisch »Shtika«, hat sie interessiert. Wie war es wirklich? Sie wollen einblikken in diese Welt der Berührungsängste und gegenseitigen Rücksichtnahmen, wollen mehr erfahren.

Ann und Sarah drehen einen Film über ihre Generation. Sie begleiten drei Kinder von Überlebenden des Ghettos Lodz in ihrem Alltag in Israel, Deutschland und Polen. Sie erfahren verschiedene Formen des Umgangs mit der Vergangenheit, dem Überleben ihrer Eltern, dem eigenen Leben, aber auch Gemeinsamkeiten. Dabei nähern sich Ann und Sarah ihrer eigenen Geschichte, werden in einen Kreislauf von wechselnden Emotionen, Lachen und Weinen, Neugier und Verletzbarkeit hineingezogen. Auf einer gemeinsamen Reise nach Lodz dokumentieren sie den Versuch, das Tabu zu brechen. Ohne sich dagegen wehren zu können, werden sie Teil der eigenen Inszenierung.

Naomi Bubis wurde 1963 in Frankfurt am Main geboren, Sharon Mehler 1970 in Berlin. Gemeinsam drehten sie 1995 den »bemerkenswerten« (FAZ) Dokumentarfilm »Nazi-Opfer brechen ihr Schweigen«. Die Autorinnen und Filmemacherinnen leben in Frankfurt am Main.

Naomi Bubis
Sharon Mehler

Shtika

Versuch, das Tabu zu brechen

Suhrkamp

Umschlagillustration:
Felix Nussbaum, *Schweigen*, um 1936

suhrkamp taschenbuch 2670
Erstausgabe
Erste Auflage 1996

Satz: Fotosatz Otto Gutfreund, Darmstadt
Druck: Nomos Verlagsgesellschaft, Baden-Baden
Printed in Germany
Umschlag nach Entwürfen von
Willy Fleckhaus und Rolf Staudt

1 2 3 4 5 6 – 01 00 99 98 97 96

»Schweigen ist ein Zaun der Weisheit.«

von Herzen
meiner Mutter, meinem Vater und meiner Oma

Für meine Liebsten,
Papa, Mama, Jessica und Avi

Das Tabu

Ein Jahr ist nun vergangen, seit Ann und Sarah begonnen haben, die Tür zur Vergangenheit zu öffnen. Ein Jahr, seit sie beschlossen haben, zusammenzuarbeiten und sich mit der Thematik der zweiten jüdischen Generation auseinanderzusetzen.

Angefangen hat alles im Jahre 1988, als sich die beiden auf einer Reise kennenlernten. Zwar sind sie in der gleichen Stadt aufgewachsen, doch trennen sie sieben Jahre – Jahre, die bis zu einem gewissen Alter unüberbrückbar sind. Welten lagen also zwischen ihnen, unterschiedliche Entwicklungen, ein jeweils anderer Freundeskreis, und selbst die jüdische Gesellschaft hatte sie bis zu jener Reise nicht zusammengeführt.

1988 reisten Ann und Sarah mit fünfzig anderen jüdischen Jugendlichen aus Deutschland nach Polen. Für viele von ihnen war dies eine Fahrt an den Geburtsort ihrer Familien, für alle eine Fahrt an Stätten der Vernichtung. Obwohl sich beide damals nur wahrnahmen und nicht gleich tiefergehende Bande knüpften, war diese Reise der Anfang ihrer Freundschaft. Rückblickend erscheint es fast symbolisch, daß sie sich gerade dort – auf dem größten jüdischen Friedhof der Welt – begegnet sind. Beide waren sie noch unbefangen und erahnten die Tragweite dieser Reise nicht. Sie wußten damals noch nichts von einer zweiten Generation, nichts von psychischen Übertragungen, nichts von Verbindungen und Gemeinsamkeiten der Kinder von Shoah-Überlebenden. Nichts von ihrer Verbundenheit.

Heute, acht Jahre danach, wissen sie mehr: Sie haben das Schweigen in den Familien kennengelernt, das Tabuisieren des eigenen Verfolgungsschicksals bei der Mehrzahl der Überlebenden. Wahrscheinlich war es beiden damals nur möglich, im Unwissen dieser Erkenntnisse die Reise anzutreten. Das ersparte ihnen zusätzliche Belastungen. Und dennoch prägten beide die sieben Tage im damals noch kommunistischen Polen in vielerlei Hinsicht. Sie gaben ihnen die Möglichkeit, Gelesenes selbst zu sehen, Erzähltes mit eigenen Augen aufzusaugen, das Grauen versuchsweise zu rationalisieren, die blutige Erde zu betreten, den Haß einer dem eigenen Volk feindlich gesinnten Bevölkerung zu spüren, die Beklemmung angesichts der Vernichtungszentren zu erleben, die Weite der Felder, die bedrohliche Gegenwart der Wachtürme und Baracken, die verwaschene Schönheit einer Landschaft über Bergen von Asche, die verstummten Schreie in der Luft, der versiegte Rauch der Krematorien, die Hilflosigkeit und Ohnmacht im Schatten aller Monstrosität.

An diesen Orten in Polen haben Ann und Sarah erstmals konkret die Konfrontation mit der Geschichte erfahren. Bis dahin waren sie darauf angewiesen, sich historische Fakten durch Bücher oder Dokumentationen anzueignen, durch Podiumsdiskussionen, Vorträge, Erzählungen von Zeitzeugen – Überlebenden der Shoah, die ihr Schicksal einer oft nur kleinen Öffentlichkeit preisgaben. Allein die Geschichte, die ihnen am nächsten ist, kannten und kennen sie nicht: die ihrer Eltern. Fragen über Fragen türmen sich auf, die sie selbst nicht beantworten, über die sie sich nicht verständigen können. Sie können weder die Namen ihrer ermordeten

Familienangehörigen noch deren Todesorte benennen. Es gibt keine Gräber – die Gräber liegen in der Luft. Sie verstummen selbst, wenn sie nachfragen wollen, kennen ihre eigenen Wurzeln nicht: Es gibt keine Erzählungen über das Leben ihrer Eltern vor dem Krieg, über ihre Kindheit, ihr Zuhause. Ihr Überlebensschicksal, der gewaltsame Verlust von Verwandten und Freunden bleiben ein unbeschriebenes Blatt.

Ann, einunddreißig Jahre alt, Kind polnischer Überlebender, erinnert sich nur an Eckdaten der Überlebensgeschichte ihrer Eltern. Ihre Mutter wurde 1930 in Deblin, einem der versunkenen Stettl im Osten Polens, geboren. Einer Kleinstadt, die 1939 von den Nazis besetzt wurde. Damit sie überleben konnte, war alltäglicher Heroismus ausschlaggebend, Stärke zum Weiterleben, Kraft, nie die Hoffnung zu verlieren. Anns Mutter lebte mit ihren zwei jüngeren Geschwistern in dem von ihren Eltern betriebenen Sägewerk irgendwo zwischen Warschau und Lublin. Die Holzproduktion wurde zur Produktion für den Todfeind. Nachdem nach der Okkupation 1939 die Nazitruppen einmarschiert waren, wurde ein Ghetto gebildet, später kam es zu Aussiedlungen und Deportationen. In Anns Phantasie ist dies alles schwer vorstellbar, und dennoch versucht sie immer wieder, das Unfaßbare zu fassen. Der Marktplatz als Sammelstelle für Kinder, Alte, Männer und Frauen. Familien werden auseinandergerissen. Schreie der Verzweiflung. Panik. Angst. Die Befehle der SS: schneller, schneller, und dann der Abtransport ins Arbeitslager. Die Familie der Mutter bleibt zusammen. Sie selbst ist tapfer, und mutig rettet sie vier Menschenleben: ihren siebenjährigen Bruder, zwei kleine Cousinen und die neunjährige Schwester. Sie rettet sie vor dem Tod im Osten, vor dem Massenmord in Gas und Feuer. Dies ist eine der wenigen Episoden, die Ann kennt und sich auch merken kann. Mußten eigentlich auch Kinder in diesem Lager Arbeit verrichten? Wie lebten sie? In Baracken, getrennt, gemeinsam? Offene Fragen, nie gefragt, nie beantwortet.

Jahre später kommt es dann zur Katastrophe: erneute Deportation. Diesmal in eines der berüchtigten Todeslager. Die Familie wird getrennt. Der kleine Bruder der Mutter wird mit dem Vater, Anns Opa, nach Buchenwald verschleppt. Der Kleine gehört 1945 zu den jüngsten Überlebenden dieses Konzentrationslagers. Ihr Opa stirbt erbärmlich eine Woche nach der Befreiung. Anns Mutter überlebt, zusammen mit ihrer Mutter. Beide sind sie von Polen nach Bergen-Belsen deportiert worden. Ann hat Bilder von der Befreiung dieses Lagers, gefilmt von britischen Soldaten, gesehen: Berge von Leichen, SS-Schlächterinnen, noch in Uniform. Beim Anblick dieser Unmenschen in Menschengestalt wäre sie fähig, sich zu vergessen. Kurz vor der Befreiung werden ihre Mutter und ihre Oma erneut deportiert: erst nach Burgau, dann ins nächste Lager nach Turkheim, über blutgetränkte Erde. Schließlich werden die beiden Frauen getrennt, Anns Mutter ist schwer krank, die Oma aber wird zu den Gesunden eingeteilt. Sie wird auf einem Todesmarsch nach Allach, einem Nebenlager von Dachau, verschleppt, wo sie dann auch befreit wird. Ihre Mutter wird auf einer Fuhre mit anderen Schwerkranken von Turkheim nach Dachau deportiert. Sie ist vierzehn Jahre alt, als sie von amerikanischen Soldaten in Dachau befreit wird.

Auch Anns Vater ist in Polen aufgewachsen. Seine Lebensgeschichte hat sie zwar öfter und auch detaillierter gehört als die ihrer Mutter, aber nie aus seinem eigenen Mund. Ihr Vater hat im Laufe der letzten Jahre sein jahrzehntelanges Schweigen gebrochen: vor allem gegenüber jungen Menschen, Studenten und Schülern, einer anonymen Menge von Zuhörern, fragenden Journalisten und Neugierigen. Zwischen Tochter und Vater aber bleibt das Tabu bestehen. Obwohl Ann Fakten über ihren Vater anhand verschiedener Quellen zugänglich sind und seine Geschichte damit nicht von so vielen weißen Stellen durchsetzt ist wie die ihrer Mutter, könnte sie sie nicht lückenlos wiedergeben. Sie müßte sich erst vergewissern, ob sie nicht – wie so oft – alles durcheinanderbringt. Sie hat die Namen seiner ermordeten Geschwister und Eltern schon öfter gehört oder gelesen, und dennoch kann sie sie nicht nennen. An sich hat sie ein relativ gutes Erinnerungsvermögen, hier aber versagt ihr Gedächtnis oft. Von vielen Daten und Episoden aus dem Leben ihres Vaters kann sie nur wenige wiedergeben.

Sie weiß, daß er einer religiösen Familie entstammt. Wenn ihr Vater an Pessach die Haggada liest, kann er heute noch alle Gebete auswendig. Das hat sie immer beeindruckt. Seine Mutter ist während des Krieges verstorben; sie wurde nicht von den Nazis ermordet, sondern starb eines natürlichen Todes – falls man dies in einer Zeit des Hungers, der Krankheiten, von Entbehrung und Angst behaupten kann. Ihr Vater hatte mehrere Geschwister, wie viele es waren, weiß sie nicht. Durch den Einmarsch der Nazis in Polen wurde auch seine Familie auseinandergerissen. Genauere Umstände sind Ann unbekannt.

Ihr Vater kam zusammen mit seinem Vater in ein Arbeitslager in Deblin. Sein Vater wurde dann aus Deblin deportiert. Der Zug, in den er gepfercht wurde, bewegte sich an einen unbestimmten Ort, von dem sich herausstellte, daß er Treblinka hieß. Anns Vater wurde in ein weiteres Arbeitslager nach Tschenstochau verschleppt. In diesem Lager überschneidet sich die Geschichte ihrer Eltern. Denn auch ihre Mutter war eine Zeitlang in Tschenstochau interniert. Dieses Lager ist in Anns Gedankenwelt sehr bildhaft geworden. Sie sieht eine Vielzahl von Baracken und sich versteckende Kinder, karges Land und Wachmannschaften, einen Toreingang und Stacheldraht. Ihr Vater arbeitete als Postbote im Lager. Manchmal fragte sie sich: Wer hat hier wem geschrieben? Wie adressiert man einen Brief, der einem Lagerinsassen gilt? Anns Vater ist somit der einzige einer großen Familie, der überlebt hat. Seine Geschwister, sein Vater, seine Onkel und Tanten, Cousins und Cousinen, alle wurden sie von den Nazis ermordet.

Auch Sarah, fünfundzwanzig Jahre alt und Tochter eines Überlebenden der Shoah, weiß, daß sie nur bruchstückhaft die von ihrem Vater erlittenen Greueljahre während des Zweiten Weltkrieges wiedergeben kann. An welche Erzählungen soll sie sich erinnern? Sie kennt nur Einzelheiten, die zusammenhängende Geschichte aber nicht.

Sarahs Vater wurde 1935 in Czernowitz, der Hauptstadt der Nordbukowina, im damaligen Rumänien geboren. Fast die Hälfte der Bevölkerung von Czernowitz war vor Kriegsausbruch jüdisch. Die Rumänen zögerten nicht, sich umgehend auf die Seite der Deutschen zu schlagen;

sie wurden die brutalsten Verbündeten der Nazis. Im Jahre 1941, als Rumänien die 1940 – im Zuge des Hitler-Stalin-Paktes – an die Sowjetunion abgetretenen Gebiete Bessarabien und Nordbukowina zurückeroberte, hatte ihr Vater und seine Familie die einmalige Chance, vor den sich ausbreitenden Judenmassakern nach Bukarest zu entkommen. Aus ihr unbekannten Gründen konnte jedoch der Großvater ihres Vaters nicht in das Rettung verheißende Altrumänien fliehen. Und so beschloß die Familie zusammenzubleiben, sich nicht zu trennen. Im Jahre 1941 wurde die gesamte Familie nach Transnistrien, in das von Rumänien eroberte Gebiet zwischen den Flüssen Dnejstr und Bug, in das Arbeitslager Mogilew deportiert. Einzelheiten kennt Sarah nicht, weder über das Ghetto in Czernowitz noch über den Tag der Deportation, den Transport in das Arbeitslager Mogilew und den Lageralltag dort.

Mogilew. Dieser Name steht für Terror, Demütigung, Hunger und Krankheit. Ihr Vater war 1941 gerade sechs Jahre alt, ein kleiner Junge, unterdrückt von einem unmenschlichen System. So sahen also die Feinde des »Reiches« aus: unschuldige Kinder! Eine der wenigen Episoden aus Mogilew, die Sarah kennt, ist die Erkrankung des Vaters an Bauchtyphus und Tuberkulose. Die Lebensumstände im Lager waren entsetzlich: Der gesamte Komplex war verwanzt, die Familie des Vaters von Läusen befallen. Das allmähliche Verhungern gehörte zum System. Auch an eine andere Episode, die ihr Vater einmal erzählte, erinnert sich Sarah: Dabei erwähnte er verfaulte, dreckige Kartoffelschalen, die ihm einen weiteren Tag des Überlebens ermöglichten. Ihren Großvater hat Sarah nicht mehr kennengelernt, er ist in Mogilew gestorben.

Als sie klein war und hin und wieder keine Lust auf Hausaufgaben hatte, hörte sie ihren Vater sagen: »Als ich so alt war wie du, mußte ich Zwangsarbeit verrichten und konnte nicht in die Schule gehen«. Dieser Satz blieb ihr immer wie ein Kloß im Halse stecken. Sie verzog sich in ihre vier Wände, um die Nähe ihres Vaters zu meiden. Auch ihre jüngere Schwester und der kleinere Bruder bekamen diesen Satz zu hören, keiner der drei hat darauf jemals etwas erwidert. Auch unter den Geschwistern wurde das Schicksal des Vaters nie thematisiert. Waren die Kinder krank, und sei es nur, daß sie einen Schnupfen hatten, wurde ihr Vater vor Angst fast verrückt. Sofort mußten sie einen Arzt aufsuchen. Erst viel später konnte Sarah diese übertriebenen Ängste in Relation zu seinem Überlebenskampf in Mogilew setzen.

Sarahs Mutter ist keine Überlebende der Shoah, sie wurde im Jahre 1949 in Israel geboren. Kurz vor Kriegsausbruch war ihr Vater aus der polnischen Kleinstadt Zdunska Wola und ihre Mutter aus der slowakischen Stadt Bardiov nach Palästina ausgewandert.

Während Sarahs Vater über seine Kriegserlebnisse schweigt, ist die Shoah durch ihre Mutter ein zentrales Thema zu Hause. Es gibt kaum ein Buch über die europäische Judenvernichtung, das sie nicht gelesen hat. So kommt fast tagtäglich das Thema auf, aber nie das Verfolgungsschicksal von Sarahs Vater. Nicht einmal über ihre Mutter konnte sie Näheres in Erfahrung bringen. Es erschreckt sie oft, wie begrenzt und oberflächlich ihr Wissen ist. Wie kommt es, fragt sie sich, daß ihre jüdischen oder nichtjüdischen Freunde nie etwas von ihr über den Leidensweg ihres Vaters hören wollen? Ist dies Ignoranz, Desinteresse oder Scham? Seit einiger Zeit stellt sie sich immer häufiger diese Fragen. Früher hat sie nie über ihre Gefühle, Kind eines Überlebenden zu sein, nachgedacht. Sie hat das Schweigen des Vaters nie in seiner Bedeutung und Auswirkung reflektiert.

Erste Begegnungen

September 1994: Ann und Sarah stehen im Lärm einer Ansammlung von Menschen, die meisten sind zwischen sechzig und achtzig Jahre alt. Es ist jetzt zwei Monate her, seit sie den Entschluß gefaßt haben, einen Film über ihre Generation zu drehen, eine Dokumentation über das anhaltende Schweigen der Eltern, über die Tabuisierung der eigenen Lebensgeschichte in den Familien, über die nie gestellten Fragen. Jetzt lehnen sie hier in Tel Aviv nervös an einem breiten Treppengeländer, das zu einem großen Auditorium führt, in dem sich heute abend zweitausend Menschen versammeln werden. Es ist der Auftaktabend eines dreitägigen Treffens von Ghetto-Überlebenden aus Lodz – und gleichermaßen der Beginn ihrer Recherche. Sie sind hier, um erste Kontakte zu knüpfen: In ihrem Film sollen drei Kinder von Lodzer Überlebenden im Mittelpunkt stehen. Sarah und Ann wollen erfahren, ob es anderen ähnlich wie ihnen ergeht, ob sie gleiche Erfahrungen zu Hause gemacht haben. Schon in Frankfurt sind sie oft von Außenstehenden gefragt worden: »Warum gerade Lodz als Verbindungspunkt zwischen den Familien?« Geduldig haben sie immer wieder erklärt, daß ein Stetl die Chance auf ein Minimum reduziert hätte, drei Überlebende mit gleichen Wurzeln zu finden, die heute mit ihren Kindern in Deutschland, Polen und Israel leben. Ihre Absicht ist es, am Ende des Films mit den drei Familien, Eltern und Kindern, an den Ort der Vertreibung zurückzukehren: nach Lodz.

Nun stehen sie beide hier am Anfang ihrer Suche, wollen nicht auffallen und merken doch, daß sie herausstechen, ihr Alter verrät sie. Sie gehören nicht dazu, sind stille Beobachter, Außenstehende. Viele der ehemaligen Lodzer sind alleine gekommen, in der Hoffnung, ein einst vertrautes Gesicht wiederzuerkennen. Nur wenige sind von ihrer engsten Familie umgeben, werden begleitet von Söhnen, Töchtern und Enkelkindern. Leise beobachten Ann und Sarah suchende Augen, Umarmungen und Tränen des Wiedererkennens nach fünfzig Jahren. Es ist ein Treffen von Geretteten – von einst versteckten, gemarterten und geflohenen Menschen.

Sarah hat sich oben auf die über den breiten Treppenaufgang zu erreichende Empore gestellt und macht mit einer kleinen Videokamera Aufnahmen: Gesichter und Hände im Zoom, Berührungen im Weitwinkel. Ann steht unten und sieht, wie Sarahs blondgelockte Mähne ihr immer wieder ins Gesicht fällt, wie sie versucht, ihre Haare durch das Aufstecken ihrer Sonnenbrille zu bändigen, wie ihr Kopf hinter der Kamera verschwindet und nur noch der Mund zu sehen ist, wie sie sich mit den weißen Turnschuhen am Geländer abstützt, wie sie die Kamera kurz absetzt, um ihre beige Strickjacke fester um die Taille zu binden, wie sie die Kamera wieder ans Auge hebt und in ihre Richtung schwenkt. Ann spürt, wie sie nun selbst zum gefilmten Objekt wird. Sarah regelt die Schärfe und hat Anns grüne Augen groß im Objektiv, ändert erneut die Einstellung, sieht nun ihre dunklen, gelockten Haare und beobachtet, wie Ann breit schmunzelt. Sie filmt jede ihrer Bewegungen, wie sie auf dem Weg zur Treppe über ein Kabel stolpert, wie sie mit ihren schwarzen Red-Wing-Schuhen die Stufen erklimmt, wie sie sich ihr langärmliges weißes T-Shirt in den ausgewaschenen Jeans zurechtzupft und sich schließlich auf den obersten Treppenabsatz setzt. Sarah kniet nun neben ihr, und gemeinsam schauen sie auf die dichtgedrängte Menge, die durch ein unsichtbares Band verbunden ist. Sie alle dort unten sind jetzt bereit, Erinnerungen an eine schmerzhafte Vergangenheit zuzulassen, Verdrängtes erneut zu durchleben. Sie alle haben das Bedürfnis, verwandte Schicksale zu erfragen, die erlittene Zeit im ehemaligen Ghetto, die Deportation und Befreiung in Erzählungen zu teilen.

Es ist dunkel im Saal. Im Scheinwerferkegel steht der Vorsitzende der Lodzer Organisation etwas verloren auf der großen Bühne und begrüßt die erwartungsvolle Menge. Während Sarah und Ann diesem Mann zuhören, flüstert der neben Sarah sitzende ältere Herr ihr ins Ohr: »Seid ihr alleine hier?« Sarah bestätigt dies mit einem stummen Nicken. Er greift nach ihrer Hand und spricht weiter: »Ich heiße Victor und komme aus New York. Ich bin auch alleine hier.« Zwischen Sarah und Victor entfaltet sich eine Art lautloser Unterhaltung. An der Seite dieses agilen Achtzigjährigen fühlt sich Sarah wohl und nicht mehr so verloren in der anonymen Menge. Victor hat die Herzlichkeit so vieler älterer Juden, diese einnehmende Wärme.

Die berühmte Chava Alberstein singt mit kraftvoller Stimme jiddische Lieder. Viele kennen die Texte auswendig, manche summen mit. Auf eine überdimensionale Leinwand wird ein Schwarz-Weiß-Film über das Vorkriegsleben in Lodz projiziert. Vor Ausbruch des Zweiten Weltkriegs lebten in dieser größten Industriestadt

Zentralpolens achthunderttausend Einwohner. Neben Polen und Deutschen war ein Drittel der Bevölkerung jüdisch. Im Film wird deutlich, wie stark das damalige Stadtbild von den gigantischen Textilfabriken und monumentalen Palästen der großen Industriellen geprägt war. Aber auch die Armut, in den vom Zentrum abgelegenen Vierteln, gehörte zum Alltag von Lodz. Ann und Sarah merken, wie um sie herum Erinnerungen wach werden, schöne und schmerzhafte.

Am Ende der Veranstaltung verabreden Ann und Sarah sich mit Victor für den nächsten Tag, um gemeinsam mit den anderen Lodzer Überlebenden nach Yad Vashem, die zentrale Holocaust-Gedenkstätte, nach Jerusalem zu fahren. Sie wollen bei ihm sein – er ist ein wenig desorientiert hier, ohne seine in Amerika gebliebenen Kinder. Sie teilen sich ein Taxi und setzen ihn in seinem Hotel ab. Während der Fahrt erzählt er, daß er nicht in Lodz, sondern in Prag geboren ist. Im Jahre 1941 wurde er mit dem dritten von insgesamt fünf Transporten von Prag in das Lodzer Ghetto deportiert. Als Sarah genauer nachzuhaken versucht, blockt Victor ab. Sie reagiert schnell und wechselt das Thema. Als der Wagen hält, steigen sie alle aus. Mit einem langen Händedruck verabschiedet er sich und verschwindet in der getönten Drehtür des Hotels.

Sarah und Ann laufen zu Fuß weiter. Es ist eine der drückenden, feuchtheißen Sommernächte Tel Avivs. Der schwüle Nachtwind läßt sie spüren, daß die Temperaturen nur unwesentlich gesunken sind. Verschwitzt lassen sich die beiden in der Lobby ihres Hotels in zwei weiche Sessel fallen. Die großen Fensterfronten geben den Blick auf das dunkle Meer und die beleuchtete Strandpromenade frei.

Als der Wecker am nächsten Morgen läutet, sind sie total gerädert, müssen aber aufstehen, um Victor abzuholen. Er wartet bereits an der Hotelauffahrt. In seinem dunkelblauen Anzug, dem weißen Hemd, der gepunkteten Krawatte und dem farblich abgestimmten Einstecktuch sieht er wie ein Dandy aus einem amerikanischen Spielfilm der dreißiger Jahre aus. Ann und Sarah spüren, daß sich an diesem Morgen Angst hinter seinen freundlichen Gesichtszügen verbirgt, Angst, nach Yad Vashem zu fahren, Angst, Erinnerungen an die qualvollen Jahre im Ghetto Lodz wachzurütteln. Am Busbahnhof angekommen, schließen sie sich der Gruppe an. Wieder einmal sind Sarah und Ann die einzigen nach 1945 Geborenen. Obwohl sie beide weder schüchtern noch introvertiert sind, verstummen sie zwischen den vielen Überlebenden und trauen sich nicht, jemanden anzusprechen. Sie haben ein Terrain betreten, auf dem sie sich sehr unsicher bewegen. Sie blicken in Gesichter, die von Trauer, Angst, Leid und Verlust zeugen. Im Bus sitzt Victor eine Reihe vor ihnen an einem Fensterplatz. Als sich die Tür geräuschvoll schließt und der Bus sich in Richtung Jerusalem in Bewegung setzt, bemerken sie, daß um sie herum fast ausschließlich polnisch gesprochen wird. Es ist die gemeinsame Muttersprache der Lodzer, die Sprache von Sarah und Ann hingegen ist Deutsch, die Sprache der Nazimörder.

Sie beobachten einen Mann und eine Frau schräg gegenüber. Das Gesicht der Frau ist von schulterlangem weißgrauen dicken Haar verdeckt. An ihrer rechten Hand trägt sie einen überdimensionalen Silberring. Sie muß einmal sehr attraktiv gewesen sein. Trotz der faltigen Gesichtshaut ist ihre Schönheit noch nicht vergangen, die dicken schwarzen Augenbrauen, die dunklen Augen und die ihre Erscheinung dominierenden wunderschönen Haare machen ihre auffallende Persönlichkeit aus. Über ihrem dünnen Körper trägt sie ein langes, beiges Sommerkleid. Es ist wohl ihr Mann, der neben ihr sitzt und aus dem Fenster starrt. Er hat ein hageres Gesicht, seine Augen wirken vergrößert hinter den optischen Brillengläsern. Ab und zu fährt er sich über sein spärliches Haar und wechselt die Position seiner Beine.

Von der letzten Bank des Busses aus zählt eine Stimme auf polnisch die Mitreisenden. Nachdem diese Stimme zum vierten Mal ansetzt, entfaltet die Phantasie von Sarah bewegte Bilder, in denen Juden gezählt und in Viehwaggons gestoßen werden...28, 29, 30, 31, 32, STOP... Die Waggontüren werden zugeschlagen, von außen verriegelt, Familien auseinandergerissen, für immer getrennt. Die Schreie der Frauen übertönen das Weinen und Jammern der Kinder. Hilflose Männer, kraftlose Alte und Gebrechliche werden auf unbestimmte Zeit in die Waggons gepfercht. Das Ziel ist ihnen unbekannt. Sie wissen nicht, daß sie in den Tod fahren.

Endlich halten die Busse auf einem großen Parkplatz. Hier in Jerusalem ist die Luft trocken, ganz im Gegensatz zu Tel Aviv, wo einem die Schwüle sehr zu schaffen macht. An Victors Seite laufen sie über den glänzenden weißen Steinboden des weiten Geländes von Yad Vashem. Die Gedenkstätte ist auf dem Jerusalemer Herzlberg erbaut, so daß sie auf dem Weg zur neueröffneten Ausstellung über das Ghetto Lodz eine beeindruckende Aussicht genießen. Die umliegende steinige Berglandschaft ist mit unzähligen Bäumen bepflanzt. Vor dem Eingang drängen sich die Menschen an einem kleinen Getränkestand. Auch Ann, Sarah und Victor kaufen sich erstmal drei Wasserflaschen, um ihren Durst zu löschen, warten aber noch, bis der erste große Andrang vorüber ist. Victor spricht über seine Enttäuschung, niemanden wiederzuerkennen, keinen zu treffen, der ihn anspricht. Sie spüren seine Einsamkeit, beobachten, wie seine Augen nach einem bekannten Gesicht suchen. Der Anblick des Mannes ist herzzerreißend. Sie versuchen, ihm Mut zu machen, der Tag ist noch lang, vielleicht erkennt er noch jemanden, mit dem er sein Schicksal teilen kann.

Sarah stellt sich vor, wie sich ihr Vater fühlte, wenn er bei einem Treffen ehemaliger Czernowitzer niemandem Bekannten begegnen würde. Wie hätte sie ihn trösten, was hätte sie ihm sagen können? Sei glücklich, daß du überlebt hast, oder es tut mir leid, daß du niemanden getroffen hast?

Victor geht nun doch schon in die Ausstellung, die beiden wollen sich noch etwas Zeit lassen. Nach einigen Minuten jedoch drängen auch sie sich durch die dichte Menge, die den Blick auf die Exponate versperrt. Von weitem sind einige Photos zu erkennen, auch eine Landkarte und ein Stadtplan des ehemaligen Ghettos. In einem Glaskasten sind Originaldokumente ausgestellt: Brotkarten, Ghettoausweise, gelbe Armbinden, Geldscheine und Briefmarken. Es ist jedoch zu voll, um bleibende Eindrücke zu sammeln. Nach kurzer Zeit bahnen sie sich den Weg nach draußen frei und warten dort auf Victor. An einer Wand lehnt die schöne grauhaarige Frau aus dem Bus. Sarah nimmt sich ein Herz und spricht sie an. Sie erzählt ihr von dem entstehenden Film und erklärt, warum sie und Ann an diesem Treffen teilnehmen.

Die Frau heißt Lana und amüsiert sich darüber, daß ausgerechnet sie unter den vielen Menschen angesprochen wird. Belustigt erzählt sie, daß sie ja schon immer ein Hollywoodstar hatte werden wollen, und fügt sarkastisch hinzu, daß die beiden Glück haben – auch ihr Mann Manu ist Überlebender des Ghetto Lodz: »Ihr habt gewissermaßen zwei Fliegen mit einer Klatsche gefangen.« Lanas Unbefangenheit färbt auf Sarah und Ann ab. Die Begegnung mit ihr ist so unkompliziert, nicht jedes Wort muß auf die Waage gelegt werden. Nach dieser kurzen erfrischenden Unterhaltung lädt Lana die beiden am Wochenende zu sich und ihrem Mann nach Hause ein.

Inzwischen ist Victor aus der Ausstellung zurück und bittet darum, früher als geplant mit ihm nach Tel Aviv zurückzufahren. Es ist nicht die Müdigkeit, die ihn treibt, sondern die überaus große Enttäuschung, nicht mal einen getroffen zu haben, mit dem er ein Wiedersehen hätte feiern und Erinnerungen austauschen können. Er spricht dies zwar nicht explizit aus, doch sein Schweigen auf der Rückfahrt im Taxi verrät seine Gefühle. Auch Ann und Sarah verschlägt es die Stimme. Immer wieder fragt sich Ann, ob sie beide nicht zu sensibel für dieses Thema sind, nicht stark genug, um das Erlebte aufzufangen und von der eigenen Geschichte fernzuhalten. Als sie sich in der großen Lobby seines Hotels gegenüberstehen, nehmen sie Abschied von einem Mann, der ihnen vor ein paar Tagen noch völlig fremd war. Er fliegt mit der Nachtmaschine zurück nach New York, und sie versprechen sich gegenseitig in Kontakt zu bleiben. Victors feste Umarmung läßt die beiden spüren, wie dankbar er ist, wenigstens sie getroffen zu haben. Sarahs Herz schlägt rasend schnell, Ann ist wortkarg und fühlt sich hilflos. Das Schweigen im Taxi, die plötzliche, fast wortlose Verabschiedung, die erdrückende Umarmung, all dies drängt sie dazu, die Umgebung so schnell wie möglich zu verlassen.

Sarahs Gedanken kreisen bis tief in die Nacht hinein darum, wie gerade sie, als Kind von Überlebenden, ihm diese Enttäuschung hätte ersparen können. Obwohl sie weiß, daß man keinem Menschen Entscheidungen wie Enttäuschungen abnehmen kann, so auch dem achtzigjährigen Victor nicht, fühlt sie sich ohnmächtig. Immer wieder beschwichtigt sie sich, daß sie doch bei ihm und er somit nicht ganz alleine war. Ihr ist klar, daß Victor kein Einzelfall ist. Wie groß ist die Chance, angesichts der geringen Anzahl von Überlebenden der ehemals zweihundertdreiunddreißigtausend Lodzer Juden auch nur ein bekanntes Gesicht zu finden?

Das Glasauge

Ein Tag Jerusalem gehört zum Ritual ihrer alljährlichen Israelreisen. Doch dieses Mal besuchen sie die heilige Stadt aus einem anderen Anlaß: Sie sind mit einer ehemaligen Lodzerin und ihrem Mann verabredet. Die zwei Stunden bis zum Interview nutzen sie für einen Gang an die Klagemauer. Der Weg an die Westmauer des Tempels führt an massiven Sicherheitskontrollen vorbei, an orthodoxen Juden, die rote Bändchen gegen den bösen Blick verkaufen, an Unmengen von Touristen, an notdürftig ihre nackten Beine verdeckenden Frauen und an Gläubigen, die sich voller Inbrunst im Rhythmus ihres Gebets wiegen. Ann und Sarah schieben jeweils einen Zettel mit geheimen Wünschen in eine freie Ritze der Klagemauer. Es sind Glaube und Aberglaube, Tradition und Emotion, die sie jedes Jahr erneut bewegen, beschriebene Papierfetzen in heilige Steine zu schieben. Kein schattenspendender Baum schützt sie auf diesem weiten Platz vor der gnadenlosen Sonne. Auf der Suche nach einem freien Taxi begegnen sie einem Mann, der aussieht wie eine auferstandene biblische Figur. Ein ellenlanger Bart verdeckt sein Gesicht. Barfuß, nur mit einer Art Lendenschurz bekleidet, spielt er auf seiner Harfe Melodien aus vergangenen Zeiten. Sie müssen beide laut lachen, so skurril ist dieser Anblick.

Der Taxifahrer hat sein Autoradio auf Tsahal, den israelischen Armeesender, eingestellt. Arik Einstein singt. Zwei Straßen von der Kunstschule Bezalel entfernt liegt das Zuhause der Familie Topal. Hinter hohen Oleandersträuchern verbirgt sich ein kleines Haus, das wie alle in dieser Stadt aus sandfarbenem Jerusalemstein erbaut ist. Mühsam entziffern sie die hebräischen Namensschilder an der Tür und finden schließlich die richtige Klingel. Im zweiten Stock öffnet eine kleine gebückte Frau. Freundlich und distanziert zugleich bittet sie herein. Auf dem niedrigen Wohnzimmertisch sind Oliven, Sonnenblumenkerne und Kuchenstücke aufgetischt. Ihr Mann Chaim steht in der Küche und kocht Kaffee. Er kommt aus einer Kleinstadt in Galizien und hat die Tortur vier verschiedener Konzentrationslager erlitten. Nur schleppend kommen Ann und Sarah mit den beiden ins Gespräch. Sie sprechen über den entstehenden Film und der damit verbundenen Recherche, über die Suche nach Lodzer Ghettoüberlebenden und ihren Kindern. Beim näheren Betrachten bemerken sie, daß Rachel Topal ein Glasauge hat.

Rachel erzählt von der Errichtung eines elektrischen Zauns rund um das Ghetto Lodz, von der hermetischen Abriegelung von der Außenwelt und dem alles beherrschenden Hunger. Eines Tages, als sie auf dem Heimweg von ihrer Arbeitsstätte, einer Strohschuhfabrik, war, hielt ein Wachposten der SS sie an. Willkürlich versetzte er ihr einen Schlag mit seinem Gewehrkolben mitten ins Gesicht. Rachel brach unter der Wucht des Hiebes zusammen und schleppte sich blutüberströmt in das Zimmer, das sie mit ihren Eltern und zwei jüngeren Brüdern teilte. Die Verletzung war so stark, daß man ihr das rechte Auge schließlich entfernen mußte. Dies alles erinnert Ann an eine Anekdote, die ihre Mutter manchmal erzählt – die Geschichte von einem SS-Mann mit einem Glasauge, der einem Juden gegenübersteht und ihn fragt:

»Welches Auge ist echt, welches aus Glas?« Der Jude erkennt sehr schnell, daß links das Glasauge ist. Daraufhin fragt ihn der SS-Mann: »Wie konntest du das so schnell erkennen?« Der Jude antwortet: »Es schaut so menschlich«.

Behutsam wechseln sie das Thema und kommen auf Rachels Sohn Yaakov zu sprechen. Er arbeitet als Wissenschaftler im israelischen Nuklearzentrum von Dimona, seine genaue Tätigkeit wird auch vor seinen Eltern geheimgehalten. Es ist nicht zu übersehen, wie stolz beide auf ihren Sohn sind, auf seinen Beruf, aber auch auf die Enkelkinder. Das Leben geht weiter, die Kinder und Kindeskinder sind Zeichen des Weiterlebens. Wie bei den meisten Überlebenden stehen auch hier die Kinder im Mittelpunkt des Daseins, sind das Zentrum der Existenz. Ann fragt Rachel: »Hast du je mit deinem Sohn über die Zeit der Verfolgung gesprochen? Kennt er Näheres aus der Ghettozeit, hat er dich je gefragt, wollte er von sich aus mehr wissen?« Rachels Antwort war zu erahnen: »Weder ich noch mein Mann Chaim wollten unseren Yaakov mit der Vergangenheit belasten. Wir wollten, daß er ein normales Leben führt, wie andere Kinder aufwächst, weit weg von den Erlebnissen im Krieg.« Die permanenten Verlustängste um den einzigen Sohn wurden von den Eltern unterdrückt, und dennoch waren sie immer präsent. Yaakov wurde, wie so viele Kinder der zweiten Generation, überfürsorglich großgezogen. Schulausflüge wurden zur Schreckenszeit für die zurückgebliebenen Eltern, die sich Sorgen um den kleinen Sohn machten und von irrationalen Ängsten geplagt wurden. Am bedrückendsten für Rachel und Chaim waren die drei Jahre Militärzeit ihres Sohnes. Es ist Chaim, der sich kurz dazu äußert: »Immer wieder war diese Angst da, vor lebensbedrohlichen Einsätzen, vor einem neuen Krieg.« Er reibt seine rauhen Handflächen aneinander und hört auf zu sprechen. Rachel nimmt den Faden auf und erzählt stolz von Yaakov, dem Offizier und brillanten Wissenschaftler, dem starken Familienvater, der nun seine eigenen Kinder beschützt. Die Verabschiedung ist herzlich, und Ann und Sarah verabreden mit Rachel, am nächsten Morgen Kontakt zu ihrem Sohn Yaakov aufzunehmen.

Zurück in Tel Aviv gehen sie in ihr Lieblingscafé auf der Shenkinstraße. Sie wollen andere Luft atmen, unbeschwerte Menschen sehen, abschalten. In der hinteren Ecke des Gartens finden sie einen freien Tisch. Sie trinken Kaffee Afuch, die israelische Milchkaffee-Variante, essen einen Sesambagel und genießen den ausklingenden Tag.

Spät am Abend sind sie mit Nelly verabredet, einer Jugendfreundin von Ann. Es gibt wohl kaum Witzigeres und Amüsanteres hier, als mit Nelly um die Häuser zu ziehen. Sie treffen sie am großen Brunnen des Dizengoff Square und fahren gemeinsam zu Gideon, einem Freund von Nelly, der in Florentine, einer abgelegenen Gegend von Tel Aviv, wohnt. In diesem Viertel sprießen seit geraumer Zeit schräge Bars und Restaurants aus dem Boden, hier zu wohnen entspricht definitiv dem Zeitgeist. Die witzigen Lokale sind Szenetreffs, die noch sicher sind vor Touristen und fremden Eindringlingen.

Gideons Loft liegt im sechsten Stock eines fabrikähnlichen Gebäudes. Hinter der Eisentür verbirgt sich ein düsterer Innenhof, an dessen rechter Außenwand ein

Lastenaufzug in die oberen Stockwerke führt. Nelly tastet sich durch die Dunkelheit zu dem nicht beleuchteten Lift vor. Sarah versucht, das verrostete Gitter von innen zu schließen, Signal für den Aufzug, sich in Bewegung zu setzen. Doch vergeblich. Keiner der drei schafft es, den Mechanismus in Gang zu setzen. Oben ruft Gideon, wo sie denn blieben. Nellys lautes Lachen verrät ihm, daß irgendetwas da unten nicht ganz nach Plan verläuft. Das Lachen ist ansteckend, keine der drei bringt mehr ein Wort heraus. Er fängt mal wieder vielversprechend an, dieser Abend mit Nelly. Nun machen sie sich auf die Suche nach dem Treppenhaus, über das sie schließlich mit viel Kraft die sechste Etage erreichen. Doch der mühselige Aufstieg hat sich gelohnt.

Das Loft ist umwerfend. Gideon ist Möbelkünstler, die Gegenstände sind originell, und die Wohnung hat trotz ihrer Größe eine warme Atmosphäre. Es gibt keine Wände, die räumlichen Übergänge vom Wohn- ins Bad- und Schlafzimmer sind fließend. Überall stehen Skulpturen und zu neuem Gebrauch umfunktionierte angestrichene Alltagsgegenstände. Sie versinken nun in niedrigen Sesseln vor einem flachen Glastisch, und Gideon baut einen Grasjoint für Nelly, ihr Geisteselixier. Auch Sarah zieht einmal, und Ann ist schon von den aufsteigenden Dämpfen angenehm benommen. Nach etwa zehn Minuten spürt Sarah, wie ihr der Zug ganz schön in den Kopf gestiegen ist. Alles scheint ihr unendlich komisch, sie muß nur Nelly oder Ann anschauen, um von Lachkrämpfen geschüttelt zu werden. Im vernebelten Zustand erzählt Nelly die Geschichte des über neunzigjährigen Philosophen Leibovitz, den sie unbedingt kennenlernen wollte. Sie hat ihn angerufen, geriet aber mit einer Frau am anderen Ende der Strippe in ein Gespräch. Die Stimme der älteren Dame war ihr so sympathisch, daß sie sie nur noch »meine Süße, meine Liebe« nannte, obwohl sie sich gar nicht kannten. Das ist typisch Nelly, ihr äußerlich zerbrechliches Wesen und ihre einnehmende Art geben eine explosive Mischung ab. Über eine Stunde hätte sie sich mit der Frau unterhalten. »Wir haben so viel gelacht, und zum Schluß hatte ich ganz vergessen, warum ich eigentlich dort angerufen hatte«, sagt sie. Während sie spricht, rennt sie kurz auf den hohen Absätzen ihrer klobigen, braunen Stiefel zum Kühlschrank und holt zwei Flaschen Bier. Gideon beobachtet sie dabei, und es ist zu spüren, daß Nelly auf ihn anziehend wirkt. Sie trägt einen langen, geblümten Rock und ein enganliegendes schwarzes Oberteil. Ihre langen, braunen Haare umranden das ovale, blasse Gesicht, auf dem meist ein Lachen liegt. Nelly hat einen Redefluß und beschreibt die deutsche Filmemacherin, für die sie öfters Recherchen in Israel durchführt. Durch die Zusammenarbeit mit Nelly hat diese sich vom gutbürgerlichen Krankenschwestertypus zu einer Frau gewandelt, die nun Grasrauchen und laute Rockkonzerte den hanseatischen Gepflogenheiten vorzieht.

Recht spät brechen die drei auf in die Nacht und suchen ein freies Taxi. Nelly schwört darauf, nur in eines mit rotem Leuchtschild einzusteigen. In anderen Taxen könnten die Fahrer potentielle Lustmolche sein. Es gehen Geschichten um – von penetrantem Anmachen und Vergewaltigungen. Es dauert eine Weile, bis sie das gewünschte Objekt finden, um mit Nelly in ihr neues Zuhause zu fahren.

Mittlerweile ist es fast drei Uhr morgens, doch die

Straßen von Tel Aviv sind nach wie vor überfüllt. Die nächtliche Verkehrsdichte auf den Hauptstraßen erinnert an den Berufsverkehr in deutschen Großstädten. Immer wieder muß Ann darüber schmunzeln, wie fast jeder Israeli seine politische Meinung in Form eines Aufklebers über der hinteren Stoßstange spazierenfährt. Ob politisch links oder rechts, ob für oder gegen die Abgabe der besetzten Gebiete; die jeweilige Einstellung muß, für jeden gut sichtbar, am Auto angebracht sein. Manche lassen auch Fahnen oder bemalte Bettlaken aus den Fenstern hängen, auf denen Slogans wie »Das Volk mit dem Golan« gepinselt sind. Das Taxi schlängelt sich nur sehr langsam die Hayarkonstraße hinauf. Bauchfrei gekleidelte Mädchen und gestylte Jungs warten vor den vollen Bars und Pubs auf Einlaß. Tel Aviv wird seinem Werbespruch gerecht: Es ist wirklich eine Stadt, die nie schläft. Sogar die Supermärkte haben vierundzwanzig Stunden geöffnet. Auf der nördlichen, mit Palmen gesäumten Schnellstraße stadtauswärts löst sich der Stau, das Gehupe wird weniger, und sie kommen schneller voran.

Nellys Haus, in dem sie mit ihrem zweiten Mann und der kleinen Tochter aus erster Ehe lebt, ist hell erleuchtet. Das Wohnviertel ist ruhig, nur ein Hund bellt in der Dunkelheit. Zwischen bunten Pflanzen und Blumen steht eine Schaukel und ein gelbes Planschbecken im Garten. Nellys Mann ist gerade dabei, sich einen nächtlichen Snack zu bereiten, und fragt, ob sie alle auch Lust auf etwas Schafskäse und Tomaten hätten. Denny ist Moderator einer beliebten Radioshow, und die Liebesgeschichte zwischen den beiden ist typisch Nelly. Sie saß eines Nachts im Taxi, hörte Dennys Sendung und war verzaubert von seiner Interpretation eines Lieds von

Yves Montand. Um alles in der Welt mußte sie den Mann mit dieser einfühlsamen Stimme kennenlernen. Alle Hebel setzte sie in Bewegung, jeder Kontakt wurde genutzt, bis sie endlich bei Bekannten mit ihm an einem Tisch saß. Es war Liebe auf den ersten Blick, für beide.

Sie verharren zu viert bis zum Morgengrauen an dem großen einladenden Holztisch. Essen, trinken, lachen viel und reden mit fortschreitender Zeit immer mehr Unsinn.

Der Therapeut

Yaakov Topal ist kurz angebunden, als Sarah ihn am nächsten Morgen anruft. Er erklärt ohne Umwege, daß er keine Lust auf ein Treffen habe. Daraufhin verbringen Ann und Sarah den angebrochenen Tag damit, einen israelischen Psychologen zu treffen, der einer Einrichtung angehört, die darauf spezialisiert ist, Überlebenden der Shoah und ihren Kindern psychologische und soziale Hilfestellung zu geben.

Doktor Abraham Hunger wohnt in Herzlia, einer Küstenstadt nördlich von Tel Aviv. Auf der Hinfahrt fängt es kurz vor Herzlia an, aus heiterem Himmel in Strömen zu regnen. Bei schlechter Sicht kommt der kleine Mietwagen nur langsam voran. Auf einmal bremst ein Auto vor ihnen mitten auf der Hauptstraße abrupt ab. Sarah macht eine Vollbremsung und denkt sich: » . . . noch mal Glück gehabt.« In dem Moment fährt ein mit Gemüse vollbeladener Lastwagen von hinten auf. Das Chaos ist perfekt – zumindest für die beiden. Alle anderen Beteiligten sehen den Unfall ganz gelassen. Die Polizei wird in Israel sowieso nur bei Unfällen mit Verletzten gerufen. Die Straße ist mit Gemüse übersät. Kohlköpfe, Kopfsalate, Avocados und zerdrückte Tomaten färben den schwarzen Teer. Die Hilfsbereitschaft der Israelis ist enorm, Passanten helfen dem Lastwagenfahrer, sein Gemüse einzusammeln und wieder aufzuladen. Ein Mann erscheint aus einem der nah gelegenen Geschäfte und bringt den Unfallbeteiligten Pappbecher und eine Flasche Grapefruchtlimonade. Das Getränk ist so süß, daß

Ann und Sarah den ersten Schluck am liebsten wieder ausspucken würden. Doch die Geste des fremden Mannes rührt die beiden, so daß sie den Becher Saft mit Mühe herunterwürgen. Nachdem einige Zeit danach das Gemüse wieder auf dem Laster deponiert ist und alle von dem Zuckerwasser getrunken haben, beruhigt sich auch die leicht unter Schock stehende Sarah. Die Personalien werden noch aufgenommen, und weiter geht die Reise zu Doktor Abraham Hunger.

Wie so oft kommen die beiden ungewollt mit einer halben Stunde Verspätung an. Die Wohnung von Abraham Hunger in Herzlia liegt im dritten Stock eines Mehrfamilienhauses in einer grünbewachsenen, schattigen Straße.

Nach längerem Läuten werden Sarah und Ann von einem jugendlich wirkenden Mann mit ergrauten Haaren, die er zu einem Zopf zusammengebunden hat, empfangen. Er trägt weiße Turnschuhe, eine dunkelblaue Baumwollhose und ein kariertes Hemd. In seinem kleinen, mit Büchern überfüllten Arbeitszimmer ist gerade genug Platz für einen dritten Stuhl, so daß alle sitzen können. Für lange Begrüßungsfloskeln und Oberflächlichkeiten ist keine Zeit, sehr schnell lenkt Abraham Hunger das Thema auf die Auswirkungen der Shoah auf die zweite Generation. Als er zu sprechen beginnt, geraten die beiden in den Bann seiner Erzählkunst und seines Charmes. Er ist ein Mann, der weiß, wovon er spricht, der professionelles Wissen mit persönlicher Erfahrung verbindet. Auch er ist ein Überlebender der Shoah, wie Sarahs Vater ein »child survivor«, jemand, der Ausgrenzung und Verfolgung als Kind erlebte. Sein Leben hat er seinen Eltern zu verdanken. Sie veranlaßten, daß der damals Vierjährige im Dezember 1938, gemeinsam mit anderen jüdischen Kindern, von seinem Heimatort Berlin aus nach Holland geschmuggelt wurde. Eine Familie versteckte ihn bis Kriegsende auf ihrem Bauernhof. Das Jahr 1945 bedeutete für den nun Elfjährigen die Konfrontation mit dem gewaltsamen Tod der Eltern. Bis heute kennt er nicht die näheren Umstände ihrer Deportation von Berlin nach Auschwitz. Er weiß nur, welcher Transport sie in das Vernichtungslager verschleppte. Einzig ein Onkel verblieb dem jungen Abraham, der den geretteten Neffen mit nach Palästina nahm.

Mehr erzählt Abraham Hunger nicht über seine Biographie, es werden auch keine vertiefenden Fragen gestellt. Es ist nicht sein Leben, daß Thema dieses Gesprächs sein soll, es ist seine Arbeit als Therapeut. Die Grenzen werden eingehalten, die Überschreitungen nur von ihm selbst vollzogen. Tagtäglich sieht er das anhaltende Leid ehemaliger KZ-Häftlinge. Es sind gebrochene Identitäten, die versuchen, in Israel ein normales Leben zu führen. Menschen, die sehr früh geheiratet haben, um Familien zu gründen, die ihren Kindern eine Überdosis an Zuneigung und Liebe geben. Die Bindungen reißen nie, die Kinder bleiben die kleinen Kinder, die es zu beschützen gilt. Schon kurze Trennungen können zur emotionalen Höllenfahrt werden. Wie das, zumal die zweite Generation doch in Israel, also in einem jüdischen Staat aufwächst? Haben es diese Menschen nicht leichter, sich aus den Umarmungen der Eltern zu lösen, sich eine Identität, fernab von den Traumata der Eltern, aufzubauen? Das gesellschaftliche Umfeld müßte doch eigentlich die Entwicklung positiv beeinflußen, der Persönlichkeit mehr Spielraum geben, um sich unbeschwert entwickeln zu können. Und dennoch meint Dr. Hunger bestimmend: »Die Leiden sind überall die gleichen; die israelische zweite Generation unterscheidet sich nicht von der in anderen Ländern. Die Ängste sind die gleichen, die Hemmschwelle, sich abzunabeln, das schlechte Gewissen den Eltern gegenüber, die übertriebene Sorge um ihr Wohl, die beidseitige emotionale Abhängigkeit.« Das Gespräch ist wie ein schmerzhafter Blick in den Spiegel. Ann und Sarah erkennen sich in Abrahams Deutung wieder.

Es ist Shabbat, die Straßen von Tel Aviv sind menschenleer. Ohne sich zu verfahren, erreichen Sarah und Ann dank der Wegbeschreibung Lanas den noblen Vorort Savyon. Hier gleicht eine Straße der anderen. Wunderschöne Villen verbergen sich hinter hohen Palmen, alles blüht in bunten Farben, vereinzelt spielen Kinder auf der Straße. Vor einer Auffahrt ist schon von weitem die zierliche Gestalt Lanas zu erkennen.

Ihre großzügige Villa ist modern eingerichtet. Die offenen Schiebefenster des Wohnzimmers geben den Blick auf einen großen, von Olivenbäumen umrandeten Garten frei und lassen den intensiven Duft wildwuchernder Blumen einströmen. Nachdem sie gemeinsam das Haus betreten haben, führt Lana sie zu den hellen Sofas im Wohnzimmer. Kaum sitzen sie, da fragt Lana schon, was sie ihnen zu trinken anbieten kann. Ann, die immer durstig ist, bittet um Kaffee und Wasser, Sarah schließt sich den Wunschen an.

Während Lana in der offenen amerikanischen Küche für alle Kaffee zubereitet, schauen sich die beiden die farbenfrohen Gemälde an den Wänden an. In der Mitte des Raums steht anstelle eines Couchtisches eine überdimensionale Skulptur. Die in Form einer Hand gestaltete Bronze hat eine magische Anziehungskraft. Die Handoberfläche bildet den Sockel, die Handlinien der Innenfläche sind bis ins Detail erkennbar, die fünf Finger geformt, als hielten sie eine runde Frucht fest. Sarah sieht sich nach einem Aschenbecher um, es steht aber keiner in

Reichweite, so daß sie sich mit dem Rauchen vorerst zurückhält. In diesem Augenblick kommt Lanas Mann Manu die Wendeltreppe herunter. Mit einem Lächeln grüßt er und setzt sich auf die zweite Couch. Wie schon auf der Reise nach Jerusalem ist er elegant gekleidet. Zu einer hellen Gabardinehose trägt er italienische, braune Halbschuhe, das kurzärmelige gelbe Hemd gibt den Blick auf seine eintätowierte Auschwitznummer frei. Es ist zwar nicht die erste Nummer, die Ann und Sarah von nahem sehen, und doch ist es immer wieder wie das erste Mal. An den Anblick werden sie sich nie gewöhnen, jede Nummer ist eben keine Abfolge von Zahlen, sondern eine individuelle Lebensgeschichte, die Reduktion des Menschen auf kalte Statistik.

Nun setzt sich auch Lana mit dem frisch zubereiteten Kaffee und einer mit kaltem Wasser gefüllten Karaffe dazu. Ann beginnt von ihrem Leben in Deutschland zu erzählen. Sie ist als Einzelkind in Frankfurt aufgewachsen. Ihre Eltern sind beide in Polen aufgewachsen. Die beiden Großfamilien der Eltern kannten sich schon lange vor Ausbruch des Krieges. Nach der Befreiung machte sich ihr Vater von Berlin aus auf die Suche nach ihrer Mutter, die mit ihren Geschwistern und der nunmehr verwitweten Mutter in Paris lebte. Jahrelang umwarb er sie, bis sie schließlich ein Paar wurden und 1953 in Paris heirateten. Eigentlich sollten die frisch Vermählten dann nur für ein Jahr nach Deutschland ziehen, doch aus einem Jahr sind inzwischen über vierzig geworden. Ann besuchte vier Jahre lang die einzige jüdische Grundschule Frankfurts, um anschließend an einem deutschen Gymnasium Abitur zu machen. Danach ging sie für drei Jahre zum Studium nach Paris. Zu Frankreich hat sie eine ganz besondere Bindung, denn Tanten, Onkel, Cousins und Cousinen und vor allem die ihr so wichtige Großmutter leben seit Ende des Krieges in Paris. Ann genoß das Leben als Studentin fernab von Deutschland sehr, umgeben von der Wärme ihrer Familie und frei, eine andere Kultur zu erobern. Nach drei Jahren kam sie zurück und schloß an der Frankfurter Universität ihr Politologiestudium ab. Während dieser Zeit arbeitete sie als freie Autorin für verschiedene Zeitungen, eine Tätigkeit, die sie bis heute beibehalten hat. Erst vor einem Jahr hat sie sich zusätzlich dem Fernsehjournalismus zugewandt.

Regungslos verfolgen Lana und Manu jedes Wort von Ann mit großer Konzentration. Sarah ist schließlich diejenige, die es wagt, die Stille zu unterbrechen, indem sie endlich ihrem unterdrückten Bedürfnis nach einer Zigarette nachkommt und fragt, ob ihr das Rauchen gestattet sei. Manu springt regelrecht vom Sofa auf, um einen Aschenbecher aus der Küche zu holen. Endlich kann Sarah ihrer Sucht frönen.

Jetzt ist es an Sarah, ihr bisheriges Leben kurz zu beschreiben. In Berlin geboren, ist sie schon im ersten Lebensjahr mit ihren Eltern nach Frankfurt gezogen. Sie hat noch eine zwei Jahre jüngere Schwester, Jil, und einen acht Jahre jüngeren Bruder, Aron. Im Alter von sieben war Sarahs Mutter zusammen mit ihren Eltern von Israel nach Berlin gezogen, wo sie dann auch aufwuchs. Sarahs Vater kam nach Kriegsende von Czernowitz mit der Kinderaliyah über Zypern nach Israel. Erst nach dem Militärdienst verließ er das Land und ging für ein paar Jahre nach Argentinien und Brasilien, danach nach Berlin. Dort lernten sich ihre Eltern kennen und heirateten. Wie schon Ann einige Jahre zuvor, besuchte auch Sarah die jüdische Grundschule und dann ein deutsches Gymnasium. Nach dem Abitur arbeitete sie für verschiedene Fernsehproduktionen und Sendeanstalten im Redaktions- und Produktionsbereich. Lächelnd fügt Sarah hinzu, daß sie seit sieben Jahren mit Ann befreundet ist und sie auch schon für eine Jüdische Zeitung in Frankfurt zusammengearbeitet haben. Die Entstehung des Films, an dem sie nun arbeiten, ist jedoch ihr erstes großes gemeinsames Projekt.

Während der gesamten Unterhaltung sprechen alle vier abwechselnd in Englisch und Hebräisch – Sprachprobleme gibt es nicht. Sarah hat Hebräisch als zweite Muttersprache von ihren Eltern gelernt. Auch Ann hat sich Grundzüge der Sprache in der jüdischen Grundschule angeeignet und diese durch ihre vielen Israelaufenthalte verbessert. Nach einer kurzen Pause erzählt Ann über die Entwicklung des Filmprojekts. Die Problematik der zweiten jüdischen Generation betrifft sie und Sarah persönlich. Die Idee war so sehr schnell zustandegekommen, und ohne lang zu diskutieren, hatten sie sich darauf geeinigt, das Schweigen und die Prägungen der Nachkommen von Shoah-Überlebenden zum Thema ihrer Dokumentation zu machen.

Sarah und Ann brennen darauf, Näheres über das Leben der schönen Lana und des verschlossenen Manu zu erfahren. Nur schleppend beginnt Lana von ihrer Kindheit in Lodz zu reden. Die Erinnerungen an diese Zeit in den zwanziger Jahren in Lodz sind für sie immer noch sehr lebendig, obwohl seit damals so viele Jahre vergangen sind. Lana war die älteste von drei Schwestern. In einer Großfamilie lebte sie gemeinsam mit ihren Eltern und der Familie mütterlicherseits im Haus des Großvaters. Es gab zwar einen religiösen Rahmen, in dem die hohen Feiertage und der Sabbat eingehalten wurden, dennoch waren sie keine frommen Juden. Obwohl zu Hause nicht jiddisch, sondern polnisch gesprochen wurde, hatten sie sich nie als Polen verstanden. Daran war aber auch die Umwelt schuld, schon vor dem Krieg ließen andere Kinder sie spüren, daß sie Jüdin ist. Als sie elf Jahre alt war, wurde sie sogar einmal deswegen geschlagen: »Danach wußte ich, daß ich nicht dazugehöre«, sagt Lana. Schon als junges Mädchen entdeckte sie ihre Liebe zur Musik und Literatur. Als Neunjährige ging sie alleine in Bibliotheken, um in der Welt der Bücher zu versinken. Freundinnen hatte sie wenige, mit Puppen spielte sie nie. Dafür liebte sie klassische Musik, die sie leidenschaftlich im Radio verfolgte. Ihr Vater, der die musikalische Ader von Lana fördern wollte, veranlaßte, daß sie eineinhalb Jahre lang Geigenunterricht bekam: »Es war eine Katastrophe, doch letztendlich setzte ich mich durch; Geige kam für mich nicht in Frage, Klavier schon eher ... und so waren sie damit einverstanden, daß ich mit dem Unterricht aufhörte.«

Nostalgisch erzählt Lana von den Freitagabenden, an denen ihre Eltern ausgingen und sie sich ihr eigenes kleines Fest bereitete: »Meine Schwestern schliefen schon fest, ich saß im Wohnzimmer, löschte alle Lichter, so daß nur die Sabbatkerzen leuchteten, machte das Radio an und hörte klassische Musik, bis ich müde wurde und das Gefühl hatte, schlafengehen zu müssen.« Während sie spricht, scheint sie in Gedanken völlig in diese versunkene Kinderwelt einzutauchen, in dieses Universum der Bücher und Musik, der heimlich zelebrierten Glücksmomente. Bis heute hat sie sich diese

Fähigkeit erhalten. Lana ist eine Frau, die in ihrer eigenen Welt auflebt, in der Buchstaben zu imaginären Welten und Noten zur sinnlichen Erfahrung werden.

Es ist eine Weile vergangen, seit Lana angefangen hat zu erzählen, und nun lenkt Ann ihr Reden auf das Leben im Ghetto. Sie bittet sie, von der Umsiedlung und dem Alltag im Ghetto Lodz zu sprechen. Lana zuckt zusammen, es ist nicht zu übersehen, wie schwer es ihr fällt, darüber zu reden. Sie schweigt und richtet den Blick nach unten. Ihr Gesicht ist völlig von ihren dicken, grauen Haarsträhnen bedeckt. Die starke, temperamentvolle Frau wirkt in diesem Augenblick zerbrechlich. Die schrecklichen Erlebnisse scheinen sich wie ein Film in ihrem Kopf abzuspulen. Für Ann und Sarah gleicht dieses Schweigen einer Ewigkeit, für Lana ist dieser Moment des stummen Verharrens fast zu kurz. Mit einer heftigen Bewegung hebt sie den Kopf und beginnt, wenn auch unter Schwierigkeiten, wie man sieht, von der Zeit der Ghettoisierung zu erzählen.

Am Anfang, als die Nazis mit den Vorbereitungen zur Umsiedlung begannen, ging alles sehr brachial zu. Erst holten sie die Juden aus den schöneren Häusern. Als das Haus ihrer Familie an der Reihe war, kamen die Nazis zuerst in die Wohnung ihrer Tante und befahlen ihr, innerhalb von zehn Minuten das Haus zu verlassen. Achselzuckend fragt Lana: »Was konnte meine Tante schon in zehn Minuten mitnehmen?« Einen Tag später kamen sie auch zur Großmutter und schrien: Bewegt euch! Der Hall dieser Worte klingt Lana heute noch in den Ohren. Es geschah dies damals alles zu Beginn des Winters. Die wenigen Habseligkeiten wurden auf einen primitiven Karren verladen. »So gingen wir wie auf einer Beerdigung hinter dem Karren her, so kamen wir ins Ghetto«, beschreibt Lana.

»Was für Empfindungen kamen bei euch auf, als ihr ghettoisiert wurdet? Welche Vorstellungen hattet ihr über die euch bevorstehende Zeit?« fragt Sarah. »Von meinen Empfindungen möchtet ihr hören?« erwidert Lana und atmet tief durch: »Wenn man dich von einem Tag auf den anderen in einer solchen Geschwindigkeit aus dem Haus wirft, weißt du nicht, was mit dir geschieht. Man begibt sich auf einen schwierigen Weg. Wir alle konnten uns das nicht vorstellen, auch in den schlimmsten Alpträumen nicht, je so ein Grauen durchleben zu müssen. Und auch später, nachdem ich sogar in Auschwitz war, wo ich den Rauch aufsteigen sah, konnte ich es immer noch nicht glauben.« Bei diesen Worten redet Lana wie zu sich selbst. Ihre Stimme ist verschwindend leise geworden, ihre Worte sind kaum noch zu hören. Ihre Augen richten sich auf den Boden, und sie hat Mühe, die aufkommenden Tränen zurückzuhalten. Auch Manu gibt kein Wort von sich.

Es ist Lana, die die Stille auflöst. Zynisch meint sie: »Plötzlich hatten wir so etwas wie einen eigenen Staat, nur für uns Juden. Niemand konnte das Ghetto verlassen, es war eine verriegelte Hölle, hermetisch von der Außenwelt isoliert. Eine Flucht war aufgrund der permanenten Bewachung unmöglich, wer es dennoch wagte und gefaßt wurde, mußte auf der Stelle hängen.«

Lanas Familie blieb anfangs noch zusammen. Sie wohnten alle in einer Fabrik, da keine Wohnung zur Verfügung stand. Elf Menschen lebten in einem Raum zusammen, in dem Vorhänge zur Unterteilung angebracht waren. »Zu Hause versuchten wir einen menschlichen Rahmen zu wahren, die Atmosphäre war sehr warm und herzlich«, meint Lana ernst. Nach zwei Jahren wurden auch Kinder zur Arbeit eingezogen. »Auch meine jüngere Schwester, die erst sechs Jahre alt war, arbeitete in einer Stickerei. Sie kam immer mit einem geröteten Finger von der Arbeit zurück«, erzählt Lana und blickt dabei auf ihre wohlgeformten Hände. »Und du, Lana, wo hast du gearbeitet?« fragt Sarah. Lana wirkt unruhig, kurz angebunden antwortet sie: »Im Metallbetrieb.«

Sarah und Ann spüren, daß Lana nur ungern weiter reden möchte. Sie schweigen. Lana steht auf, geht in die Küche, und sie hören jetzt nur noch, wie sie in einer Schublade werkelt und mit Geschirr klappert. Manu beugt sich zu Sarah und flüstert, daß es besser sei, darauf zu warten, bis sie von alleine zurückkomme. Aber wenn er ihnen vielleicht behilflich sein könne, tue er dies gerne. Sarah geht darauf ein und sagt ihm, daß sie mit ihm über seine Beziehung zu seinem jüngsten Sohn Alon sprechen möchte. »Kannst du uns Alon in seiner Kindheit beschreiben?« fragt sie. »Das ist nicht schwer, denn er war ein außergewöhnliches Kind. Seine körperliche und soziale Entwicklung waren sehr beeindruckend. Schon mit zwei Jahren hat er seine Talente gezeigt. Im Malen und Zeichnen. Die Zeichnung dort drüben hat er gemacht, als er vier Jahre alt war.«

Manu zeigt auf ein Blatt Papier, daß an der gegenüberliegenden Wand mit einer Reißzwecke befestigt ist. Von weitem sind nur wilde schwarze Striche zu erkennen. Auch als sich alle drei dem Bild nähern, ist nicht viel mehr als kindliches Gekritzel zu sehen. Für Manu aber sind diese Striche Beweise der frühen Begabung Alons. Nun kommt auch Lana zurück und spottet über Manus Interpretation von den Talenten ihres gemeinsamen Sohnes. »Ja, sicher ist unser Alon ein durchschnittliches jüdisches Kind, eben ein Genie.« Sie lacht, nichts ist mehr von ihrer Verstimmung zu spüren. Und sie erinnert an einen Witz: »Zwei jüdische Frauen treffen sich, nachdem sie sich länger nicht gesehen haben, und erkundigen sich natürlich erst nach den Kindern. Da sagt die eine: Mein Jonathan, der Anwalt, ist sechs, und Mosche, der Doktor, ist vier.« Alle müssen lachen, und die Stimmung ist wieder entkrampft.

Manu ergreift nun wieder das Wort: »Alon war ein ausgeprägter Individualist, schon als Kind. Ich kann mich an eine Geschichte erinnern, als wir noch in Tel Aviv wohnten. Er ging damals in den Kindergarten, konnte aber seine Kindergärtnerin nicht leiden. Eines Tages klopft es um zehn Uhr vormittags bei uns an der Tür, und der kleine Alon steht draußen. Zwei Minuten später klingelt die atemlose Kindergärtnerin Sturm und sagt fassungslos: Er ist ganz einfach weggelaufen.« Manu und Lana schauen sich an, man spürt, daß sie einander auch ohne Worte verstehen. Das Ende des geschilderten Vorfalls lief darauf hinaus, daß sie den Kindergarten wechseln mußten.

»Alon hatte immer nur einen einzigen Freund, mit dem er seine freien Stunden nach der Schule verbrachte«, sagt Lana, und Manu ergänzt, daß er sich in den letzten zwei Jahren seiner Grundschulzeit immer mehr seinen künstlerischen Ambitionen hingegeben hat, mehr als dem Lernen. Die Schule war nicht mehr sein Lebensinhalt. Und im Gymnasium dann veränderte sich sein Charakter. Er war nicht mehr so offen, nicht mehr so sozial. Mit Freunden traf er sich überhaupt nicht mehr. Wenn sich die anderen am Wochenende zum Tanzen verabredeten, ist er nie mitgegangen. Er war immer nur mit seinen eigenen Sachen beschäftigt. »Man kann eigentlich sagen, daß er so einen innerlichen Schmerz hat«, meint Manu. »Es ist schwer zu beschreiben«, fügt er hinzu, »vielleicht könnt ihr das auch nicht verstehen. Seine Veränderung war so radikal, und ich denke noch oft darüber nach, was diesen Wandel hervorgerufen hat. Das Gymnasium konnte Alon noch ohne Schwierigkeiten beenden, bis die Einberufung zum Militär kam. Er war nicht dafür geeignet. Er kann keine Befehle annehmen, aber trotzdem hat er seine Pflicht erfüllt. Er wurde Panzeroffizier und bildete in einem Kurs angehende Offiziere aus. Diese drei Jahre waren sehr, sehr unangenehm für ihn. Er war froh, als er die Armee endlich verlassen konnte. Während des Militärdienstes hat er angefangen, Skulpturen zu machen.«

Manu steht plötzlich auf und stellt sich vor die große bronzene Hand, die Ann und Sarah schon beim Betreten des Raums aufgefallen ist. Die Skulptur ist Alons Werk. Voller Stolz leuchten Manus Augen. Sein Sohn hat eine unübersehbare Begabung. Ann und Sarah sind immer gespannter, ihn endlich persönlich kennenzulernen.

Manus Redefluß reißt durch die kurze Unterbrechung nicht ab. Er erzählt, wie Alon nach dem Militärdienst nicht mehr wußte, wie es mit seinem Leben weitergehen sollte: »Er wollte sich nicht zu weit von der Kunst entfernen und entschied sich für ein Architekturstudium am Technion, einer Universität in Haifa. Aber nach zwei Jahren nahm die Unzufriedenheit wieder überhand, und er beschloß, in London weiter zu studieren. Anfangs war er noch sehr glücklich, doch nach eineinhalb Jahren wurde ihm auch das wieder zu viel. Das alltägliche Lernen war eine Last für ihn. Es verhinderte seine eigentlichen Begabungen. In dieser Zeit fing er zu dichten an. Er hat wunderbare Gedichte und Erzählungen geschrieben. Schließlich unterbrach er sein Architekturstudium ein zweites Mal. Nach acht Jahren, das war ungefähr vor zweieinhalb Jahren, ist er nach Israel zurückgekehrt.«

Hier unterbricht Sarah seinen Redefluß: »Ich will noch mal kurz auf etwas zurückkommen, ich habe eben viele Eindrücke gesammelt, du hast viel erzählt. Manu, du hast gesagt, daß Alon als Kind sehr revolutionär war und immer seinen Kopf durchgesetzt hat. Konnte er sich auch bei dir durchsetzen?« – »Ja«, antwortet Manu resolut, »ich konnte seine Beschlüsse nie beeinflussen oder gar ändern. Er war ein Kind, das immer seinen Weg wußte, aber diesen Weg nicht immer bis ans Ende verfolgte. Er fing eine Sache an und war dann irgendwann wieder unzufrieden. Er hat immer etwas Neues gesucht, das hat sich bis heute nicht geändert. Man konnte ihn nie beeinflussen. Er ist ein großer Individualist. Wir als seine Eltern wollten natürlich, daß er seinen Weg findet, daß er sich eine Zukunft, eine Karriere aufbaut. Aber nichts hat geholfen. Auch heute noch macht er immer viele Sachen auf einmal. Er versucht gerade, sein Architekturstudium in der Bezalel Schule in Jerusalem zu beenden. Denn er ist ja verheiratet und hat eine kleine Tochter. Ich glaube, seine Frau ist die erste, die ihn vielleicht etwas beeinflussen kann, aber auch nicht allzuviel.« Manu lächelt verschmitzt. »Hat er dir in all der Zeit widersprechen können, dir als Vater?« hakt Ann ein. »Also ich kann nicht sagen, daß er keinen Respekt vor seinen Eltern hatte, aber er wollte unseren Rat einfach nicht annehmen. Nur in seltenen Fällen.« Manu lehnt sich zurück. Lana schaltet sich ein und bestätigt: »Ja, Aloni hat nie richtig auf uns gehört, aber im Grunde mag ich an ihm, daß er immer seine eigenen Erfahrungen machen will, auch wenn er dabei auf die Nase fällt.« Manu fällt ihr ins Wort: »Ich möchte euch etwas erzählen, über eine Ausstellung, die er im Rahmen seines Architekturstudiums gemacht hat. Ich war damals in Antwerpen geschäftlich unterwegs und habe Alon für ein paar Tage in London besucht. Er hat eine Skulptur von meinem Kopf modelliert, die bis heute noch bei ihm zu Hause steht. Es ist eine sehr expressive Skulptur, mein ganzer Charakter ist darin zu erkennen. Meine Arbeit, mein Status in der Familie, alles kam in dieser Ausstellung zum Ausdruck – in Zeichnungen und Bildern. In meinen Augen war das wundervoll, ich wußte ja am besten, wie genau er mich dargestellt hat. Ich war entzückt. Ich habe sogar geweint, so berührend war das. Er hat viel Liebe für mich ausgedrückt, und ich wußte nicht, daß sie existiert. Viel Liebe. Weil wir ja immer, sagen wir, in einem kleinen Streit waren. Weil er nie getan hat, was ich ihm geraten habe, aber daß er mich trotzdem so liebte, das war eine Überraschung für mich, eine sehr angenehme.«

»Du erwähntest deinen Status in der Familie, wie sieht er denn aus?« fragt Sarah. »Also ich würde sagen, daß ich nicht leicht bin, eher ein bißchen usurpatorisch. Ja. Das ist mein Charakter«, betont Manu. »Das kann man wohl sagen«, ruft Lana laut, »er will immer seinen Willen durchsetzen.« – »Nein«, kontert Manu, »ich bin nur sehr ungeduldig und denke immer, daß ich recht habe. Doch ich lasse mich auch überzeugen.« – »Hört ihr?«, lacht Lana und zieht ihre Augenbrauen hoch, »überzeugen läßt er sich!« Manu schmunzelt, wobei sich die zwei ausgeprägten Falten um seinen Mund vertiefen.

Ann aber steuert jetzt unbeirrt auf den ihr wichtigen Kernpunkt zu: »Konntest du mit Alon jemals über deine Kriegserlebnisse sprechen?« – »Nein, nie«, sagt Manu, »ich konnte mit niemandem darüber sprechen. Die Verdrängung der Shoah hat mir ein normales Leben ermöglicht. Also, am Tage konnte ich alles verdrängen, aber nicht in der Nacht.« Abrupt hört er auf zu sprechen. Es ist ganz still, dann redet er leise weiter: »Ja. Die Träume waren das Schlimmste, die schrecklichen Träume. Bis heute. Sogar letzte Nacht. Ich hatte, vielleicht, weil ich wußte, daß ich das Gespräch mit euch führen werde, letzte Nacht einen Traum, daß wir in der Reihe stehen, mit nach unten gebundenen Händen. Da standen diese SS-Mörder mit langen Messern, und sie haben einen nach dem anderen mit dem Messer ins Herz gestochen. Aber die Opfer haben nicht geschrien. Es war alles still, und als sie sich meiner Reihe näherten, wurde mir auf einmal bewußt, daß es nur ein Traum ist. Ich mußte mich sehr bemuhen aufzuwachen, es hat eine Weile gedauert. Das war mein Traum von heute morgen.«

Seine Worte hängen wie Blei in der Luft. Es dauert eine Weile, bis Sarah noch mal auf Alon zu sprechen kommt und fragt, ob Alon von sich aus je die Möglichkeit genutzt hat, auf ihn zuzugehen, um mit ihm über diese Zeit zu sprechen? Manu meint, daß Alon dies nur einmal versucht hat. Ein einziges Mal, als er sich mit ihm in Antwerpen traf: »Wir haben abends zusammen im Restaurant gegessen, und er fing an, mir viele Fragen zu stellen. Ich habe ihm aber sehr wenig Antworten gegeben. Sehr wenig. Ich wollte ihn nicht zu stark belasten. Ich habe es ihm erzählt, als ob es nicht mir passiert wäre. Ich wollte mich nicht wieder in diese Situation hineinversetzen. Er war unzufrieden mit meinen Antworten. Und dann haben wir das Gespräch schnell beendet.« Manu erweckt den Eindruck, als wollte er dieses Gespräch nun ebenso plötzlich zu einem Ende bringen. Lana wirkt ebenfalls angespannt. Doch Sarah bittet Manu darum, noch eine Frage zu beantworten: ob es ihm schwer falle, vor Alon Emotionen zu zeigen. »Emotionen in welchem Sinne?« fragt Manu etwas ungeduldig nach. »Emotionen in jedem Sinne«, tönt Lana etwas gereizt. »In Tränen, Aggressionen, Liebe.« Manu schaut Lana vorwurfsvoll an und meint zu Sarah gewandt: »Also, ich sagte es ja schon, von Zeit zu Zeit hatten wir einen kleinen Streit. Aber es ist nie zum Bruch zwischen uns gekommen. Nie. Ich liebe meine Kinder sehr. Alon ist sehr begabt, er ist sehr intelligent, und mit der Zeit bin ich zu der Überzeugung gekommen, daß er recht hat mit seinem Weg, immer Neues auszuprobieren.« Manu steht mit einem freundlichen Lächeln auf und entschuldigt sich.

Seelenverwandtschaft

Es ist diesig, dicke Wolken hängen über Tel Aviv und hüllen die Stadt in eine weiße Dunstglocke. Ungewöhnliches Wetter für diese Jahreszeit. Im Hayarkon Park wartet Alon auf die beiden. Am Telefon hat er ihnen sein Äußeres geschildert: weder groß noch klein, weder dick noch dünn, dunkles Haar mit ersten grauen Strähnen, orangenes T-Shirt, schwarze Jogginghose und weiße Turnschuhe. In diesem sportlichen Outfit sitzt er auf einer der grüngestrichenen Bänke und winkt schon von weitem.

Auch er scheint die zwei an ihrer kurzen Beschreibung erkannt zu haben. Sarahs goldblonde Mähne ist unübersehbar, sogar in Israel, was etwas heißen will. Hier haben viele Frauen prächtiges Haar. Doch wenn ihre Locken frisch gewaschen sind wie an diesem Morgen, sieht Sarah aus wie eine dieser Frauen aus einem Werbespot für Shampoo. Beide haben ihre verwaschenen Jeansjacken um die Hüften gebunden. Sarah trägt einen bunten Wickelrock, ein braunes T-Shirt und braune Stoffschuhe. Anns grüne Turnschuhe mit den aufgenähten weißen Sternen passen nicht ganz zu dem blauen Hemd und den beigen Shorts, doch das fällt beiden an diesem Morgen nicht auf. Über Anns Schulter hängt ihr schwarzer Rucksack, in dem die wichtigsten Utensilien stecken: mehrere Stifte, ein kleines Notizbuch aus französisch liniiertem Papier, das Ersatzfeuerzeug und ein Päckchen Notzigaretten für Sarah, ein kleines Aufnahmegerät, ein blaues Etui mit Aspirin und der obligatorischen Nagelschere, das Portemonnaie, die heutige Jerusalem Post,

Kaugummis und ihr unersetzbares, schon leicht zerfleddertes Telefonbuch, das nach all den Jahren einem Labyrinth aus Nummern und Buchstaben gleicht, in dem sich Ann selber nicht mehr so richtig zurechtfindet.

Alon begrüßt die beiden in perfektem Englisch mit britischem Akzent. Die Chemie zwischen ihnen stimmt sofort. Er wirkt genauso offen und sympathisch wie seine Eltern. Gemeinsam suchen sie einen Platz auf einem Hügel und fangen umgehend an, über sein Leben zu sprechen. Ganze acht Jahre hat Alon London genossen. Doch war es nicht das Studium, das ihn nach England getrieben hat, sondern der Wunsch, seine eigene Individualität auszuleben, der starke Drang nach Unabhängigkeit und Selbstverwirklichung. Die ersten Monate in der britischen Metropole fernab von seinen Eltern gestalteten sich recht exzessiv. Er verbrachte lange Nächte in Bars und Clubs, berauschte sich an den intensiven neuen Eindrücken. Er wirkt ungemein lebendig, wie er diese Zeitspanne seines Lebens beschreibt. In London hat er auch seine Liebe für fernöstliche Meditation entdeckt. Die Faszination für Tai Chi ging dabei so weit, daß er sich ganz diesem Körper- und Geisteskult verschrieb. Heute ist er einer der wenigen autorisierten Tai Chi Lehrer in Israel. Seine dreijährige Ausbildung in London hat ihm neue Dimensionen seines Selbst eröffnet und ihm dabei geholfen zu unterscheiden, welche Erfahrungen ihm und welche seinen Eltern gehören. Lächelnd meint Alon: »Ich habe immer nach dem Extremen gesucht, um mich von den auferlegten Ängsten und Zwängen meiner Eltern zu befreien. Heute haben wir ein viel offeneres und besseres Verhältnis.«

Alons Worte erinnern Ann an ihr eigene Biographie.

Auch sie hat immer das Extreme gesucht, versucht, sich durch kleinere und größere Revolten von familiären Banden zu lösen. Nicht nach London, sondern nach Berlin hatte ihr Weg geführt, vor über zehn Jahren. Nicht zu meditativen Praktiken, sondern zum extrovertierten Dasein, zur grellen Provokation als Punk. Mit ihren grünen, kurzen abstehenden Haaren wirkte sie mit anderen bunten Irokesenfrisuren in den U-Bahnhöfen Frankfurts und Berlins als Bürgerschreck. Mit achtzehn standen ihr die Türen offen, endlich volljährig konnte sie sich eigenständig von der Schule abmelden. Dies war ihr lang ersehnter Ausbruch aus dem konventionellen Leben, ihr Eintritt in eine zu entdeckende Welt. Kein erzwungenes Abitur sollte sie von ihrem Wunsch nach Unabhängigkeit und neuen Erfahrungen abhalten. Das Leben im Heute war wichtig, jeder Tag von neuem ein Erfahrungswert ohne Absicherung. Was morgen kam – egal. Die Liebe zu dem gleichaltrigen Steven hatte sie nach Berlin getrieben. Ähnlich wie Alon in London gab sie sich ganz der Stadt, den endlosen Nächten ohne Sperrstunden, den mit Paradiesvögeln gefüllten Clubs und schrägen Bars hin. Keine Schule, aber auch kaum Geld, Schnorren um Markstücke vor Fahrkartenautomaten und das alles beherrschende Gefühl von Freiheit erzeugten langanhaltende Glücksmomente. Im Berliner Großstadtdschungel fühlte sie sich gemeinsam mit Steven und anderen Punks rundum wohl. Anders als Alon setzt Ann ihren Ausbruch nicht in Relation zur Überlebensgeschichte ihrer Eltern. Auch heute nicht. Rückblickend war sie von einem unstillbaren Drang nach neuen Erkenntnissen, einem Auflehnen gegen das Establishment erfüllt.

Ann klinkt sich in Alons Ausführungen ein und erzählt

spontan von ihren Assoziationen. Als sie zu Sarah hinüberschaut, sieht sie ein heftiges Schmunzeln auf deren Lippen. Ann beginnt ausführlicher über diese intensive Zeit zu erzählen, die ihr Leben so stark geprägt hat. Sarah kennt die vielen bunten Geschichten in- und auswendig. In ihrer Phantasie konnte sie sich alles immer sehr lebhaft vorstellen, fast als wäre sie selbst dabei gewesen. Ann erkennt an Sarahs Gesichtsausdruck, daß es ihr auf der Zunge liegt, eine Geschichte preiszugeben, die sie gemeinsam vor ein paar Jahren erlebt haben und die in direktem Bezug zu Anns Leben als Punk steht. Ihre Augen suchen das Einverständnis Anns, und als diese zu lachen anfängt, beginnt Sarah die witzige Episode von dem alten Mann auf dem Flohmarkt zu erzählen. Alon hört gespannt zu. »Es war tiefster Winter, und Ann und ich haben zusammen mit einer Freundin auf dem Frankfurter Flohmarkt Klamotten verkauft«, fängt Sarah an, »und eigentlich waren wir genervt von der Kälte und dem nicht gerade berauschenden Absatz. Ann hat sich dann den Stand daneben angeschaut, und auf einmal haben wir alle eine unglaubliche Wiedersehensfreude erlebt. Ann hat in dem älteren türkischen Verkäufer einen ehemaligen Arbeitskollegen wiedererkannt.« Sarah zieht an der Zigarette und beginnt gleichzeitig zu lachen, so daß sie laut husten muß. Mit viel Mühe beherrscht sie sich und spricht, Alon zugewandt, weiter: »Also, du mußt wissen, daß Ann mit diesem Mann zu Punkzeiten gemeinsam in einer Putzkolonne gearbeitet hat. Und stell dir vor, hier treffen sie sich wieder, nach all den Jahren.« – »Ja, stimmt«, fügt Ann hinzu, »ich hätte nicht gedacht, ihn jemals wiederzusehen.«

Tatsächlich hatte sie damals bei einer Putzkolonne mit

dem vielsagenden Namen Immerblank gejobbt, um sich ein bißchen Geld zu verdienen. Es war nicht einfach, eine andere Arbeit zu bekommen, viele lehnten aufgrund von Anns äußerer Erscheinung eine Einstellung ab. Dies war die Kehrseite des Schockieren- und Auffallenwollens. Nicht selten waren die Menschen schrecklich unfreundlich. Kein Amüsieren oder Belächeln der Farbtupfer im grauen Alltag, sondern Aggression und Verachtung – dies waren die gängigen Reaktionsmuster, die Ann und ihren Freunden damals entgegenschlugen. Auch Alon lacht jetzt. Sie sind inzwischen weit vom eigentlichen Thema dieses Vorgesprächs abgekommen und beschließen, in einem nahegelegenen Kaffeehaus den Faden wiederaufzunehmen.

Nachdem sie vor dem überfüllten Lokal kurz auf einen freien Tisch warten mußten, sitzen sie nun endlich in Ruhe zusammen, und Alon beginnt von seiner Mutter zu erzählen: »Ich weiß nicht, wem ich mehr ähnle, ich meine charakterlich, ich glaube fast, nicht meinem Vater. Meine Mutter war es, die oft übertriebene Angst um mich hatte. Alles war mit Gefahren verbunden, noch nicht mal auf einen Stuhl hat sie mich als Kind steigen lassen, ich hätte ja herunterfallen können. Und doch fühle ich mich ihr sehr nahe, wir haben denselben Kopf, ein ähnliches Denken, gleiche Bedürfnisse. Ich brauche oft Zeit für mich alleine, ich liebe die Stunden, die ganz mir gehören. Auch meine Mutter braucht diese Momente. Sie schreibt viel, wunderschöne Gedichte, ihr solltet euch welche zeigen lassen.« – »Sie hat versprochen, uns ein paar zu kopieren«, sagt Sarah und möchte wissen, ob er auch Gemeinsamkeiten zwischen sich und seinem Vater sieht. Alon schweigt eine Weile. Dann sagt er, daß er mit seinem Vater besser reden kann, da die Beziehung stärker auf rationaler Ebene verläuft und die Emotionen daher nicht so schnell überhand nehmen. Und doch empfindet er auch für seinen Vater eine ausgeprägte Liebe. Eher beiläufig deutet Alon etwas von einer Arbeit an, die er im Rahmen seines Studiums in England über seinen Vater angefertigt hat. Sarah erinnert sich, daß Manu ihnen erst gestern davon erzählt hat, es muß sich um dasselbe Projekt handeln. Alon bestätigt dies, indem er beschreibt, daß er in diesem Kunstwerk die Charaktereigenschaften seines Vaters, aber auch sein Überleben der Shoah eingearbeitet hat. Er verspricht den beiden, ihnen die Arbeit zu zeigen, und lädt sie für den nächsten Tag zu sich nach Hause ein. Er möchte auch, daß sie seine Frau Tina und ihr acht Monate altes Baby Lilly kennenlernen.

Sarah überlegt, daß Alon und seine Mutter die idealen Interviewpartner für den Film wären. Insgeheim hofft sie, daß Ann das gleiche empfindet und sie sich darauf einigen werden, die Familie Blau auszuwählen. Für Sarah ist Alon ein überaus interessanter Mensch, der die wunderbare Gabe hat, Geschichten lebhaft zu erzählen, und viel über seine eigene Identität nachdenkt.

Während ihr all das durch den Kopf schießt, redet Alon weiter über seine Eltern und betont: »Sie haben mir nie Steine in den Weg gelegt. Im Gegenteil, auch in schwierigen Zeiten haben sie immer versucht, mich zu verstehen. Etwa als ich mein Architekturstudium zugunsten der Tai Chi Schule abgebrochen habe. Mein Vater besuchte mich damals in London, um mir gut zuzureden, das Studium zu beenden.« Doch diese Unterhaltung hat Alon nicht davon abgehalten, seinen Weg einzuschlagen, den er intuitiv für den richtigen gehalten hat. Im nachhinein schätzt er zwar die rührenden Bemühungen seines Vaters hoch ein, doch Motivation für sein Handeln sei immer nur sein eigener, manchmal auch sturer Kopf gewesen. »Beinhaltet der Austausch zwischen dir und deinem Vater denn auch die Zeit seiner Verfolgung?« fragt Sarah. Alon zögert kurz und sagt: »Nein, eigentlich weiß ich so gut wie gar nichts über das Leben meines Vaters im Ghetto, noch über seine Deportation und die Zeit in Auschwitz. Auch von meiner Mutter kenne ich nur Eckdaten.« Sarah gibt zu verstehen, daß dies den meisten Kindern von Überlebenden so geht, auch ihr persönlich. »Hast du denn nicht das Bedürfnis, mehr zu erfahren, um die Geschichte später auch deinem Kind weiterzugeben?« fragt sie weiter. »Doch sicher«, sagt Alon, »aber ich habe Angst nachzufragen, habe Angst, Einzelheiten nicht zu verkraften, ja vielleicht sogar daran zu zerbrechen. Es wäre emotional zu schwer für mich.«

Alon beugt sich jetzt nach vorne und schaut Sarah in die Augen, als suchte er nach Verständnis. Sarah erwidert den intensiven Blick seiner von dunklen Rändern umschatteten, grünbraunen Augen. »Kannst du uns eines dieser Eckdaten, irgendeine Episode erzählen, die dir sehr stark in Erinnerung geblieben ist?« fragt Ann vorsichtig. »Ja sicher, mein Vater hat mir einmal erzählt, wie jemand versucht hat, ihm nachts im Lager die Decke zu stehlen. Er konnte aber den Dieb stellen, und dieser gab ihm die Decke zurück. Mein Vater hat mir gesagt, wenn dies nicht so gewesen wäre, hätte er ihn auf der Stelle umgebracht. In der Winterkälte war diese Decke seine einzige Möglichkeit zu überleben. Seht ihr, all das kann ich überhaupt nicht nachvollziehen. Ich kann es mir einfach nicht vorstellen, was das für Gefühle sind in solchen Extremsituationen. Wenn man sogar fähig wäre, jemanden wegen einer gestohlenen Decke umzubringen.« Seine Stimme ist lauter geworden, seine Augen versuchen den Blick der beiden einzufangen. »Seht ihr, das kann ich nicht nachvollziehen« sagt er weiter, »ich habe nie ein vergleichbares Gefühl gehabt. Es ist der menschliche Instinkt, den man zum Überleben braucht. Wenn das eigene Leben in Gefahr ist, kommt die animalische Seite in einem zum Vorschein. Das liegt in der Natur des Menschen.«

Fast zeitgleich ringen sie um eine Antwort, und schließlich sagt Sarah, daß kein Vorstellungsvermögen ausreicht, um sich dieses Leben in ständiger Todesangst auszumalen. »Aber eines weiß ich genau«, überlegt sie, »ich hätte mich nicht gewehrt, ich wäre mitgegangen.« Darüber hat sie sich vor kurzem mit Ann unterhalten. Alon sagt: »Ich glaube, wenn ich ehrlich bin, möchte ich keine Einzelheiten erfahren. Ich will eher die chronologische Abfolge kennen, sicherlich auch etwas über ihren Alltag im Ghetto Lodz wissen, aber nicht jede einzelne Demütigung und Erniedrigung. Auch ich habe mich eigentlich eher auf intellektueller Ebene mit dem Thema befaßt.«

Ann ist sich bewußt, daß sehr viel Wahrheit in diesem Satz liegt. Auch sie hat sich zwar intensiv durch Literatur und filmische Dokumentationen mit dem Nationalsozialismus auseinandergesetzt, weniger aber mit persönlichen Zeitzeugenberichten. Ganz weggeschoben hat sie dabei die eigene Familiengeschichte. Sicherlich gab es Momente, in denen sie ihre Mutter oder ihren Vater in ein gelesenes Geschehen einsetzte oder beim Betrachten von Filmmaterial aus Konzentrationslagern die Assoziation zur eigenen Mutter sehr lebhaft wurde. Doch diese Momente wollte sie nie mit jemandem teilen. Seit sie mit Sarah an ihrer Dokumentation arbeitet, hat sich die Situation geändert. Das Reden mit ihr erleichtert ihr den Umgang mit der eigenen Geschichte und den damit verbundenen Verletzbarkeiten. Sie versucht, sich wieder auf das Gespräch zu konzentrieren und ihre permanent abschweifenden Gedanken zu zügeln.

Sarah ist gerade dabei zu erzählen, daß sie den innigen Wunsch hat, sich eines Tages mit ihrem Vater hinzusetzen, um so viel wie möglich von ihm persönlich über sein Leben in Czernowitz und die anschließende Deportation nach Mogilew zu erfahren. »Ich möchte vorher genug Hintergrundinformationen haben, um einen wirklichen Dialog führen zu können«, sagt sie überzeugt. Erst vor kurzem hat sie mit Ann darüber geredet, den richtigen Moment abwarten zu wollen, um vorbereitet in dieses Gespräch zu gehen. Ann hat ihr geantwortet, daß sie dieses Vorbereiten als Ausweichen vor einer uneinkalkulierbaren Konfrontation ansieht. Sarah erinnert sich, wie betroffen sie diese Bemerkung gemacht hat. Sie fuhlte sich provoziert. Nein, es sei dies kein Umgehen einer Auseinandersetzung, sondern ihr ganz bewußtes Suchen eines Gesprächs mit dem Vater, um dann gezielt nachfragen zu können. Dafür benötige sie historische Details über seine Geburtsstadt, die Zeit der Okkupation, die Judendekrete, die rumänische Besetzung Transnistriens. Ann hat dazu bemerkt, sie denke eher, daß jeder seine eigenen Ausflüchte konstruiert und daß dieses perfektionierte Vorbereiten Sarahs ihr eigener, vielleicht unerkannter Abwehrmechanismus sei. Sarah erinnert sich, wie sich zwischen ihr und Ann eine heftige Diskussion entfaltet hat, die ziemlich laut ausgetragen wurde. Sie selbst ist davon überzeugt, daß sie diesen Schritt wagen wird: Sie will das Gespräch mit ihrem Vater wirklich. Doch wann und wo dies stattfinden wird, das steht noch in den Sternen.

Auch hier am Tisch vertritt sie vehement ihre Überzeugung von dem richtigen Moment, der besten Ausgangsposition eines solchen Gesprächs unter vier Augen. Sie meidet den Blickkontakt zu Ann, um nicht erneut eine Diskussion zu entfachen. Doch Ann hält sich bedeckt und läßt Sarah ausreden. Sie wartet wohl ab, ob die Zukunft ihr oder Sarah recht geben wird.

Es ist spät geworden, Alon muß zu einer Verabredung, so daß sie den Rest ihres Gesprächs auf morgen vertagen. Er will sich Zeit nehmen für die beiden. Zwischen den dreien ist eine Verbundenheit entstanden, die nicht ausgesprochen und dennoch spürbar ist.

— Sarah und Ann machen einen langen Spaziergang am Strand und gehen noch mal das Gespräch mit Alon durch. Ann hat sich selbst sehr stark in diesem Sechsunddreißigjährigen wiedererkannt, der mit seinen Worten gleichzeitig ihr eigenes Erleben ausgedrückt hat. Sarah muß sie nicht lange überzeugen, auch sie ist der Meinung, daß Familie Blau die richtige Wahl ist. Die Recherche geht also jetzt in eine zweite entscheidende Phase. Die israelische Familie ist ausgesucht, nun müssen noch intensivere Vorgespräche geführt werden, ohne dabei die Thematik zu stark auszuschöpfen. Jetzt heißt es, Daten für die Dreharbeiten zu koordinieren und die Reise nach Lodz mit allen Beteiligten zu besprechen. Sie werden

Alon morgen sagen, daß sie sich für ihn und seine Eltern entschieden haben. Für beide ist dies ein erstes Erfolgserlebnis. Es ist das Gefühl, aus Überzeugung eine Familie ausgesucht und keine zweite Wahl getroffen zu haben.

Sarah schlägt vor, diesen Abend mit einem Konzert ausklingen zu lassen. In der Zeitung steht, daß der israelische Sänger David Broza eine Spätvorstellung in einem kleinen, zum Konzertsaal umfunktionierten Theater gibt. Sie reservieren telefonisch, gehen vorher noch eine Pizza essen und kommen gerade in dem Moment zum Konzert, als die Lichter ausgehen und Broza das erste Lied anstimmt. Es ist proppevoll, alte und junge Menschen sitzen nebeneinander, die Stimmung ist ausgelassen und fast körperlich spürbar. Es ist ein Gemeinschaftserlebnis, wie sie beide es nur aus Israel kennen: Die unterschiedlichsten Menschen aller Altersstufen werden durch Broza oder andere israelische Musiker verbunden. Alle hier kennen die Texte auswendig und singen mit. Es ist zwar wahnsinnig heiß in dem kleinen Saal, doch läuft beiden ein leichter Schauer über den Rücken, so bewegend ist die Atmosphäre. Ganz alleine auf der Buhne gibt Broza alles, seine kraftvolle Stimme, die Verschmelzung mit seiner Gitarre, der Rhythmus der Musik bestimmen die sinnlichen Bewegungen seines Körpers. Ein Mann und seine Gitarre, der alle verzau bert, der in seiner Musik auflebt und die Menschen in diesem Moment alles vergessen läßt. Auch Ann und Sarah sind wie in Trance von ihm und seinen melodischen Liedern. Die zwei Stunden vergehen viel zu schnell.

Alons tote Katze

An diesem Septembermorgen wird die Zeit in Israel umgestellt, doch davon bekommen Ann und Sarah nichts mit. Auf dem Weg zu Alon verfahren sie sich auch noch. Sie haben die richtige Ausfahrt nach Ganei Jehuda verpaßt und sind nun auf der Schnellstraße gefangen. Die nächste Abfahrt läßt lange auf sich warten. Als sie sich endlich dem idyllischen Tel Aviver Vorort nähern, ist über eine Stunde vergangen.

Ganei Jehuda scheint nur aus einer Hauptstraße und kleinen Nebenarmen zu bestehen, die zu den amerikanisch anmutenden Einfamilienhäusern führen. In dieser Gegend aufzuwachsen, muß schön für Kinder sein. Die Gärten blühen, die Straßen sind von Palmen gesäumt, und das Leben abseits der Hektik von Tel Aviv wirkt entspannend. Ann überlegt sich, ob sie so wohnen könnte, kommt aber sehr schnell zu dem Schluß, daß sie doch eher ein Großstadtmensch ist, der viele Menschen als natürliche Umgebung braucht und die Natur lieber nur an Wochenenden genießt. Obwohl der Ort so klein ist, müssen sie auch hier erstmal nach dem richtigen Haus suchen.

Sie wissen noch nicht, daß sie im Moment nicht nur eine, sondern über zwei Stunden zu spät sind. Erst als sie bei Alon mit seiner Frau und dem Baby auf der Veranda sitzen, macht er sie dezent darauf aufmerksam, daß es schon vier Uhr nachmittags ist und die Zeit vorgestellt wurde. Sarah schaut Ann entsetzt an, während diese vor Verlegenheit zu lachen beginnt. Es ist beiden schrecklich peinlich, doch Alon ist so unkompliziert, daß sie sich schnell entspannen. Seine kleine Tochter trägt den Rest zur Auflockerung bei. Mit ihrem breiten zahnlosen Grinsen wirbt sie um Aufmerksamkeit. Alon strahlt, er nimmt Lilly auf den Arm und stößt gurrende Laute aus, die nur er und das Baby verstehen. Alons ganzes Glück scheint in seinen Händen zu liegen. Doch damit er mit Ann und Sarah ungestört sprechen kann, nimmt Alons Frau Tina, die auch Kind Lodzer Überlebender ist, das Baby mit auf einen langen Spaziergang.

Sie machen es sich, so gut es geht, auf den breiten Korbsesseln gemütlich, denn Alon ist nun doch etwas verunsichert und weiß nicht, wie und wo er anfangen soll, das Gespräch von gestern wiederaufzunehmen. Ann stellt ihm eine Frage nach seiner Kindheit, seinem Aufwachsen im elterlichen Zuhause. »Mein Zuhause?« fragt Alon, »also, da ist etwas Komisches hinsichtlich meiner Kindheit, ich erinnere mich an das Haus, aber ich kann mich überhaupt nicht an meine Eltern erinnern.« Ann fühlt sich umgehend in ihre eigene Kindheit zurückversetzt. Auch sie hat nur schattenhafte Umrisse, an ihre Familie, an ihre Eltern kann sie sich kaum erinnern. Alon erzählt weiter, daß er ab dem Alter von acht Jahren immer von seinen Eltern den Sommer über zu einer Familie in die Ferien geschickt wurde. Bei Ann gab es zwar keine Ferienfamilie, aber ein deutsches Kindermädchen namens Hilde, das sich während Anns erster zwölf Lebensjahre um ihr Wohlergehen und die Erziehung zu sorgen hatte. Damals liebte sie Hilde, doch dann machte sie sie dafür verantwortlich, daß ihre Eltern nicht genug Zeit für sie hatten.

Alon erzählt weiter, daß er sich besser an diese Ferienfamilie erinnert als an seine eigenen Eltern. Dort hatte er nämlich die Möglichkeiten, sich selbst zu erkunden. Zu Hause konnte er das wegen der komplizierten Beziehung zu seinen Eltern nicht. Wahrscheinlich litt die Ferienfamilie unter seinem Freiheitsdrang, meint er, weil er bei ihnen seine eigenen Grenzen kennenlernte, die Grenzen, nach denen er zu Hause nicht suchen konnte, da seine Eltern das nicht zuließen. Alon scheint jetzt richtig Spaß daran zu finden, seine Lebesgeschichte auszubreiten, zu psychologisieren und zu analysieren. Gebannt hören Ann und Sarah ihm zu.

»In meiner Pubertät war diese ungewöhnliche Kindheit ein sehr wichtiges Thema für mich, es hat mich nächtelang beschäftigt und verwirrt. Ich spürte, daß ich meine Eltern nicht akzeptieren kann, ich habe sie zurückgewiesen und wollte mit gewissen Dingen nichts zu tun haben«, sagt Alon und holt tief Luft. Sarah nutzt den Moment, um nachzufragen, was dies denn für Dinge gewesen seien? »Also, ich konnte es nicht die Shoah nennen«, meint Alon, »obwohl ich schon damals wußte, daß meine Eltern Überlebende sind. Ich konnte es nicht definieren, nicht beim Namen nennen. Erst viel später verstand ich, daß mein ganzes abweisendes Verhalten sehr viel mit ihrer Vergangenheit zu tun hatte. Aber ich nahm das anfangs alles, sagen wir, eher unbewußt wahr, und es dauerte Jahre, bis es an die Oberfläche kam. Um alles rauszulassen, brauchte ich acht Jahre im Ausland. Dadurch begriff ich auch viele meiner Verhaltensweisen als Kind. Zum Beispiel meinen Hang zur Isolation, ich kapselte mich oft ganz von der Außenwelt ab. Meine Eltern haben mir erzählt, daß ich mit zweieinhalb Jahren vom Kindergarten weggerannt bin. Auch daran kann ich mich nicht erinnern. Ich bin durch die Straßen Tel Avivs nach Hause gerannt. Das war für ein kleines Kind wie mich eine große Entfernung. Ich sagte meiner Mutter, daß ich die Frau im Kindergarten nicht mehr sehen wollte. Meine früheste Erinnerung ist eher die eines bestimmten Gefühls und nicht die an Gesichter und Menschen. Ich bin in dem Bewußtsein aufgewachsen, daß unsere Familie eine geschlossene Einheit ist, in die niemand eindringen kann. Meine Eltern und mein zehn Jahre älterer Bruder wollten mich immer beschützen. Ich bin in einem Kokon groß geworden, war von einem dicken Schutzwall umgeben, bin mit dem Gefühl des Mißtrauens gegenüber fremden Menschen aufgewachsen. Es gab da draußen zwar eine Welt, aber die war gefährlich, und ich sollte fremden Menschen nicht trauen. Meine Eltern schärften mir immer wieder ein, daß die Welt draußen feindlich ist.«

»Waren sie denn auch unfreundlich zu anderen Menschen?« fragt Ann. »Nein, sie waren nett, zuvorkommend, spendeten den Armen Geld. Irgendwie hat das alles nicht zusammengepaßt: einerseits das feindliche Empfinden gegenüber ihrer Umwelt, andererseits der freundliche Umgang mit anderen Menschen.« Sarah beugt sich zu Alon vor und fragt: »Und wie war es, wenn du andere Kinder mit nach Hause gebracht hast?« – »Ich muß sagen, ich hatte immer ganz ungewöhnliche Beziehungen zu anderen Kindern. Meine Eltern behaupten, daß ich bis zum Alter von vier ein relativ normales Kind war. Danach habe ich mich wohl langsam verändert. Ich wollte keine Freunde treffen, blieb fast die ganze Zeit zu Hause. Ich konnte mich stundenlang alleine beschäftigen, malte viel. Nachts wachte ich oft auf und saß dann einfach nur da. Ich war mir selbst genug. Anfangs war ich noch freundlich zu anderen, doch auch das änderte sich, als ich etwa zwölf war. Danach wurde ich immer distanzierter, entrückter und ängstlicher, ja ich bekam Angst vor anderen Menschen.«

Alons Finger krallen sich fest in die Armlehnen, sein Gesicht spiegelt die Angst wider, die er beschreibt. Der Militärdienst sei der erste Knackpunkt in eine andere Richtung gewesen, sagt er nach kurzer Pause. Er hatte keine Wahl, mußte in dieser Zeit mit anderen Menschen auskommen. So gesehen, hatte die Einberufung auch einen positiven Aspekt. Dennoch haßte er den Dienst an der Waffe, er mußte Tätigkeiten ausüben, die ihm widerstrebten.

Sarah kommt noch mal auf Alons erste Erfahrungen im Kampf um die eigene Freiheit zurück. Auf die Bitte, sein Aufwachsen zu Hause genauer zu schildern, sagt Alon, er habe immer die Anerkennung seines Vaters gesucht. Diese Suche habe ihn daran gehindert, seiner Mutter näherzukommen. Ab einem gewissen Alter realisierte er, was seine Eltern durchlebt hatten. Es war unmöglich für ihn, diese Erkenntnis zu verarbeiten. Um so weniger verstand er, wieso sich seine Eltern gegenseitig so schlecht behandelten. In sehr zaghaften Versuchen bemühte er sich, sie darauf anzusprechen. Warum waren sie so hart zueinander, nach all dem durchlittenen Elend, den Jahren der Verfolgung? Warum konnten sie nicht einfach glücklich miteinander sein? Warum stritten sie sich, schrien sich an, behandelten sich unmenschlich?

Ein sehr ähnlicher Gedanke streift Ann und Sarah durch den Kopf. Auch ihre Eltern hatten nicht immer ein harmonisches Eheleben geführt. Wie oft hatten sie beide lautstarke Streitereien mitbekommen, die Resignation ihrer Mütter hinter verschlossenen Türen und das Schweigen. Es kam aber nie zum Bruch, irgendwie rafften sie sich zusammen, überbrückten alle emotionalen Hürden. Die Kinder waren der Kitt – gerade Sarah ist auch heute noch die Bezugsperson für alle in der Familie. Ihr Vater verspürt durch ihre Liebe und die ihrer Geschwister, wie er sagt, Freude am Leben. Er sieht in ihr die große Tochter, die am stärksten Verantwortung zu tragen hat. Auch zwischen Sarah und ihrer Mutter ist die Liebe grenzenlos. Die beiden sind Verbündete mit Herz und Seele. Auch der kleine Bruder schaut zu Sarah auf, der hübschen großen Schwester. Sie ist seine Bezugsperson, wenn er Streß in der Schule hat, sich über jemanden ärgert oder auch nur seine Musikleidenschaft teilen will, Sarah hat immer das richtige Ohr, findet die passenden Worte. Dann ist da noch ihre jüngere Schwester, eine starke Persönlichkeit, auch Sarahs Beziehung zu ihr ist von Vertrauen und viel Liebe geprägt.

Oft hat Ann sich auch einen solchen Geschwisterverbund gewunscht. Sie hat sich ihren Ersatz selbst geschaffen. Seit nun über zwölf Jahren ist Tess wie eine Schwester, mit der sie alles teilen kann, mit der sie die wichtigsten Stationen in ihrem bisherigen Leben zurückgelegt hat. Gerade in Anns geschwisterlosem Zuhause trat oft jenes bedrückende Schweigen auf. Kommunikation war dann unmöglich. Obwohl ihre Mutter eine unabhängige, selbständige Frau ist, hat sie den Schritt in die völlige Ungebundenheit nie gewagt. Nie die Türen in Deutschland für ein Leben in Paris zugeschlagen, wo Bruder, Schwester und die dreiundneunzigjährige Mutter leben. Immer wieder siegte das Zusammenleben mit ihrem schweigsamen Mann, den sie liebt.

Alon bemerkt, daß Ann und Sarah mit ihren Gedanken nicht ganz bei ihm sind. Ganz offen fragt er sie, was sie denn gerade denken. Ann erklärt ihm, daß sie sich und ihre Situation in sovielen seiner Worte wiedererkennt, und Sarah stimmt ihr beifällig zu. Sie bittet Alon noch mal darum, das frühe Erkunden seiner Grenzen zu beschreiben. »Ich erinnere mich da an eine Geschichte aus meiner frühen Kindheit«, meint Alon nachdenklich, »ich war ungefähr acht Jahre alt und bei meiner Ferienfamilie. Dort befaßte ich mich – das war das erste Mal – mit meiner Gewalt und Brutalität. Heute würde ich rückblickend sagen, daß das vielleicht mit dem Überleben meiner Eltern zu tun hatte. Das Wissen um die Shoah offenbarte mir einen Abgrund unbeantworteter Fragen. Wie konnten Menschen so gleichgültig, so grausam, so berechnend gegenüber anderen Menschen sein?

Ich erzähle euch jetzt, wie ich versucht habe, die Grenzen meiner eigenen Gewaltbereitschaft zu entdecken. Ich verhielt mich sehr brutal zu Tieren. Ich erinnere mich an ein besonderes Ereignis – an ein kleines Kätzchen. Es gehörte der Nachbarin der Ferienfamilie, einer alten Frau deutscher Abstammung, die sehr viele Straßenkatzen hatte. Sie fütterte sie regelmäßig, und einige bekamen Junge. Eines dieser Kätzchen mochte mich irgendwie, und ich begann, sie jeden Tag zu füttern, bis sie mir irgendwann zur Last wurde. Etwas bei mir im Kopf setzte aus, und ich beschloß, dieses Kätzchen zu töten. Ich wollte es mit Kalkül töten, in einer besonders brutalen Art und Weise. Ich kann es nicht erklären, eine böse Kraft war in mir. Ich erinnere mich heute noch an das physische Gefühl. Ich war Sklave meines bösen Triebes. Ich nahm das Kätzchen, steckte es in meine Tasche, ging in den Wald und schleuderte die Tasche wie ein Wahnsinniger gegen einen Baumstamm, immer wieder. Es war nicht zu überhören, wie die Katze unter den Schmerzen litt. Dann legte ich die Tasche unter einen großen schweren Stein. Das Kätzchen war verstümmelt, aber noch immer nicht tot. So kam ich jeden Tag wieder, um nach ihr zu schauen, bis sie endlich wirklich tot war. Sogar den Weg habe ich heute noch genau im Kopf. Ein paar Tage später rief mich die ältere Nachbarin, die Katzenmutter, an und, Gott weiß wie, aber sie wußte, daß ich das Junge getötet hatte. Sie sagte: »Warum hast du das Kätzchen im Wald umgebracht?« Ich war erstmal sprachlos, daß sie davon wußte. Niemand hatte mich doch beobachtet, als ich mit der Katze in den Wald gegangen bin. Die ganze Situation war mir schrecklich peinlich. Dann sagte sie: ›Weißt du, Aloni, du wirst das niemals vergessen, dein ganzes Leben lang wird dir das leid tun, du wirst das immer mit dir rumtragen.‹ Und ich sage euch, sie hatte so verdammt recht. Jahrelang hatte ich diese Alpträume, sah immer wieder das Gesicht der Katze, dieses Gesicht...« Alon verstummt, der Gedanke an das, was er getan hat, nimmt ihm die Sprache. Seine Haut ist bleich, seine Hände spielen nervös mit einem Gummiband. Er hat alles so lebhaft erzählt, daß Ann und Sarah das Gefühl haben, damals stumme Zeugen gewesen zu sein. Alon setzt wieder an: »Erst als ich schon über zwanzig war, habe ich begriffen, konnte ich die Verbindung dieser hilflosen Suche nach Gewalt zu den Erlebnissen meiner Eltern herstellen. Ich hatte soviel über all die Grausamkeiten gehört, aber nie welche erlebt. Ich suchte die Konfrontation mit der Gewalt. Ich habe sie gefunden. Das ist nur eine Episode, es gibt noch andere, aber das war meine stärkste Erfahrung.«

Während Alon jetzt aufsteht, um eine neue Flasche Wasser zu holen, überlegt sich Ann, ob sie jemals ein Tier böswillig getötet hat. Nein, daran kann sie sich nicht erinnern. Nur unfreiwillig ist sie einmal barfuß auf einem Goldfisch ausgerutscht. Es war ihr eigener. Während der Ferien hatte die Hausmeisterin Anns Fische jeden Tag gefüttert. Als sie aus dem Urlaub zurückkam, schwammen statt der drei Fische nur noch zwei im Aquarium. Ein paar Sekunden später erfuhr sie auf unangenehme glitschige Art, warum. Ein Goldfisch war aus dem Becken gesprungen, Anns Fußsohle war auf den leblosen Fischkörper getreten. Seitdem ißt sie keine Fische mehr.

Sie schreckt aus ihren Gedanken hoch und hört Alons Stimme, die weiter spricht: »Die essentielle Frage ist eigentlich die, wenn man seinen eigenen Gewaltanteil entdeckt, nach der dunklen Seite in einem selbst. Ich glaube, diese dunkle Seite in mir beschäftigt mich bis heute. Es ist dies ein Teil, den man nicht ignorieren kann. Damals hatte ich nicht die Kraft, diesen Trieb zu unterdrücken, ich wollte ihn rauslassen, ausleben. Als Kind ist man naiv. Erst als die Katzenmutter mich auf meine Untat ansprach, habe ich realisiert, etwas Schlechtes getan zu haben.«

»Es ist zwar ein kleiner Gedankensprung, aber ich würde gerne wissen, ob du dich an ein besonderes Ereignis erinnern kannst, durch das dir bewußt wurde, daß deine Eltern Überlebende sind? Vielleicht, als du die

Auschwitznummer deines Vaters zum erstenmal wahrgenommen hast?« fragt Sarah.

»Nein, es gab kein auslösendes Ereignis, weil meine Eltern ja auch nie darüber gesprochen haben. Dennoch war die Shoah immer unter der Oberfläche präsent, sie nahm bloß nie Gestalt an. Am Shoah-Gedenktag sagten sie immer zu mir: ›Gerade du mußt dich mehr als andere daran erinnern!‹ Aber wir können erst seit ein paar Jahren offener darüber reden. Früher hat meine Mutter das überhaupt nicht zugelassen, auch nicht, wenn mein Vater das Thema angeschnitten hat. Da ich aber ein sensibles Kind war, bekam ich auch ohne Worte vieles mit, ich spürte, daß etwas Ungesagtes im Raum stand, ohne daß ich hätte definieren können, was es genau war.«

Sarah und Ann nicken. Ihre Blicke verraten Alon, daß sie ähnliche Erfahrungen gemacht haben. »Auch ich wußte«, sagt Ann, »daß meine Eltern Überlebende der Shoah sind, aber die Kenntnis und das Verständnis sind nicht so wichtig wie das Gefühl. Als Kind gab es immer einen dunklen, unergründeten Teil in mir, den ich verdrängen oder aber mit dem ich mich konfrontieren mußte.« Alon stimmt dem zu und meint, daß er ein trauriges Kind gewesen sei, eines, das ohne weitere Familie aufgewachsen ist und das daher keine Familiengeschichten kennt. Alon erzählt, wie er das erste Mal begriff, weder Großvater noch Großmutter zu haben. Und er verstand sehr schnell, daß es nicht daran gelegen hatte, daß sie zu alt zum Leben waren. »Als Kind stellt man noch unbefangene Fragen«, grummelt Alon in sich hinein, um dann mit lauter Stimme fortzufahren: »Und so wurde mir geantwortet, daß sie in der Shoah umgekommen sind. Aber was heißt das? Was bedeutet das? Du fühlst nur, daß deine eigenen Wurzeln nicht existieren.«

»Als ihr die Shoah in der Schule durchgenommen habt und du nach Hause kamst, hast du da deine Eltern nach ihrem persönlichen Schicksal befragt?« möchte Sarah wissen. »Nein, habe ich nicht.« – »Das hast du nie gemacht?« hakt sie nach. »Nein, nie«, wiederholt Alon. »Wie erklärst du dir das?« – »Ich weiß nicht, ich verstehe mich ja selbst nicht. Es ist schon seltsam. Ich habe immer darauf gewartet, daß meine Eltern auf mich zukommen, so daß ich dann hätte nachfragen können. Aber auch dann, wenn sie mal zu erzählen anfingen, habe ich doch keine Fragen gestellt. Ich bin eigentlich nicht schüchtern, ich stelle Menschen auch bohrende, persönliche Fragen, wenn es sein muß, bloß meine Eltern habe ich nie befragt. Das war wohl gefühlsmäßig zu schwer für mich. Irgendwie ähnele ich doch meiner Mutter, ich wollte nicht mehr hören, wollte nicht tiefer gehen, nicht in diese vergangene Welt eintauchen. Ich hatte Angst vor einem Zusammenbruch, Angst, das alles nicht zu verkraften. Auch heute, wenn meine Eltern über diese Zeit reden, frage ich nicht nach, ich höre nur zu. Mein Vater redet immer sehr distanziert, das macht es mir leichter. Er überträgt die emotionale Welt in eine faktische. Er kann die zwei Realitäten voneinander trennen. Er redet, und nur selten kommt ein Hauch von Emotionen bei ihm durch. Meiner Mutter entströmen die Tränen wie Regen. Es dauert nie lange, nach vier oder fünf Sätzen fängt sie an zu weinen. Dann bin ich sowieso still. Das sind doch alles keine normalen Geschichten, es ist ein permanenter Ausbruch von Gefühlen, die man von sich abhalten möchte«, unterstreicht Alon.

»Glaubst du also, daß es letztendlich besser ist, nicht darüber zu sprechen?« fragt Ann.

»Ich kenne den richtigen Weg nicht. Es ist, als ob du mich fragen würdest, wie man am besten mit dem Tod umgeht. Ich weiß es nicht. Ich meine, wenn ein Mann stirbt, würdest du dann seine Witwe fragen: ›Erzähl mir mehr über ihn‹ – und würde das ihre Trauer mildern? Ich weiß es einfach nicht. Es ist etwas sehr Persönliches. Wahrscheinlich war es ein Fehler, daß meine Eltern und ich nie offen über ihre Vergangenheit sprechen konnten. Wie ich vorhin schon sagte, die Shoah war, ohne Form anzunehmen, immer präsent. Ich wollte aber, daß dieses Vakuum Gestalt annimmt. Ich habe versucht, meine Eltern zu provozieren, wollte, daß sie sich mir gegenüber brutal verhalten, denn sie waren immer nur nett. Ich denke, das ist doch nicht normal, diese grenzenlose Geduld. Ich habe heute selbst eine kleine Tochter, und wir werden doch ab und zu auch mal wütend auf sie, das ist doch menschlich. Meinen Eltern ist das nie passiert, gerade meiner Mutter nicht. Ich habe mir immer gewünscht, daß sie aus ihrer Haut ausbrechen, daß sie böse auf mich sind. Ich habe viele Wege probiert, und manchmal ist es mir auch gelungen: Ich brachte meinen Vater sogar hin und wieder zum Weinen, so stark habe ich ihn beschimpft. Offenbar hat doch jeder Mensch einen wunden Punkt. Und wenn man als Kind sensibel genug ist, merkt man sehr schnell, wo diese wunden Punkte liegen, dann kann man davon Gebrauch machen. Das habe ich bei meinem Vater gemacht, öfters. Nur um sicher zu gehen, daß er seine Geduld verlieren, daß er auch emotional reagieren kann, keine Kontrolle mehr über sich hat. Und dann diese übertriebene Sorge meiner Eltern um mich! Alles, was ich gemacht habe, wurde mit Aufmerksamkeit verfolgt, ich konnte keine Wimper bewegen, ohne beobachtet zu werden. Und dann ist es sehr schwierig, wenn man auf einmal realisiert, daß man auch nur ein ganz normaler Mensch ist, schwer, neue Maßstäbe anzulegen, da immer alles so übertrieben war. Wenn ich Kopfschmerzen hatte, war das ja wie das Ende der Welt, wirklich: Wieso um Gottes willen hat der Junge Kopfschmerzen? Vor allem meine Mutter war so. Mein Vater war strenger. Ich habe als Kind immer das Gefühl gehabt, mein Vater akzeptiert mich nicht. Aber jetzt, rückblickend, denke ich anders. Er hat mich immer geliebt, konnte es mir aber nie zeigen. Er hatte Angst, Gefühle zu zeigen, Angst, dadurch sein Gleichgewicht zu verlieren. Ich weiß auch, daß meine Mutter darunter ein Leben lang gelitten hat. Obwohl er sie liebt, und er liebt sie sehr, hat er Schwierigkeiten, ihr das offen zu zeigen.

Er erzählte mir einmal eine Geschichte, durch die ich plötzlich begriff, warum er jegliches Vertrauen in Freundschaften verloren hat. Ich lebte damals in England, wir hatten uns lange Zeit nicht gesehen, und ich besuchte ihn auf seiner Geschäftsreise in Antwerpen. Er war offensichtlich sehr glücklich, mich wiederzusehen, umarmte und küßte mich, bis er sich ganz plötzlich abwandte. Er saß da, las seine Zeitung, als wäre ich nicht mehr da. Am selben Abend waren wir in einem Restaurant, und da fing er an, einfach aus dem Nichts, mir etwas zu erzählen. Ich war nicht darauf vorbereitet, aber anscheinend war es wohl für ihn der richtige Moment. Er fing an, über ein Erlebnis zu reden, das ihn stark geprägt hat. Ihr müßt wissen, daß mein Vater ein sehr einsamer

Mann ist, er hat keine Freunde. Also, an diesem Abend erzählte er mir vom Todesmarsch von Auschwitz nach Buchenwald, es waren ungefähr hundert Juden, die durch den Schnee marschierten, er war einer von ihnen. Der Marsch dauerte einen Monat, unter ihnen war einer der jüdischen Anführer aus Auschwitz, dank seiner Fürsorge und Weisheit konnten viele überleben. Er war ein sehr enger Freund meines Vaters und älter als alle anderen. Mein Vater schätzte ihn sehr und bewunderte seine Herzensgüte. Unterwegs gab es keine Nahrung, und sie ernährten sich vom Schnee am Wegrand, um ihren Körpern wenigstens ein bißchen Wasser zuzuführen. Der ältere Freund meines Vaters konnte den Strapazen des Todesmarsches nicht standhalten, stürzte zu Boden und war dem Sterben nahe. Er sagte zu meinem Vater: ›Du mußt mich hier alleine lassen, ich sterbe, rette du wenigstens dein Leben!‹ Und mein Vater antwortete ihm: ›Ich lasse dich hier nicht alleine liegen, ich helfe dir beim Laufen, steh auf, ich werde dich stützen.‹ Mit ihren letzten Kraftreserven schafften sie es, gemeinsam in ein Dorf zu flüchten, und versteckten sich in einer Scheune, unter einem Heuhaufen. Als die anderen Häftlinge sahen, daß sie wegrannten, kamen ihnen einige hinterher. Wären es nur mein Vater und sein Freund gewesen, hätte das kein großes Aufsehen erregt, wegen zwei fehlender Juden hätten die SS-Offiziere keine Verfolgung aufgenommen. Aber da ihnen andere die Flucht nachmachten, es waren ungefähr sieben oder acht, konnten die Nazis das nicht mehr ignorieren. Sie mußten ihnen folgen. Mein Vater sah sie näherkommen und war wütend auf die anderen Flüchtenden, denen sie diese massive Suchaktion zu verdanken hatten, obwohl sie alle wußten, was sein Freund für ihr eigenes Überleben getan hatte. Seit damals hat er das Vertrauen in die Menschheit verloren, fühlt sich verraten. Mein Vater hat mir erzählt, daß sie ganz in seiner Nähe mit Gewehren und Bajonetten im Heuhaufen suchten. Als er sich entschloß, durch das Haupttor der Scheune wegzurennen, stürzte er zu Boden, genau vor die Füße eines Offiziers. Dieser schlug ihn nieder, ohne ihn zu töten, und begab sich auf die Suche nach den restlichen Juden. Die Nazis töteten alle, die sie in der Scheune fanden. Mein Vater erzählte mir das unter großen seelischen Schmerzen. Er sagte, daß er damals seine Fähigkeit verloren hat, jemandem zu vertrauen. Der alte Mann war sein einziger richtiger Freund gewesen.« Alon schluckt, auch ihm bereitet das Erzählen Schwierigkeiten. Für eine kurze Weile ist Vogelgezwitscher der einzige zu vernehmende Laut.

Vorsichtig fragt ihn Sarah, wie es mit seiner Mutter ist, ob sie denn mehr Freunde hat. Doch Alon beschreibt auch seine Mutter als eine Frau, die immer betont, daß sie keine Freunde, keine anderen Menschen brauche. Diese Ablehnung kommt nicht von ungefähr, denn gleich nach der Befreiung hatte auch sie ein einschneidendes Erlebnis. Als Waisenkind suchte sie die Unterstützung von überlebenden Verwandten, wurde aber von diesen rüde zurückgewiesen. Die ihr verbleibende Familie ignorierte sie einfach. »Wann war das?« fragt Ann, »wann hat sie dir das erzählt?«

»Ich kann das nicht genau sagen, aber es war zu der Zeit, als ich in England lebte. Es muß ungefähr zehn Jahre zurückliegen. Ich war vier- oder fündundzwanzig«, überlegt Alon. »Und wie ist das mit der Gefühlswelt deiner Mutter? Kann sie Emotionen offener zeigen?« fragt Sarah.

»Ja«, meint Alon, »meine Mutter ist viel gefühlsbetonter. Auch dazu fällt mir konkret etwas ein. Als ich in England war, umgab ich mich eine Zeitlang mit ziemlich merkwürdigen Leuten, okkulten Menschen, die sich mit mystischen Dingen beschäftigten. Ich ging zu einem Mann, der aus dem Gesicht lesen konnte, und er sagte mir alles über das Verhältnis zu meinen Eltern. Vor allem aber las er in meinem Gesicht über die Beziehung zu meiner Mutter. Merkwürdig, aber es war das erste Mal, daß jemand dafür die richtigen Worte fand. Ich hätte es nicht besser formulieren können als er. Er sagte, daß ich für meine Mutter der Mann ihres Lebens bin. Sie hat immer von mir erwartet, daß ich die Rolle meines Vaters ausfülle. Meine Mutter und ich sind uns charakterlich sehr ähnlich, und so war es einfacher für sie, eine Beziehung zu mir aufzubauen. Als ich jung war, war sie immer an meiner Seite, lobte und ermutigte mich. Sie ist der emotionale Teil in meinem Leben, sie war aber auch diejenige, die mich anderen Menschen entfremdete. Immer wieder bläute sie mir ein, anderen Menschen nicht zu trauen.«

Sarah schaltet sich erneut ein und fragt Alon nun direkt, was er über das Leben seiner Mutter zwischen den Jahren 1939 und 1945 weiß. Alon überlegt kurz und sagt dann: »Es ist komisch, aber ihr habt mich vorhin gefragt, ob ich Fragen gestellt habe, und dies ist der Beweis: Ich habe nie gefragt. Ich kenne nur Fragmente. Ich könnte nie ihre ganze Geschichte wiedergeben. Ich kenne Bruchstücke. Alles was ich von meiner Mutter weiß, sind Versatzstücke. Zusammenhängend kann ich nicht beschreiben. Und ich weiß nur, daß sie in einer Klinik war und dadurch ihr Leben gerettet wurde. Wo die Klinik lag, weiß ich nicht, ich weiß auch nicht, wie lange sie dort war. Sie hatte TBC und kam dann in ein Sanatorium. Dort ist sie meinem Vater begegnet. Mehr weiß ich nicht, nur daß sie auch im Ghetto von Lodz war, aber nicht, was danach passierte. Nichts.

Von meinem Vater habe ich mehrere kleine Puzzleteile, die ich zusammenfügen kann. Was sich wirklich sehr stark bei mir eingeprägt hat, ist die Enttäuschung meiner Mutter, nach der Befreiung von der ihr verbleibenden Familie alleine gelassen worden zu sein.«

Ann kann es nicht glauben, daß dies tatsächlich alles ist, was Alon aus dem Leben seiner Mutter zu erzählen vermag: »Aber du weißt doch, daß das Ghetto im Jahre 1944 liquidiert wurde. Und trotzdem hast du keine Ahnung, was mit deiner Mutter passiert ist?« insistiert sie. »Stimmt.« – »Du weißt es also nicht?« – »Nein, ich weiß, daß das Ghetto liquidiert wurde, aber nicht, was mit meinen Eltern passierte.« – »Bis heute nicht?« – »Nein.«

Sarah beobachtet den Dialog mit leichtem Unbehagen, denn Ann kommt ihr fast aufdringlich vor mit ihren bohrenden Fragen, penetrant hakt sie erneut nach: »Du hast also keine Ahnung, was nach 1944 geschah, du weißt nicht, daß deine Mutter vielleicht in ein Lager kam?« Jetzt ist es Alons Mimik anzusehen, daß er sich in die Enge gedrängt fühlt und ihm die Fragerei auf die Nerven geht. Mit einem aggressiven Unterton antwortet er: »Nein, ich weiß zwar, daß sie in ein Lager kam, aber nicht, in welches.« Unbeirrt fragt Ann weiter: »Und du hast auch nie deinen Vater gefragt, um mehr zu erfahren?« – »Nein, nie«, wobei Alons Stimme lauter wird, »das habe ich doch gesagt. Ich habe nie nachgefragt.«

Sarah versucht, die angespannte Stimmung aufzulokkern, und bemerkt, daß auch sie so gut wie nichts über die Jahre der Verfolgung ihres Vaters weiß. Sie kann gerade mal sagen, wie das Arbeitslager heißt, in das er verschleppt wurde. Mehr nicht. Ann merkt, daß sie zu weit gegangen ist, sie fühlt sich unwohl und ist froh, daß Sarah die Situation entkrampft. Es dauert nicht lange, und Alon fängt von alleine an weiterzureden. Ann lehnt sich dankbar zurück und hört ihm zu. »Sie hatte Angst, mich und meinen Bruder zu stark damit zu belasten, hatte Angst um die Verletzungen unserer Seelen. Bis heute hat sich ihr Verhalten nicht geändert. Wißt ihr, es ist einfacher für sie, es meiner Frau zu erzählen. Ich könnte sie fragen, wenn ich etwas erfahren will.« Fast simultan werfen Sarah und Ann die gleiche Frage ein: »Hast du sie denn gefragt?« – »Nein, habe ich nicht. Ich glaube nicht, daß es mir gut tut, in der Vergangenheit rumzuwühlen. Dennoch dürfen wir nie vergessen, müssen uns immer erinnern. Die Menschheit muß es in Erinnerung behalten, diese Massaker, den Genozid, als eine Lehre für die Zukunft. Und dennoch will ich nicht zu tief in diese Schrecknisse eintauchen, nicht die Details der Lebensgeschichte meiner Eltern kennen. Vielleicht ändert sich das eines Tages, ich bin ja noch jung.« Sarah nickt, denkt sich aber, daß er mit seinen sechsunddreißig Jahren zwar nicht alt ist, aber seine Eltern mit ihren siebzig Jahren nun auch nicht mehr die jüngsten sind. Ihren Gedanken behält sie allerdings für sich.

Statt dessen spricht sie Alon auf seine Zeit in London an, fragt ihn nach seinen Beweggründen, Israel für acht Jahre zu verlassen. »Es gab da viele Gründe«, antwortet

Alon, »ich glaube, unbewußt wollte ich weg, um mich innerlich zu befreien, von all den Zwängen hier und der einengenden Umgebung meiner Familie. Das war mir alles zu nah, zu verwickelt, zu fürsorglich, zu vorschreibend. Alles hatte seine Regeln, was ich machen sollte, was richtig und falsch war. Ich wollte mir selbst erlauben, auch mal ein wenig böse, ein bad boy zu sein. Eigentlich rebelliert man ja in seiner Jugend, das gehört doch zur Entwicklung dazu, um seine eigene Unabhängigkeit zu entdecken, die eigene Entscheidungsfähigkeit. Ich konnte mich in meiner Jugend nie auflehnen, weil jede Rebellion meine Eltern verletzt hätte – und das hat mein Herz nicht zugelassen. Da ich wußte, was sie alles durchgemacht haben, wäre es das letzte gewesen, was ich wollte: sie in irgendeiner Form zu verletzen. Aber diese übertriebene Rücksichtsnahme meinerseits hat sich dann ins Gegenteil gekehrt, denn wenn man jemanden auf keinen Fall verletzen will, endet man damit, ihn dauernd zu verletzen. Ich war wütend auf sie, weil sie mich dazu gezwungen haben, mich unnatürlich zu verhalten. Als ich zum erstenmal weit weg von zu Hause war und durch Südamerika reiste, schrieb ich ihnen einen brutalen Brief, in dem stand, daß ich sie nie geliebt habe, daß ich nie das Gefühl hatte, daß sie meine Eltern sind. Ich wollte mir selbst vormachen, daß sie nicht existieren und ich nichts für sie empfinde. Aber es hat nicht geklappt, ich wollte mein eigenes Ich überlisten, das geht natürlich nicht. Ich wollte einer Konfrontation ausweichen, und es hat mich sehr viel Arbeit und Überwindung gekostet, all diese zwiespältigen Gefühle herauszulassen, mich durch den Krieg der eigenen Empfindungen zu kämpfen.

Als ich nach England zog, verspürte ich während der ersten Wochen ein umwerfendes Freiheitsgefühl. Ich ging in Peepshows, fühlte mich frei, all das zu tun, worauf ich Lust hatte, ohne gefragt zu werden, wo ich hingehe, wo ich war. Keiner kannte mich, ich lief anonym durch die Straßen, keiner kannte meinen Namen, mein Gesicht, es war die absolute Freiheit, der siebte Himmel. Ich war nie glücklicher.« Alon seufzt.

»Wie alt warst du eigentlich?« fragt Sarah.

»Vierundzwanzig. Es hat eine Weile angehalten, dieses Gefühl, doch dann habe ich realisiert, daß die Freiheit mich auch dahin trieb, mich mit meinen Problemen auseinanderzusetzen.« – »Hattest du denn viele Probleme?« will Ann wissen. »All das, was ich bisher gesagt habe, gehört zu diesen Problemen, aber auch, daß meine Freunde zu mir sagten: Alon, du bist zu gut, zu gutmütig zu anderen. Du mußt eigene Grenzen ziehen, du kannst nicht immer nur Dinge für andere Menschen tun, dich aufopfern. Du mußt ein wenig egoistischer werden, dich auch um deine eigene Person kümmern. Und tatsächlich war ich oft wirklich zu gut, zu nett. Bis heute fällt es mir sehr schwer einzusehen, daß es Momente gibt, in denen man auch hart sein, in denen man auch Nein sagen muß. Das konnte ich nicht. Jedem, der mich um Hilfe bat, habe ich geholfen, und meistens war das auf Kosten meiner eigenen Zeit, meines Fortschritts im Leben.«

Alon nippt an seinem Glas und fährt fort: »Auch der Militärdienst war einer der Gründe, warum ich aus Israel weg wollte. Die Armee konfrontierte mich mit einem alten Konflikt, mit dem ich schon als Kind zu tun hatte: Gewalt und Brutalität, die gute und die schlechte, die helle und die dunkle Seite in mir. Ich war im Leben immer der hellen Seite zugewandt und empfand es als äußerst schwierig, ein Gewehr zu halten und zu schießen. Für mich war das unvereinbar mit meiner Persönlichkeit. Ich hatte nur noch einen Wunsch: raus aus dem Militär. Das war, während ich im Libanonkrieg gedient habe. Dadurch wurde der alte Konflikt in mir ausgelöst, denn im Libanon handelte es sich auf einmal um eine reale Situation. Ich konnte den Gewissenskonflikt in mir nicht lösen. Ich denke sowieso, daß dies generell eine schwierige Fragestellung für jeden Menschen ist. Es geht schließlich ums eigene Überleben, um Grenzen, die gezogen werden müssen.«

»Was bedeutete es eigentlich für dich, als Kind von Überlebenden in der Armee zu dienen? Gibt es ein besonderes Gefühl, das mit dem Überleben deiner Eltern verbunden ist? Du, als Soldat, ein Symbol der Stärke, mit der Macht, jemanden mit einem Gewehr zu töten?« fragt Sarah.

»Meine Eltern haben mich in ihrer Reaktion sehr überrascht. Gerade Menschen wie sie, die die Hölle durchgemacht haben, die in einer Zeit gelebt haben, als Juden hilflos und schwach waren, gerade sie konnten sich gar nicht mit der Tatsache abfinden, daß ich Soldat wurde. Sie wollten nicht, daß ich in die Armee gehe, es widersprach ihrer Rolle als meine Beschützer. Anstatt weiterzudenken, daß nun ich sie beschützen konnte, haben sie eine Antiposition eingenommen: Es gibt andere Menschen, die das besser können als du, sagten sie. Als ich mich dann auch noch freiwillig meldete, um Offizier zu werden, waren sie wie unter Schock: Warum, wozu brauchst du das? Willst du ein Mann des Militärs werden? Das ist zu gefährlich, vergiß es. Laß das. Wieso willst du soviel deiner Zeit in der Armee verbringen? Du bist viel zu zerbrechlich. Ich hatte damals eine ganz andere Reaktion erwartet. Heute hat sich auch meine Einstellung zum Militär geändert, ich sehe darin nichts Positives mehr. Komisch ist allerdings, daß meine Mutter heute sagt, sie sei stolz auf mich als Offizier gewesen, was jedoch eine retrospektive Korrektur ist, ein Umschreiben der Geschichte. Ich habe das nie gespürt. Sie ist viel zu besorgt gewesen. Ehrlich, ich paßte wirklich nicht in die militärischen Strukturen, ich konnte mich nicht anpassen. Ich habe sogar ein paar Tage im Militärgefängnis verbracht, weil ich mich Befehlen widersetzte. Ich war zu direkt, sagte allen Vorgesetzten meine Meinung. In der Armee macht man das besser nicht. Erledige deine Arbeit und halte den Mund, das ist die Devise.

Es klingt vielleicht seltsam, aber mein Gefängnisaufenthalt hatte indirekt mit der Shoah zu tun. Es war die einzige Erfahrung in meinem Leben, in der ich mich fast körperlich in diese Zeit hineinversetzen konnte. Ich wußte auf einmal, wie es für meine Eltern gewesen sein mußte. Ich kam also ins Gefängnis und mußte mich erstmal ausziehen. Ich stand da, nur in meiner Unterhose, sogar die Uhr mußte ich weggeben. Dann schickten sie mich zu diesem Kleiderberg und sagten, ich sollte mir etwas in meiner Größe rauspicken. Dort war auch ein Haufen Schuhe, und wieder sagten sie mir, ich solle mir ein Paar raussuchen. Und dann kam ich zum Friseur, ich war die ganze Zeit wie unter Schock, ich wußte nicht, was sie mit mir machten. Ich bat darum, mir nicht zuviel von meinen Haaren abzuschneiden, aber der Friseur sagte: ›Ich entscheide hier nicht, die Maschine tut das!‹

Und er rasierte mich ganz kahl. Ich erinnerte mich an Filme über die Konzentrationslager, an die Kleider- und Haarberge und ging total verstört raus auf den Hof. Rundherum sah ich überall diese Wachtürme, den Stacheldraht, und dann fing ich laut zu heulen an. Es setzte aus bei mir. Ich fragte mich: Was um Gottes willen mache ich hier? Bin ich eine Gefahr für die Gesellschaft, was ist passiert? Nach drei Tagen wurde ich wieder entlassen. Aber dieser eine Tag hatte gereicht, dieser Moment war zuviel für mich. Ich erlitt einen Schock. Meine Eltern setzten sich bei einem der führenden Offiziere für meine Freilassung ein.«

Alon schluckt. Ann und Sarah merken, daß dieser Nachmittag, dieses Gespräch mehr ist als ein Interview, mehr als eine Begegnung mit einem Fremden. Es ist das Zusammentreffen mit einem Menschen, der all das ausdrückt und verkörpert, wonach sie suchen. Nie zuvor waren sie so dicht und intensiv an ihrem Thema, kein anderer, den sie kannten, hatte jemals so eindringlich seine Identität analysiert, niemand konnte so stark die Vergangenheit in Relation zum Alltag setzen. Wie vertraut waren ihnen seine Erzählungen, wie offen seine Worte!

»Alon«, spricht Sarah ihn leise an, »konntest du deinen Eltern von dieser Assoziation erzählen?« – »Ja«, sagt er, »habe ich, ich kam am Boden zerstört nach Hause; unter Tränen erzählte ich ihnen von diesem Erlebnis.«

Lautes Babygeschrei unterbricht das Gespräch und kündigt an, daß Alons Frau Tina und die kleine Lilly zurückgekommen sind. Alon ist sichtlich erfreut und geht zur Tür, um die beiden zu begrüßen. Es dauert keine fünf

Minuten, und das Baby hat sich auf den Armen des Vaters beruhigt. Seine Frau Tina setzt sich zu ihnen, sie wirkt älter als er, reifer. Alles macht einen perfekten Eindruck: Sie scheinen sich zu lieben, scheinen eine glückliche, kleine Familie zu sein. Die Idylle im Grünen, der Garten, die Blüten, das Klavier hinter der offenen Schiebetür, das kleine mit Skizzen, Zeichnungen und Büchern vollgestopfte Arbeitszimmer Alons, Tinas schräg gegenüberliegendes Atelier, in dem sie Strickwaren für einen italienischen Modefabrikanten anfertigt, das gemütliche Schlafzimmer mit dem kleinen Bett, das bunte Kinderzimmer mit dem großen Babybett. Wie aber sieht es wirklich aus hinter diesen vier Wänden? Streiten sie sich, tragen sie Machtkämpfe aus, oder leben sie wirklich glücklich miteinander? Alon hat nur noch Augen für seine Tochter, er steht mit ihr in der ins Wohnzimmer übergehenden Küche mit dem überdimensionalen, durchsichtigen Kühlschrank und rührt in Lillys Gemüsebrei, um letzte Klümpchen zu entfernen.

»Hat er euch die Mappe mit den Arbeiten über seinen Vater gezeigt?« fragt Tina. »Nein«, grinst Ann und gibt ihr zu verstehen, daß sie sie gerne sehen würden. Tina fragt Alon auf hebräisch, ob sie die Zeichnungen holen darf. Er nickt. Kurz darauf breitet Tina mehrere riesengroße Collagen auf dem Steinboden aus. Sie alle gruppieren sich um die Bilder, und Alon beginnt zu erklären, während er Lilly mit einer Hand füttert: »Seht ihr, hier auf dieser Zeichnung habe ich die KZ-Nummer meines Vaters, sein Magengeschwür und den Metallsplitter, der unter seiner Haut steckt, gemalt. Es ist wohl meine Art der Verarbeitung seines Schicksals. Als ich diese Arbeit in

London im Rahmen meines Studiums anfertigte, habe ich mich im nachhinein oft gefragt, warum ich meinen Vater und nicht meine Mutter ausgewählt habe. Es war irgendwie selbstverständlich, daß ich das Projekt über meinen Vater mache. Ich weiß nicht, ob es euch genauso ging, aber als ich noch ein Kind war, fragten mich meine Eltern immer: ›Wen hast du lieber? Wen liebst du mehr, deinen Vater oder deine Mutter?‹ Ich sagte immer: ›Laßt mich in Ruhe mit dieser Fragerei, laßt mich alleine!‹ In meinem tiefsten Inneren wußte ich aber, daß ich meine Mutter mehr liebe. Ich konnte das jedoch nie zugeben. So habe ich alles versucht, um meinem Vater näherzukommen, um auch ihn mehr lieben zu können. Doch wir sind charakterlich zu verschieden, haben ganz andere Einstellungen. Als ich in London lebte, kam ich an einen Punkt, an dem ich mein Studium abbrechen wollte. Mein Vater bestand darauf, daß ich weitermache. Ich kämpfte mit ihm, vor allem aber mit mir selber. Sollte ich ihm gehorchen oder nicht? Ich war sechsundzwanzig und hatte meine jugendliche Rebellion immer noch nicht nachgeholt. Wieder einmal unterwarf ich mich, sagte okay, ich mache es so, wie du es willst. Ich war am Rande eines nervlichen Zusammenbruchs. Da realisierte er, daß es keinen Sinn hat, mir Vorschriften zu machen. Zum erstenmal begriff er von alleine. Genauso wie ich es eines Tages von alleine verstand, daß ich ihn von mir aus nie hätte fragen können: Papa, was ist mit dir während des Krieges passiert?«

Alon setzt sich auf den niedrigen Klavierstuhl und redet weiter: »Das muß er mir von sich aus erzählen.«

»Ja, das denke ich auch«, meint Tina nachdenklich. »Wir alle lieben unsere Eltern, und doch gibt es dieses schwarze Kapitel in ihrem Leben, über das wir fast nichts wissen. Und es wäre eigentlich so wichtig, mehr zu erfahren.« – »Ich glaube, wir haben wohl alle diese Grenzen akzeptiert, verinnerlicht«, sagt Sarah. »Ja«, stimmt Ann zu und setzt sich zu Sarah auf den kalten Steinboden.

»Mein Vater hat die faktische von der emotionalen Realität immer getrennt«, meint Alon, »so kenne ich zwar Daten, aber weiß nur sehr wenig über seine Gefühlswelt. Außer dieser einen Geschichte über den Tag seiner Befreiung. Das war das einzige Mal, die einzige Episode, die er mir sehr bewegt erzählt hat. Es war auch die einzige Frage, die ich ihm je gestellt habe. Ich fragte ihn: Wie hast du dich an diesem Tag gefühlt? Ich konnte mir nämlich überhaupt nicht vorstellen, was für Emotionen da hochkamen, als dieser ganze Horror ein Ende nahm und man sich in einem Vakuum befand. Was macht man mit all dem Schmerz, mit all dem Erlebten, Gesehenen? Es war kein glücklicher Tag für ihn, denn schon kurz nach der Befreiung gelangte er zu der schrecklichen Gewißheit, keine Eltern, keine Geschwister mehr zu haben. Er war der einzige Überlebende seiner Familie.« Alon hält kurz inne.

Mittlerweile ist es draußen stockdunkel, die kleine Lilly schlummert friedlich in seinen Armen. Zwischen den vieren hat sich ein Band entwickelt. Alle scheinen das gleiche zu empfinden, ohne es auszusprechen. Vier junge Menschen, vier Kinder von Überlebenden der Shoah, vier Kinder des Schweigens.

Lebhafte Nacht

Es ist kurz nach zehn, Sarah und Ann laufen die belebte Allenbystraße entlang, schlendern vorbei an dem mit tausend Sonnenbrillen behängten Baum, an der Straßenauslage mit den Hüten und Kappen, der Steimatzky-Buchhandlung, dem Sortiment an Nüssen, Sonnenblumenkernen und anderen Köstlichkeiten, dem Schreibladen mit Waren aus den fünfziger Jahren, um schließlich dem Kurvenverlauf nach rechts in die Ben Yehuda Straße zu folgen. An einem Geländer lehnen mehrere Porträtzeichnungen. Beim näheren Betrachten bemerken sie, daß der Künstler nur halbe Gesichter malt: die Stirnpartie bis zu den Augen. Sarah gefällt die Malerei und beginnt ein Gespräch mit dem Künstler. Er heißt Jimmy Blum und kommt aus New York. Über eine Stunde stehen sie mit ihm am Straßenrand und unterhalten sich angeregt über sein Leben in Israel, seine Kunst und ihren entstehenden Film. Kurz bevor sie gehen wollen, kommt ein Straßenmusiker vorbei, den Jimmy ihnen als seinen Mitbewohner und Freund Allen vorstellt. Ebenso wie Sarah eindeutig von Jimmys Charme und seinem Strahlerweiß-Lachen angetan ist, verzaubern Allens grüne Augen Ann. Jimmy lädt die beiden für den späten Abend ein. Seine Wohnung sei einfach zu finden. Da sie in der Nähe des Marktes wohnen, müßten Ann und Sarah, so Jimmy, nur die abgeräumten Stände abzählen, um beim siebten links und gleich danach wieder rechts in die Straße einzubiegen. Dann könnten sie schon von weitem einen wunderschönen alten Baum erkennen, der direkt vor einem kleinen weißen Haus steht. Die Wohnung sei im Parterre und nicht zu verfehlen. Zur Sicherheit zeichnet Allen noch notdürftig eine kurze Wegbeschreibung auf die Innenseite einer Zigarettenschachtel.

Gutgelaunt gehen sie zurück ins Hotel, um sich zu restaurieren. Gegen elf Uhr abends machen sie sich mit dem Mietwagen auf die Suche nach dem kleinen weißen Haus. Aber irgendwie scheinen sie kein Glück zu haben. Völlig desorientiert irren sie durch das verwaiste Gelände des Marktes. Ab welchem Stand gilt die Abzählung, welcher ist der erste, welcher der siebte? Am Anfang ist noch alles lustig, und sie amüsieren sich mal wieder über ihr Herumirren. Doch die Gegend wirkt zunehmend düster, enge Sackgassen zwingen sie zu immer komplizierteren Wendemanövern, keine Seele, die sie fragen könnten, ist um diese Uhrzeit unterwegs. Als sie endlich ein paar Menschenwesen entdecken, sind es ein paar junge Prostituierte, die auf ein Geschäft warten. Geduldig versucht die eine, den beiden weiterzuhelfen, doch auch sie wird nicht schlau aus Allens Bleistiftgekritzel.

Jetzt, nach über zwei Stunden Fahrt, beschließen sie, die Suche aufzugeben. Doch wie es das Schicksal so will, sehen sie auf einmal eine langhaarige Gestalt schlurfend die Straße herunterlaufen. Es ist Allen, der sich auf die Suche nach den verlorenen Frauen gemacht hat, während Jimmy zu Hause vergeblich auf ein Klopfen oder Rufen wartet. Sichtlich erleichtert folgen sie ihm und sehen, daß sie eigentlich gar nicht so weit von der gesuchten Wohnung entfernt sind. In ihr ist es angenehm kühl. Ein einsames Sofa und eine Matratze sind das einzige Mobiliar. Die vielen Pinsel, die an den Wänden lehnenden Leinwände und die klebrigen Farbtöpfe stürzen den Raum in ein buntes Chaos. Die paar Quadratmeter der angrenzenden Küche werden von einer grellen Neonröhre in weißes, gleißendes Licht getaucht. Auf dem fleckigen Plastiktischtuch stehen noch die Überreste des Frühstücks: getrockneter Toast, Marmeladentöpfe und kalter Kaffee. Der Anblick ist nicht gerade einladend. Doch weder Jimmy noch Allen fällt das auf. Sie fühlen sich wohl in ihrer Umgebung. Jimmy fischt eine angebrochene Weißweinflasche aus dem Kühlschrank und schenkt allen einen Schluck in große Keramiktassen ein. Die Situation mit den beiden Bohemiens hat durchaus ihren Charme. Als Allen auch noch spontan seine Gitarre aus der Hülle zerrt und anfängt, mit tiefer Stimme einen Blues zu singen, ist schnell alles vergessen. Für beide entwickelt sich das Zusammensein zu einem Ereignis, an das man sich einmal mit Wehmut erinnern wird.

Es ist jetzt halb vier Uhr morgens, und trotzdem haben sie alle Lust, noch mal loszuziehen, und landen in der immer noch überfüllten Lolabar. Um die runde Theke stehen Kinder der Nacht, ein paar Suffköpfe, die Musiker des Abends und gestylte Frauen, die sich lustvoll gierigen Männerblicken hingeben. Die Rockmusik ist laut, die Luft zum Schneiden von den dicken Nikotinwolken. Sie angeln sich einen Ecktisch, trinken zu viel Bier, bis sie nach draußen auf die erwachenden Straßen fallen.

Ein Müllmann fegt den letzten Schmutz der Nacht von den Trottoiren. Tel Aviv regt sich zu neuem Leben. An der Haltestelle warten erste Frühaufsteher auf den Fünfer-Bus, der sie zur Arbeitsstätte bringt. Die vier laufen in die entgegengesetzte Richtung, raus aus der Innenstadt und runter zum Strand. Der Dunst der City wird durch die salzigen Meeresbrisen bald erträglicher. Im Schein der aufgehenden Sonne am östlichen Horizont machen agile Alte ihren Frühsport. Der Anblick erwärmt einem das Herz, die betagten Frauen und Männer, viele von ihnen weit über das Rentenalter hinaus, dehnen ihre durchtrainierten Glieder jeden Morgen um die gleiche Zeit. Sie gehören zum festen Bestandteil von Tel Aviv. Ihre Morgengymnastik versetzt Touristen in Staunen, und auch Israelis erfreuen sich nach wie vor an diesem Anblick. Manche joggen alleine am Wasserrand, im nassen Sand. Bunte Badekappen lassen die Schwimmer von weitem in den ruhigen Wellen erkennen. Andere verrenken Arme und Beine und atmen im Rhythmus ihrer Bewegungen. Auch Jimmy, Sarah, Ann und Allen beobachten fasziniert die regen Aktivitäten am Strand. Sie sitzen auf der breiten Treppe, die hinaufführt zur modernen Promenade, an der sich Café an Café reiht und die bei schönem Wetter immer überfüllt ist. So lassen sie diese Nacht ausklingen mit Glücksgefühlen im Bauch und ein wenig Trauer in der Seele wegen der bevorstehenden Trennung. Jeder wird seinen Weg gehen: Allen plant, nächsten Monat in die Staaten zurückzufliegen, Jimmys Wunsch ist es, vorher noch eine Ausstellung in Israel zu organisieren, und auch Ann und Sarah werden dieses einzigartige Land bald verlassen.

Bei der Rückkehr nach Frankfurt erwähnt Ann melancholisch, daß sie sich sehr an Israel gebunden fühlt und ihr die Menschen mit ihren lebendigen, offenen und manchmal sogar forschen Charakterzügen schon jetzt fehlen. Doch es dauert nicht lange, und dann sind beide wieder in ihre jeweilige Umgebung in Frankfurt eingebunden. Die Stadt ist nicht die schönste: Moderne Hochhäuser prägen das äußere Erscheinungsbild ebenso wie häßliche Sechziger-Jahre-Bauten und die längste Kaufhäuserzeile Europas. Dann wiederum gibt es Stadtteile, in denen sich herrliche Altbauten aneinanderreihen. Die vielen Einbahnstraßen und die allgegenwärtigen Politessen treiben die Autofahrer in den Wahnsinn. Ihren Charme gewinnt die Stadt jedoch nicht durch die Architektur, sondern durch die Menschen. Ein hoher Ausländeranteil, die expandierende Musikszene, eine starke Schwulenbewegung und viele Undergroundkünstler sorgen für Belebung. Im Sommer sind es die Radfahrer, die dem Straßenbild eine zusätzliche Dynamik verleihen. Im Winter wirkt die Stadt eher düster und trist. Zu allen vier Jahreszeiten ist der legendäre Grüneburgpark der Spiegel der Frankfurter: ob Babys oder Schulkinder, Mütter oder Väter, Freaks oder Konservative, Studenten oder Arbeitende, Radfahrer oder Rollerblader, alles begegnet sich auf der Grünfläche im Stadtteil Westend.

Ein Tag nach der Rückkehr verabreden sich Ann und Sarah zum Frühstück. Ihre Wahl fällt auf das Café Harrys, einen Altbau, in dem die sechs Meter hohen Wände mit römischen Motiven bekleidet sind, die Decke blau bemalt und der Stuck goldgefärbt ist. Das Harrys im Nordend ist eines ihrer Lieblingscafés. Die großen Fensterfronten geben den Blick auf das Geschehen der Außenwelt frei. Ann und Sarah fühlen sich in diesem Ambiente sehr wohl, die Aura inspiriert sie, die Atmosphäre hat Einfluß auf ihre Gedankenwelten. Je nach Stimmungslage können sie ihre manchmal absurden, jedoch meist konstruktiven neuen Ideen an belebten Orten wie diesem festhalten.

Ann sitzt an einem Tisch, trinkt lauwarmen Milchkaffee und wartet auf Sarah, die mal wieder zu spät kommt. Als Sarah auf das Harrys zugeht, erkennt sie Ann von weitem an den braunen gestuften Haaren. Sie sitzt hinter einem der großen Fenster, lehnt in ihrer beigen Cordjacke an der Wand und hält die Tageszeitung, die sie jeden Tag konzentriert liest, weit aufgeschlagen in den Händen. Selbst als Sarah mit den obligatorischen zwanzig Minuten Verspätung erscheint, bricht Ann ihre Lektüre nicht ab und liest das Welttagesgeschehen zu Ende. Ann regt sich über das Zuspätkommen nicht mehr auf, es hat keinen Sinn, Sarah wird es nie lernen, pünktlich zu erscheinen. Die Situation gleicht einem immer wiederkehrenden Film: anstatt eines freudigen Wiedersehens ist die Begrüßung sehr nüchtern. In mißgelaunter Stimmung, die Ann sich jedoch nicht anmerken lassen will, drückt sie Sarah den Wirtschaftsteil in die Hand. Ann liest ihn prinzipiell nicht, Sarah eigentlich auch nicht, aber dieses Verhalten ist zu einem Ritual zwischen beiden geworden. Die angespannte Lage legt sich nach etwa zehn Minuten. Mit vertrautem Schmunzeln übergibt Ann dann den politischen Teil der Zeitung Sarah zum

Lesen. Mit dieser Geste ist wieder Frieden zwischen den beiden eingekehrt.

Die Reise war viel aufreibender, als sie es sich vorgestellt hatten. Sie erzählen sich gegenseitig, wie unruhig sie in der Nacht geschlafen haben. Beide haben das Gefühl, die letzten Wochen in einer anderen Zeit gelebt zu haben. Ann erzählt ihren Traum der letzten Nacht. Sie kann sich im Gegensatz zu Sarah regelmäßig an ihre Träume erinnern, in denen sie die Erlebnisse des Alltags verarbeitet.

Ann träumte, eine Schulfreundin von Lana zu sein. Lana sitzt neben ihr in der Klasse, beide tragen die gleiche Schuluniform, blaue Röcke, weiße kurzärmelige Blusen, weiße Socken und Sandalen. Sie haben gerade Mathematikunterricht und lernen die Mengenlehre. Als es zur Pause läutet, gehen sie auf den Schulhof, und Lana zeigt Ann ihr neues Buch. Sie hat es von ihrem Vater geschenkt bekommen, der Roman heißt Oliver Twist und ist von dem englischen Schriftsteller Charles Dikkens. Sie setzen sich auf eine braune, morsche Holzbank, die in einer Ecke des Hofes steht, weitab von den laut spielenden Mitschülern. Sie haben sich versprochen: Wenn einer der beiden ein neues Buch geschenkt bekommt, dann lesen sie es gemeinsam. Diejenige, der das neue Buch gehört, liest es der anderen vor. Diesmal ist also Lana an der Reihe. Doch kaum hat sie angefangen vorzulesen, ist die Pause auch schon vorüber. Die beiden verabreden sich für den Nachmittag. Auf dem Heimweg laufen sie an vielen kleinen Geschäften vorbei. Auf dem Bürgersteig kommen ihnen fromme, schwarz gekleidete Juden mit Schläfenlocken und langen Bärten entgegen. Die Männer tragen alle einen Hut. Ann muß lachen und erzählt, daß sie in einem der orthodoxen Juden, die ihr im Traum entgegengekommen sind, den amtierenden Frankfurter Rabbiner erkannt hat. Sie erzählt weiter, daß Lanas Wohnhaus in einer breiten Hauptstraße liegt, durch die eine Straßenbahn fährt. Als sie vor Lanas Haus stehenbleiben, macht Lana den Vorschlag, das Buch doch jetzt gemeinsam zu lesen. Sie ist so gespannt, wie sich die Geschichte fortsetzt, und sie könnten die Hausaufgaben doch später machen. So laufen sie gemeinsam durch ein großes Tor, einen schmalen, dunklen überdachten Hof bis zur Haustüre entlang. Lana geht kurz zu ihrer Mutter in die Wohnung hoch, während Ann vor der Eingangstür hockt und auf sie wartet. Als Lana wiederkommt, bringt sie belegte Brote, zwei Äpfel und eine Tafel Schokolade mit. Sie schlendern durch den Korridor zu einer Tür, hinter der sich eine kleine Oase verbirgt, die Ann bisher noch nicht gesehen hat. Es ist eine kleine, verwachsene Grünfläche mit Sträuchern, die rote Blüten tragen und sich wie ein geblümter Teppich ausbreiten. Hinter den Sträuchern blühen weiße und gelbe Rosen in voller Pracht, die Hauswände sind nicht mehr zu erkennen, alles ist mit Efeu überwachsen. Zwei Apfelbäume, die bereits Früchte tragen, spenden einem Teil des Gartens Schatten. Um die Bäume herum ist der Rasen mit reifen großen Äpfeln bedeckt. Ann ist überwältigt, es verschlägt ihr die Sprache, sie hat eine solche Schönheit der Natur noch nie gesehen. Sie lehnen sich an einen der kräftigen Baumstämme an und essen zunächst einmal die mitgebrachten Stullen. Nachdem sich jeder von ihnen den Bauch mit Schokolade vollgeschlagen hat, beginnt Lana, mit tiefer, wohlbetonender Stimme die Wörter vorzulesen.

Der Traum hat keine Fortsetzung, Ann jedenfalls kann sich nicht mehr erinnern. Das ärgert sie, denn es war ein schöner Traum, kein Alptraum. Doch ist es erschrekkend, wie intensiv sie Lanas Kindheitsgeschichte durchlebt hat, wie schwer es ihr fällt, sich jetzt von dem Traum zu lösen. Sie sieht die glückliche Kindheit von Lana in Lodz – bis zum Einmarsch der Deutschen in Polen im September 1939. Davor liegen die schönen Erinnerungen von Lana: die Jahre, die sie mit ihren zwei kleineren Schwestern, Mutter und Vater, Großeltern und Cousinen – eben mit ihrer Familie – erlebt hat. Dies ist die Zeitspanne, in der der Traum spielt.

Ann kannte Lana bis vor kurzen noch nicht einmal, und jetzt ist sie ein wichtiger Bestandteil ihres Lebens geworden. Schon in Israel, nach dem ersten Gespräch, hatte Ann eine ganz spezielle Verbindung zu Lana gespürt. Sarah ist verblüfft und gerührt zugleich, wie Ann die gemeinsamen Stunden mit Lana verarbeitet. In Anns Traum hat Lana vorgelesen, so wie sie es auch wirklich in Israel getan hat. Sarah erinnert sich, wie Lana ihnen die – in einem sehr literarischen Hebräisch – selbstgetexteten Gedichte vorgetragen hat, und stimmt Ann zu, daß Lana die überwältigende Eigenschaft besitzt, Menschen mit ihren gewählten, aber treffenden Worten zu vereinnahmen, sie an ihrem Sein und Erlebten teilhaben zu lassen. Sarah bedauert es, daß sie nicht auch die Gabe hat, die verschiedenen Eindrücke, schmerzvollen Momente und zahlreichen Sehnsüchte in Träumen zu verarbeiten. Zumindestens kann sie sich selten an sie erinnern. Sie empfindet es als befremdend, daß die Schicksale der Menschen, mit denen sie Gespräche führten, zu unauslöschlichen Teilen ihrer eigenen Personen werden, daß erzähltes Leid verinnerlicht wird, ohne daß man es selbst erlebt hätte.

Sarah erzählt Ann, wie sie den gestrigen Abend im Kreise ihrer Familie verbracht hat. Die Bindung an ihre Eltern und Geschwister ist unglaublich stark. Sarahs Ventil ist es, sich immer wieder ihrer Familie mitzuteilen. Seit sie denken kann, sind ihre Eltern Nachtmenschen – diese Angewohnheit hat sich auf die drei Kinder übertragen.

Sarahs Mutter ist nachts vorwiegend im Wohnzimmer vorzufinden. Leger gekleidet sitzt sie in einer bunten Leggins, unifarbenes T-Shirt, mit angewinkelten Beinen auf der samtbraunen Couch. Ihre hellen schulterlangen Haare sind zum Pferdeschwanz geknotet, der Pony gerade so lang, daß die Gläser ihrer Brille nicht verdeckt werden. Auf dem anderen Teil der Couch stapeln sich unzählige Tageszeitungen. Eine Leselampe steht auf dem Beistelltisch, auf dem sich eine Unmenge Bücher türmen, die Schachtel Zigaretten und der israelische Kaffee stehen in Griffweite. Sarahs Vater geht meist schon um Mitternacht schlafen. An seinem Bett steht immer eine Flasche Wasser. Er schläft nicht durch, fast stündlich stattet er seiner Frau im Morgenmantel, der seinen wohlgeformten Bauch kaschiert, einen Besuch im Wohnzimmer ab. Dann läßt er sich Neuigkeiten ihres in der Zwischenzeit dazugewonnenen Wissens berichten. Es kommt auch vor, daß mitten in der Nacht politische Diskussionen entfacht werden. Aber in der Regel versucht er sie zu überreden, endlich ins Bett zu kommen.

So war es auch am gestrigen Abend, als Sarah ihre Eltern besuchte. Ihre Geschwister waren mit Freunden unterwegs, so daß Sarah mit ihren Eltern im Wohnzimmer saß und sich alles von der Seele sprach. Sarahs Redefluß wurde nur dann unterbrochen, wenn einer der beiden ihr Fragen stellte. Wie zu erwarten, verabschiedete sich ihr Vater kurz vor Mitternacht, um endlich schlafen zu gehen, doch es dauerte keine Stunde, und er saß wieder zwischen Sarah und seiner Frau. Ann kennt diese Situation nur zu gut, sie hat mit Sarah schon des öfteren Stunden in diesem Wohnzimmer verbracht. Gemeinsam haben sie endlose Diskussionen geführt, das Tagesgeschehen beurteilt, zwischendurch ein Magazin im Fernsehen angesehen, neuesten Klatsch ausgetauscht und viel Kaffee getrunken.

Auch als Sarah und Ann zusammen für eine Jüdische Zeitung in Frankfurt arbeiteten, haben sie dies nachts getan, denn die Herausgeberin, Carmella Jung, war meist vor Sonnenuntergang nicht ansprechbar, und so gewöhnten sie sich recht schnell an den nächtlichen Rhythmus bis in die frühen Morgenstunden hinein. Hier lernten sie erstmals, gemeinsam zu arbeiten. Die meisten Redaktionssitzungen arteten, mit reichlich Nikotin und Wein, in politische Gesprächsrunden aus, bei denen eine die andere übertönte und jede recht hatte. Das Team bestand aus sechs verschiedenen Frauen, wobei alle eigene Vorstellungen von der richtigen Machart der Zeitung hatten. Und dennoch oder gerade deswegen ist dies die einzige jüdische Zeitung in Deutschland mit Niveau. Das offizielle Gemeindeblatt dagegen unterliegt einer Art Zensur, freie Meinungsäußerung in Form von Leserbriefen wird nicht abgedruckt. Vielmehr reihen sich belanglose Verlautbarungen und großformatige Bilder von Hochzeiten oder anderen Veranstaltungen aneinander.

Ganz anders im Hause von Carmella Jung. Hier regieren Esprit und Gedankenfreiheit, Witz und Humor. Die Zeitung erscheint meist auf den letzten Drücker, manchmal auch mit Verspätung. Wann immer Carmella den beiden die Haustür öffnete, um sie im Kellergeschoß den Computern zu überlassen, geschah dies nach einem Ritus: Carmellas Blick schweifte in den Spiegel an der Eingangstür, in dem sie ihre schwarzen lockigen Haare zu einer Frisur zurechtzupfte und bemerkte: »Ach, Kinder, schaut mich nicht an, ich sehe heute wieder schrecklich aus.« Dabei grinste sie über beide Wangen und verlieh ihnen das Gefühl, wieder zu Hause zu sein. Tür, Betten und Kühlschrank stehen bei Carmella immer für Gäste offen. Das nächtliche Treiben in ihrem Haus, in dem auch ihre beiden Kinder leben, erinnert an die Erzählungen der Jüdischen Salons in den zwanziger Jahren, in denen sich Intellektuelle und Künstler trafen. Bis heute pflegt sie diesen Habitus, wobei sich ihre einnehmende warme Persönlichkeit auf die gelassene Stimmung unter den Gästen überträgt. Für Sarah und Ann wird diese Zeit unvergessen bleiben.

Und dann gibt es noch einen dritten Ort, an dem sie viele in Erinnerung bleibende Stunden verbracht haben: bei Anns Eltern. Nicht nur Ann ist zum festen Bestandteil von Sarahs Familie geworden, auch Sarah ist nicht mehr aus Anns Familie wegzudenken. Gerade zu Anns Mutter hat Sarah eine innige Beziehung aufgebaut. Bei Anns Eltern ist die Küche der Mittelpunkt des Geschehens. Eigentlich bräuchten sie keine anderen Räume, denn alle Zusammentreffen finden an dem länglichen weißen Tisch statt. Getrunken wird Wasser, Kaffee oder Tee.

Der Kühlschrank ist meist leer, da der Haushalt auf ewige Diät gesetzt ist. Anns hübsche dunkelhaarige Mutter, eine immer elegant gekleidete Frau, trägt vorzugsweise klassische Kostüme italienischer Designer. Sie versteht es, hinter ihrem Mann die Fäden zu ziehen, sie ist die treibende Kraft der Familie. Wenn sie mit Vorliebe von den neuesten Erkenntnissen ihres Judaistikstudiums erzählt, lauschen sie ihren humorvollen Ausführungen über Talmud und Kabbala – die Lehre der jüdischen Mystik. Immer gibt es was zu lachen. In den seltenen Momenten, in denen ihr Vater im Vorbeifliegen dazustößt, berichtet er von den neuesten politischen Entwicklungen und erzählt Witze, die seine Frau korrigiert – oder umgekehrt. Immer weiß es der eine besser als der andere. Darin sind sich Ann und Sarahs Familie gleich. Anns Vater könnte Deutschlands Verkehrsminister werden. Er kennt die deutschen Autobahnen besser als den Inhalt seiner Jackentasche.

Einmal waren Ann und ihr Vater zur gleichen Zeit in Berlin. Er hatte gerade seinen x-ten Vortrag hinter sich gebracht, und Ann war für einige Tage mit ihrem Auto in die Hauptstadt gekommen, um Freunde zu besuchen. In der eng kalkulierten Terminplanung ihres Vaters fand sich eine Möglichkeit, gemeinsam Mittag zu essen. Danach trennten sich ihre Wege. Er nahm den Flieger, und sie konnte dank ihres Autos die Abreise flexibel gestalten. Es vergingen keine fünf Minuten, da holte der Kellner Ann ans Telefon. Komisch, dachte sie sich, niemand außer meinem Vater weiß, daß ich hier in diesem Restaurant sitze. Er aber war doch schon auf dem Weg zum Flughafen Tegel. Als sie jedoch den Hörer abnimmt, entpuppt sich der Anrufer tatsächlich als ihr Vater. Und er erklärte ihr zum drittenmal die schnellste Autobahnverbindung nach Frankfurt. Sie mußte innerlich lachen – das deutsche Straßennetz ist einer seiner großen Leidenschaften, nach Politik und Fußball. Das, was Ann am meisten an ihrer Familie schätzt, ist der wirklich allgegenwärtige Humor.

Die ansteigende Geräuschkulisse im Café Harrys hindert Ann und Sarah nicht daran, ihre angeregte Unterhaltung fortzusetzen. Sie sprechen über ihre in Israel gewonnenen, aber noch immer nicht verarbeiteten Eindrücke und fragen sich, ob ihre Eltern die richtige Entscheidung getroffen haben, ihnen nichts von der eigenen Vergangenheit zu erzählen.

Ann glaubt, daß ihre Eltern vieles ausgeklammert haben, um der Familie Schmerz zu ersparen, denn Details wären auf beiden Seiten nicht zu verkraften gewesen. Sarah hingegen bedauert das. Sie würde viele Handlungsweisen ihres Vaters konkreter verstehen, sich in gewisse Denkprozesse besser hineinfühlen können, hätte er sich ihr gegenüber mehr geöffnet. Ann vollzieht die Gedanken Sarahs nach und fugt hinzu: »Ist es denn nicht die Aufgabe der zweiten Generation, die Eltern zu befragen?« Die Frage bleibt offen.

Das einstündige Gespräch beim israelischen Psychologen Abraham Hunger hat Sarah besonders stark bewegt, sie kann es nicht vergessen. Es hat so vieles – bis zu diesem Zeitpunkt noch Verborgenes – in ihr aufgewühlt, wie etwa den anhaltenden Machtkampf mit ihrem Vater: Immerzu möchte sie ihm beweisen, daß sie ohne seine Unterstützung das Leben schafft, daß sie auf eigenen Füßen stehen kann, will, daß sie auch in ihren Fehlentscheidungen respektiert wird. Seine Vergangenheit hat sie dermaßen eingeschüchtert, daß sie es nie gewagt hat, ihm zu widersprechen, denn sein Leid übertrifft ihres in jeder Hinsicht. Doch sie muß lernen, sich nicht mit ihm zu vergleichen. Jetzt, in dem Moment, in dem sie das alles ausspricht, wird ihr bewußt, daß sie diejenige ist, die diesen Kampf hervorgerufen hat. Im Grunde ist es doch ihr Vater, der ihr immer wieder Mut für neue und entscheidende Schritte macht.

Als sie das Harrys verlassen, trauen sie ihren Augen nicht: Die Dämmerung ist bereits eingebrochen. Sie können es nicht fassen, aus einer Verabredung zum Frühstück ist ein ganzer Tag geworden.

Am späten Abend treffen sie sich wieder und genießen gemeinsam mit Tess und Jil die Jupiter Bar in Sachsenhausen. Gemeinsam ziehen sie dann ins Café Lena und treffen viele bekannte Gesichter. Die vier amüsieren sich köstlich und stürzen dann, bestens gelaunt, im legendären Nachtclub Pookies ab. Die Plattenteller drehen sich zu Soul-, Funk- und Houserhythmen, die baßlastige Musik trägt sie in andere Sphären. Bis zum Morgengrauen wird durchgetanzt. Sarahs und Anns Nachholbedürfnis ist nach dieser endlosen Nacht erst einmal gestillt. Und nach diesem exzessiven Feiern freuen sich beide auf die kommenden freien Tage.

Der volle Kühlschrank

Dank der Reise nach Israel haben Sarah und Ann einige Adressen von – heute in Deutschland lebenden – ehemaligen Lodzern bekommen. Die ersten Kontakte müssen über das Telefon aufgenommen werden. Einfühlsam versuchen sie, sich an die erste Generation heranzutasten. Das Eis bricht, sowie die Menschen, mit denen sie sprechen, erfahren, daß sie Kinder von Überlebenden der Shoah sind. Einige haben ein starkes Mitteilungsbedürfnis, erzählen von vergangenem Leid. Doch die meisten sagen direkt am Telefon ab: Die Angst, im Fernsehen als Juden erkannt zu werden, ist allgegenwärtig. Hinzu kommen Hemmungen, ein innerfamiliäres Problem vor einer breiten Öffentlichkeit auszutragen. Andere erklären sich für zu alt, zu gebrechlich und wollen die Vergangenheit nicht aufwühlen. Die nächste entscheidende Hürde ist die Kooperation von Angehörigen der zweiten Generation, deren Scheu nicht minder ist, sich zu diesem sehr persönlichen Thema zu äußern. Immer aber merken Ann und Sarah, daß ihr Anruf Gedankenprozesse in Gang setzt. Viele fangen erst im Gespräch an, die Problematik des Schweigens zu erfassen, werden sich auf einmal der jahrelang als normal empfundenen inneren und äußeren Barrieren bewußt.

Es ist ein warmer Herbsttag, die Fenster sind heruntergekurbelt, laute Musik tönt aus dem Lautsprecher – Sarah und Ann sind auf der Autobahn in den Norden Deutschlands gebrettert. Es ist Mittagszeit, die Straßen Hannovers sind fast leer, die Bauten ausdruckslos, die Aura der

Stadt gewöhnungsbedürftig. Mit dem Stadtplan in der Hand machen sie sich auf die Suche nach der Straße, in der Miriam wohnt. Ihre Informationen über Miriam sind recht oberflächlich: Sie ist sechsundzwanzig Jahre alt, in Deutschland geboren und Jurastudentin. Neben ihrem Studium singt sie Background für renommierte Soul- und Jazzinterpreten, komponiert und textet aber auch eigene Songs.

Beide sind gespannt, den Menschen Miriam näher kennenzulernen. Wie sieht sie aus? Wie wird sie sich ausdrücken? Ist sie klein oder groß? Welche Haarfarbe hat sie? Wird sie zugänglich und offen oder eher reserviert sein? Hat sie sich bewußt mit der Situation auseinandergesetzt, Tochter eines Überlebenden zu sein?

Müde und angespannt von der langen Autofahrt biegen sie in die gesuchte Straße ein. Auf der rechten Seite sind ein Second-Hand-Laden, eine Buchhandlung und eine Bäckerei. Schließlich erreichen sie das Haus, in dem Miriam wohnt: ein altes, mehrstöckiges Backsteinhaus, das etwas verfallen wirkt. Eine fast dörfliche Ruhe liegt über dem Stadtviertel. Sarah schaut nach oben, in der Erwartung, Miriam vielleicht am Fenster zu erblicken. Doch erst an der Tür werden sie mit einem freundlichen »Hallo« von einer Person mit rötlichem Haarschopf und breitem Lachen empfangen. Der Gang ins Wohnzimmer führt durch einen schmalen, dunklen Korridor, der rechts mit Hunderten von Fotos bepflastert ist. Eine Anhäufung von Computern, Synthesizern, ein Mischpult, ein Tapedeck, Schallplatten und CD-Türme füllen das kleine Wohnzimmer. Poster von Jazzmusikern hängen an den Wänden, die grauen Jalousien sind heruntergelassen, Kerzen brennen am hellichten

Tag. Vor den beiden Fenstern stehen zwei gemusterte Sofas.

Miriam kocht frischen Tee, Kaffee gibt es bei ihr nicht, das sei ungesund. Nichts wäre den beiden jetzt lieber als ein schwarzer starker Kaffee, doch dankbar nehmen sie den Tee an. Zunächst beschnuppert Miriam die beiden, stellt viele Fragen, die abwechselnd beantwortet werden. Sehr schnell ist die Atmosphäre gelockert. Ganz unbefangen erzählt Miriam, daß sie sich vor dem Telefongespräch noch nie darüber Gedanken gemacht hat, als Tochter eines Überlebenden nichts über das Schicksal ihres Vaters zu wissen. Auf Anns Frage, wo denn ihrer Meinung nach die Tabus liegen, was denn genau ihr Vater vor ihr verschweigt, gerät Miriam ins Nachdenken. Sie könne das nicht so beantworten. Ihr Vater Sammi hat nie aus seinem Leben im Ghetto Lodz oder im Konzentrationslager erzählt, auch nicht darüber, was seinen Freunden und Verwandten zugestoßen ist. Er hörte immer ab einer gewissen Grenze zu erzählen auf, und sie wollte dann nicht weiter bohren. »Ich habe mir zwar schon oft vorgestellt«, sagt Miriam, »wie meine Großeltern gewesen sind, schließlich bin ich ja auch nach meiner Großmutter benannt worden.«

Sarah will nun von ihr wissen, ob sie als Kind eines Überlebenden die Prägung anhand eines Beispiels in Worte fassen könnte. Trotz des Schweigens war die Vergangenheit für sie immer präsent, meint Miriam. Mit einem Grinsen bescheibt sie die Eigenart ihres Vaters, immer einen vollen Kühlschrank haben zu müssen, und dann erzählt sie: »Er mußte während des Krieges hungern und wollte immer, daß ich und meine zwei Schwestern genug zu essen haben. Wenn er einkaufen ging, war es immer viel zu viel, und wir Kinder schmissen dann das meiste weg, weil die Sachen schlecht wurden. Bis heute hat sich das nicht geändert. Interessant daran ist, daß ich Papas Eigenschaft inzwischen übernommen habe. Obwohl ich nie unter Hungersnot gelitten habe.«

Miriam unterbricht sich selbst, lacht und demonstriert ihre vollschlanke Figur, indem sie sich mit ihren Handflächen an die Hüften faßt. »Ihr müßt wissen, daß ich mich als Jugendliche über den vollen Kühlschrank meines Vaters lustig gemacht habe. Ich habe früh genug erkannt, wie ich meinen Vater ärgern und zur Weißglut bringen konnte. Ich betrat die Küche, öffnete die Kühlschranktür, meckerte, daß nichts zu essen da sei. In Windeseile kam mir mein Vater entgegen, stieß mich von dem offenen Kühlschrank weg, warf einen kurzen Blick hinein, machte in Sekundenschnelle eine Bestandsaufnahme des Vorrats und verschwand aus der Haustür, ohne ein Wort zu sagen. Eine Stunde später kam er mit prallvollen Tüten aus dem Supermarkt zurück. Und all das, obwohl mehr als genug zu essen im Hause war. Seitdem ich alleine lebe, ist der Kühlschrank auch bei mir bis ins letzte Regal mit Nahrungsmitteln vollgestopft.«

Die fröhlichen Züge ihres runden Gesichtes sind trotz des ernsten Themas unverändert. »Kannst du es heute nachvollziehen, warum du deinen Vater verletzen wolltest?« fragt Ann interessiert. Sichtlich erstaunt über die Frage, glätten sich Miriams Gesichtsfalten. Man sieht es ihr förmlich an, daß es ihr leid tut, mit ihrem Vater dieses Spiel gespielt zu haben und daß die Frage ihr peinlich ist. »Heute bedrückt es mich außerordentlich, daß ich seine Manie ausgenutzt habe. Wißt ihr, mein Vater ist nicht der Typ von Mensch, der seine Gefühle offen zeigen kann. Meine Eltern haben sich früh getrennt, und wir Kinder sind bei meinem Vater aufgewachsen, seine Fürsorge war enorm groß. Die Angst, in der Erziehung zu versagen, ist bestimmt ein Grund, weshalb er so bemüht war, uns mit Strenge und Vertrauen großzukriegen. Die Disziplin und Härte bezogen sich auf unsere schulische Leistungen. Seine Worte waren immer: ›Die Bildung ist das, was dir niemand wegnehmen kann.‹ Aber die Wärme, diese direkte Wärme, die man eben von den Eltern erwartet oder zu finden hofft, die habe ich nicht so unbedingt bekommen.«

Miriam unterbricht sich selbst und greift nach einer Zigarette und dem blauen Einwegfeuerzeug. »Ich war zwar nie in finanziellen Schwierigkeiten, und ich weiß auch, daß mein Vater mich liebt, aber er konnte das eben nicht direkt zeigen. Sein Gehör war immer offen für Probleme, die ich hatte, aber mich mal an sich zu drükken, in seine Arme zu schließen oder so, das meine ich mit Wärme, das hat er nie getan. Ich benutzte bewußt seinen wunden Punkt, um mich für die mir versagte Wärme zu revanchieren.«

Jetzt zündet sich Miriam die Zigarette an, zieht den Rauch in tiefen Zügen in ihre Lungen ein. Sarah hakt nach, ob es noch weitere Kindheitserlebnisse gibt, die sie mit der Lebensgeschichte ihres Vaters in Verbindung setzt. Miriam blickt auf die kahle, weiß gestrichene Decke des Zimmers und versucht sich zu erinnern: »Ja, wenn wir gemeinsam Nachrichten geschaut haben und wenn das Thema Holocaust aufkam, konnte ich schon an seinem Blick erkennen, daß er mit Wehmut an die Zeit zurückdenkt. Es gab aber auch Momente, da sprach er seine Gefühle offen aus. Dann sagte er, daß er seine

Eltern und seine von den Nazis ermordete Familie sehr vermißt. Er hätte ihnen noch so gerne etwas gesagt, bevor er sie verlassen mußte. Von einem seiner Brüder hat er sich sogar im Streit getrennt, er hätte sich so gerne noch entschuldigt oder noch was Liebes zu ihm gesagt. All dies kann er nicht mehr nachholen. In solchen Momenten war ich hilflos und wußte nicht, wie ich auf diese verbalen Emotionsausbrüche reagieren sollte.«

Miriam lehnt sich zurück, sie wirkt nicht mehr so entspannt wie am Anfang des Gesprächs, eigene Emotionen holen sie ein. Dennoch ist sie gewillt weiterzureden, auch über die Zeit ihres Vaters in Auschwitz. Sehr einfühlsam führt Ann Miriam an diesen empfindlichen Punkt der Biographie heran. Aus den vorausgegangenen Telefonaten weiß sie, daß Miriams Vater über Umwege in das Vernichtungslager Auschwitz deportiert wurde, welches das einzige Lager war, in dem KZ-Häftlingen Nummern eintätowiert worden sind. »Wann hast du das erste Mal gesehen, daß dein Vater auch eine tätowierte Nummer hat?« fragt Ann. »Da bin ich noch sehr jung gewesen«, antwortet Miriam, »etwa fünf oder sechs Jahre alt. Ich habe ihn direkt gefragt: ›Was hast du denn da auf deinem Arm?‹ Schon damals erzählte er mir, daß er diese blaue Nummer aus dem Konzentrationslager hat. Eine kurze präzise Antwort, ohne weitere Erklärungen.« Miriam hat in diesem sehr jungen Alter die Dimension des Ausgesprochenen nicht erfassen können.

»Hat dein Vater denn Freunde nach Hause eingeladen, die untereinander über die Vergangenheit gesprochen haben? Hast du davon etwas mitbekommen?« fragt Sarah. Miriam neigt ihren Kopf nach unten und überlegt: »Ich erinnere mich nur an den besten Freund meines

Vaters, der ihn oft zu Hause besucht hat. Er war auch in einem Konzentrationslager, sie haben viel zusammen über aktuelle politische Ereignisse diskutiert, meist aber in polnisch, so daß ich nicht viel verstehen konnte.«

Bis heute sind die gegenseitigen Barrikaden nicht abgebaut worden, obwohl Miriam es gerne hätte, daß ihr Vater ihr alles erzählt. Sie ist sich unsicher darüber, wie es in seinem Inneren aussieht: »Vielleicht hatte er ja auch den Drang gehabt, mir alles zu erzählen, vielleicht wollte er mich aber nicht belasten, das weiß ich nicht. Aber ich kann mir das gut vorstellen. Da mein Vater ein Mensch mit einem sehr großen Mitteilungsbedürfnis ist, hat mich das auch immer sehr gewundert. Nur, wir haben uns beide nicht getraut«, analysiert Miriam. Die Angst, den anderen zu belasten, war auf beiden Seiten immer präsent. Sie hätte Schmerz empfunden, die Schmerzen ihres Vaters mitgefühlt. Und zögerlich fügt sie hinzu: »Ich denke aber, auf Dauer wäre das vielleicht eher befreiend gewesen.« Dadurch, daß sie sich dann mehr in ihn hätte hineinversetzen können, wäre vielleicht ein noch innigeres Verhältnis entstanden. Das erlittene Leid holt ihn, wie Miriam weiß, heute noch in seinen schmerzhaften Träumen ein. Nachvollziehen kann sie sein Schicksal nicht, denn kein Vorstellungsvermögen reicht aus, um sich auch nur ansatzweise in das Erlebte hineinzuversetzen. Sie kann sich zwar Dokumentar- und Spielfilme aus der Zeit ansehen und die Person ihres Vaters in deren Ablauf einsetzen, kann sich vorzustellen versuchen, wie er im Ghetto mit seiner Familie gelebt hat. Nur direkt mit ihm sprechen, das kann sie bis heute nicht.

»Kennst du das Gefühl des Nicht-loslassen-Könnens?« möchte Ann von ihr wissen. »Ja, auf jeden Fall, auch heute noch. Also, ich wüßte nicht, was ich ohne meinen Vater machen würde, auch emotional, ich hänge schon sehr an ihm. Er ist die Person, die mir damals in meiner Kindheit Nähe gegeben hat, eben nicht so, wie ich sie hätte haben wollen, aber er hat sein Bestes gegeben und war auch ein guter Vater. Ich wüßte nicht, wie ich das verkraften würde, wenn er irgendwann mal nicht mehr da wäre. Darüber möchte ich jetzt auch nicht sprechen, möchte gar nicht daran denken. Ihr kennt meinen Vater noch nicht, aber ihr werdet sehen, er ist ein weltoffener und geselliger Mensch. Er trifft sich mit vielen Freunden, diskutiert mit mir über Politik und Religion und liest viel. Manchmal spielen wir Schach und des öfteren gehen wir gemeinsam ins Kino, essen zu Abend oder spielen einfach eine Partie Billiard. So viel haben wir gemeinsam, da kann ich weiß Gott nicht loslassen.«

Ihren Sätzen ist deutlich zu entnehmen, daß Miriam sich mit ihren sechsundzwanzig Jahren noch lange nicht von ihrem Vater gelöst hat. So geht es den meisten aus der zweiten jüdischen Generation. Es dominieren die unausgesprochenen Schuldgefühle der Kinder, ihre Eltern im Stich zu lassen, obwohl eine Abnabelung dies nicht unweigerlich bedeuten würde. Die falsche Gleichung »Abnabelung = im Stichlassen« ist in den Köpfen verankert. Aus diesem Grund schaffen es nur wenige, den eigentlich natürlichen Prozeß zu vollziehen. Sarah geht auf den Verdrängungsmechanismus der zweiten Generation ein: »Es ist doch kein normaler Status, ein Kind von Überlebenden zu sein, hast du denn ein Ventil, mit der Belastung umzugehen?« – »Ja«, einige Sekunden vergehen, ohne daß eine genauere Antwort kommt. Miriam wirkt, als würde sie auf die nächste Frage warten.

Ann wiederholt die Frage: »Hast du ein Ventil, um mit der Belastung umzugehen?« Wieder ist dieses kurzangebundene »Ja« aus Miriams Mund zu hören, weiter nichts. Weder Sarah noch Ann begreifen die aussagelose Antwort. Sie schauen sich an, ihr beider Blick verrät, daß sie das Problem noch einmal thematisieren müssen.

Ann probiert es und fragt direkt: »Das ›Ja‹ haben wir verstanden, nur wie äußert sich das?« Miriam antwortet: »Also, ihr wollt es genau wissen? Ihr seid ganz schön neugierig.« – »Ja, mag sein. Du nennst es Neugierde, und wir nennen es Hartnäckigkeit«, erklärt Sarah mit einem aufgesetzten Lächeln. »Also gut, ich versuche, die Belastung zu verdrängen, also ich versuche, da nicht tagtäglich daran zu denken: Wie wäre das jetzt, wenn ich meinen Vater fragen würde, wie, wenn er so und so reagieren würde. Ich verdränge das einfach durch meine Tätigkeiten, die ich tagtäglich ausübe. Und es fällt mir auch nicht immer schwer, muß ich sagen, das Verdrängen, also das ist eher schon automatisiert. Durch die alltäglichen Sachen wie das Studium und meine Musik, die man eben macht, denkt man nicht so daran«, schließt Miriam ab.

Es ist spät geworden. Ann und Sarah sind müde, ihre Konzentration läßt nach, die lange Autofahrt und das intensive Gespräch zeigen ihre Wirkung. Sie deuten Miriam an, daß sie erschöpft sind und Hunger haben. Bevor sie zurück ins Hotel fahren, würden sie gerne einen Happen zu sich nehmen. Auch Miriam ist hungrig und schlägt vor, gemeinsam zu Abend zu essen. Ann und Sarah stimmen aus Höflichkeit zu. Eigentlich wollen sie jetzt lieber alleine sein, die Möglichkeit nutzen, die Eindrücke des Gesprächs beim Abendessen festzuhalten. Miriam telefoniert in der Küche, so daß Ann und Sarah die Chance haben, ein paar Minuten ungestört miteinander zu sprechen. Sie überlegen, wie sie sich aus der Affäre ziehen können, doch fällt ihnen keine Ausrede ein. Gut gelaunt teilt Miriam mit, daß ihre jüngeren Schwestern, Zwillinge, nun auch mitkommen. Sie nennt eine Kneipe, in der es angeblich die besten Salate gibt. Den beiden ist alles recht, sie müssen nur etwas zwischen die Zähne bekommen. Im Lokal dann treffen sie die Zwillingsschwestern Nadine und Jenny.

Von Beginn ihres Projekts an wußten Ann und Sarah, daß sie jeweils nur ein Kind eines Überlebenden filmen wollten. Da sie an die zugesprochenen fünfundvierzig Minuten Sendezeit gebunden sind, müssen sie sich einschränken. Um nicht in die prekäre Situation zu gelangen, unter Geschwistern auswählen zu müssen, haben sie sich darauf geeinigt, immer nur mit einem Kind zu sprechen. So auch bei der Familie Goldstein.

Am Stehtisch unterhält sich die ganze Runde über belanglose Themen. Nachdem sie aufgegessen haben, verabschieden sich Ann und Sarah rasch. Die drei Schwestern haben Verständnis für ihre Müdigkeit und erklären ihnen den Weg zum Hotel.

Die Straßen sind leer, und wie in den meisten deutschen Städten sind die Bürgersteige um diese Uhrzeit hochgeklappt. Hannover gleicht um Mitternacht einer Geisterstadt. Trotz der Wegbeschreibung verfahren sie sich. Total müde und inzwischen auch genervt, und keiner ist in Sichtweite, der ihnen eine Auskunft erteilen könnte. Ihre Laune ist auf dem Nullpunkt. Ann sitzt am Lenkrad,

Sarah auf dem Beifahrersitz, und wie so oft weiß jede es besser, welche Fahrtrichtung die richtige ist. Nachdem sie immer wieder vergeblich die Wegbeschreibung zu rekonstruieren versuchen, beschließen sie, an den Ausgangspunkt zurückzukehren.

Inzwischen ist bereits eine halbe Stunde vergangen, aber es kommt noch schlimmer. Die Suche nach dem Lokal ist aussichtslos, sie können es nicht wiederfinden. In dem Straßengewirr der Stadt verlieren sie die Orientierung nun vollends. Da Ann während dieser ungewollten Stadtrundfahrt einige Hotels gesehen hat, überkommt sie der geniale Einfall, sich in einem anderen als dem reservierten einzuquartieren. Endlich, nur ein paar Meter entfernt, ist ein ihnen bekannter Name einer Hotelkette in Sicht. Sie parken, gehen erschöpft an die Rezeption und sehnen sich schon nach zwei weichen Betten. Im freundlichen Ton erfahren sie, daß zur Zeit eine Messe in Hannover und deswegen kein Zimmer mehr frei sei. Beide können ihre Haltung nicht mehr wahren und sprechen aggressiv und durcheinander auf die Frau ein. Daß nicht mal ein Zimmer frei sei, können sie nicht glauben. Kurzentschlossen schnappt Ann Sarahs Arm und zerrt sie zum Ausgang. Draußen stehen reichlich Taxen, sie beschließen, eines in ihr reserviertes Hotel vorausfahren zu lassen. Nach all der Aufregung kommen sie endlich dort an: Es ist zwei Uhr morgens.

Am nächsten Morgen gehen sie gemütlich und vor allem ausgeschlafen zum Frühstück. Jetzt können sie über die Sucherei von gestern lachen. Ohne sich zu verfahren, finden sie zu ihrer nächsten Verabredung. Gleich hinter dem Maschsee wohnt Sammi Goldstein, der Vater von Miriam und den Zwillingen. Sarah erzählt Ann, daß der Maschsee künstlich angelegt ist und im Auftrag von Hitler erbaut wurde. Eine Anliegerstraße führt sie zu dem gesuchten Wohnhaus. Auf der rechten Straßenseite sind drei gelb angestrichene, mehrstöckige Bauten aus den sechziger Jahren zu sehen. Auf der linken steht ein pompöser, mit Ornamenten bestückter Altbau, in dem eine Schule beherbergt ist. Eine Menge Kinder mit Schulranzen verlassen gerade das Gebäude. Am dritten Haus hängt das Schild mit der Nummer achtzehn.

Sarah möchte noch eine Zigarette rauchen, bevor sie hineingehen. Sie setzen sich auf eine niedrige Mauer und beobachten die Schüler. Sie sind laut und schnellen Schrittes. Ann und Sarah erinnern sich an ihre eigene Zeit auf der Schulbank: Für beide war es immer das Größte, wenn die Klingel zur Pause oder zum Unterrichtsende läutete. Sie gehören zu denjenigen, die glücklich waren, als die Schulzeit endlich vorbei war.

Nadine macht den beiden die Tür auf. Als einzige der drei Töchter wohnt sie noch bei ihrem Vater. Wie üblich werden sie ins Wohnzimmer geführt. Die eleganten Möbelstücke sind in barockem Stil, die cremefarbenen Regale des Wandschranks sind mit Büchern gefüllt, und in den Vitrinen ist mit Landschaftsmotiven bemaltes Porzellan ausgestellt. Sammi kommt den beiden etwas unsicher entgegen. Er ist ein klein gewachsener Mann mit braunschwarzen, ausdrucksstarken Augen, keiner einzigen Falte im Gesicht und lichtem dunklen Haar. Als die beiden in den tiefen Sesseln versinken, können sie durch die offene Schiebetür in das Eßzimmer blicken. Über dem großen Tisch liegt eine weiße bestickte Decke. Dahinter ist eine Anrichte zu erkennen, auf der eine überdimensionale Porzellanuhr steht.

Sammi hat den beiden schon beim ersten Telefonat die Eckdaten seiner Odyssee mitgeteilt: Im Lodzer Ghetto meldete er sich freiwillig zur Arbeit nach Posen und wurde letztendlich über Umwege nach Buna Monowitz, ein Nebenlager von Auschwitz, deportiert. In den letzten Wochen vor Ende des Krieges wurde er in das bereits geräumte Frauenkonzentrationslager Ravensbrück verschleppt. Befreit wurde er während seines letzten Marsches von russischen Soldaten.

Er weiß, warum Ann und Sarah ihn an diesem Mittag besuchen, so daß er ohne Aufforderung seine Geschichte zu erzählen beginnt. Sein Blick dringt durch die beiden hindurch. Er scheint in eine Art Trancezustand verfallen zu sein. Mit monotoner Stimme erzählt er, daß er im Juli 1922 in Lodz geboren wurde. Demnach war er beim Einmarsch der Deutschen in Polen ein junger Mann. 1940 mußte die gesamte Familie auf Befehl der Nazis in das jüdische Ghetto umsiedeln, das im Armenviertel von Lodz errichtet wurde. Die Goldsteins fanden ein Zimmer, in dem die Eltern mit den drei Söhnen wohnen konnten. Sammis älterer Bruder flüchtete nach dem Einmarsch der Deutschen nach Rußland. Sechs Monate nach der Umsiedlung wurde das Ghetto von den Deutschen umzäunt. Es gab nunmehr keine Chance mehr zu flüchten, die Juden waren von der Außenwelt komplett abgeschirmt. Der elektrische Zaun wurde zur endgültigen Grenze zwischen Freiheit und Gefangenschaft. Innerhalb des Ghettos herrschten elende, unmenschliche Zustände.

Mitten im Reden schließt Sammi unerwartet die Augen. Es ist dies ein Zeichen seiner völligen Konzentration, aber auch Angespanntheit. Unbeirrt folgen sie jedem seiner Worte mit großer Anteilnahme. Seine Aussprache ist klar, die Betonungen sind immer an der richtigen Stelle und die Formulierungen präzise. Das Zuhören fällt nicht schwer, sie beobachten dabei, wie er seine noch jungenhaft wirkenden Hände nutzt, um sein Schicksal eindringlich zu schildern. Sammi erzählt, wie gleich vom ersten Tag an für jeden Juden Essensrationen eingeteilt wurden – von Anbeginn viel zu wenig für alle. Der quälende Hunger, die mangelnde Hygiene und die unzähligen Krankheiten gehörten zu den häufigsten Todesursachen. Wie die meisten, stand auch die Familie Goldstein kurz vor dem Verhungern. Allein an Unterernährung starben Tausende. Die Holzwagen, die die Leichen transportierten, waren überladen. Die leblosen Körper wurden von der Straße aufgesammelt: Alte Menschen lagen auf Kinderleichen, ausgedörrte Männer auf verhungerten Frauen. Die Geschlechter der Toten waren oft nicht mehr voneinander zu unterscheiden. Die brutalen Folterungen, das Elend, die Verbote und Reglementierungen, die Todesangst – all diese Zustände machten ein Leben unmöglich. Beide können seiner Erzählung genau folgen, da sie Photos des Ghettolebens aus Büchern kennen.

Sie helfen ihnen, sich ein genaues Bild seiner Schilderungen zu machen.

Nachdem er bereits einige Monate im Ghetto lebte, hing eines Tages eine öffentliche Bekanntmachung an den Hauswänden, die jungen Männern die Möglichkeit bot, sich innerhalb Deutschlands zur Arbeit zu melden. Mit resignierter Stimme sagt Sammi: »Was blieb mir anderes übrig? Die unmenschlichen Verhältnisse im Ghetto waren so grausam, daß ich mich freiwillig gemeldet habe.« Damals dachte er noch, es wäre alles besser, als wie bisher weiterzuleben. Er wollte nur dem Elend entkommen – dies war sein größter Wunsch. Zudem wurde jedem freiwilligen Arbeiter versprochen, während der Arbeitszeit in Deutschland den Familienangehörigen wöchentlich einen Laib Brot zukommen zu lassen.

Sammi öffnet plötzlich die Augen, starrt auf Sarah und Ann, die ihm gegenüber sitzen: »Ich weiß bis heute nicht, ob meine Eltern und mein Bruder dieses Laib Brot je erhalten haben. Glaubt ihr denn, daß dieses Versprechen eingehalten wurde?« Weder Sarah noch Ann antworten, es verschlägt ihnen vielmehr die Sprache. Ann denkt sich, daß das Versprechen natürlich nicht eingehalten wurde. Der Laib Brot war wohl eher ein Köder der Deutschen, der schamlos eingesetzt wurde, um freiwillige Arbeitskräfte aus dem Ghetto zu gewinnen. Hilfesuchend schaut sie in dieser unerträglichen Stille zu Sarah hinüber und erkennt, daß Sarahs Augen mit Tränen gefüllt sind. Sarah versucht sich unter Kontrolle zu halten, sie will jetzt nicht weinen. Für ihren Gefühlsausbruch schämt sie sich. Sie hat Angst, daß Sammi aus Rücksicht aufhören könnte weiter zu erzählen.

Sammi neigt sich nach vorne und trinkt einen Schluck Apfelsaft aus seinem randvollen Glas. Dann lehnt er sich wieder zurück und spricht weiter. Er kam mit anderen Gefangenen in die Gegend von Posen, um an der »Reichsautobahn« zu bauen. Die zu verrichtende Arbeit ging so vor sich, daß alle Zwangsarbeiter zuerst ein Lager aufschlagen mußten. Mit einem Achselzucken fragt er: »Könnt ihr euch das vorstellen? Von diesem Lager aus gingen wir dreieinhalb Kilometer in die eine und dreieinhalb Kilometer in die andere Richtung.« Dabei zeigt er mit dem ausgestreckten Daumen seiner rechten Hand nach rechts und mit dem linken Daumen nach links. Er erzählt, wie er die Erde ausheben und so präparieren mußte, daß andere Arbeiter den vorbereiteten Boden mit Asphalt bedecken konnten. Nachdem die Erdarbeiten des ersten Abschnitts beendet waren, zogen sie sieben Kilometer weiter und bauten das nächste Lager auf. Wieder wurden dreieinhalb Kilometer in jede Richtung bearbeitet. Trotz harter körperlicher Arbeit war das Essen minimal rationiert, und die Zwangsarbeiter waren am Rande der völligen Erschöpfung.

Sammi bewegt sich zum erstenmal aus der Position, in der er seit über einer Stunde verharrt. Er beugt sich nach vorne, stützt seine Ellenbogen auf die Oberschenkel, schaut den beiden Mädchen direkt in die Augen und redet langsam weiter: »In das Lager, in dem wir waren – ich weiß nicht mehr, wie es heißt, der Name ist wie ausgelöscht –, kam ein großer Transport der Organisation Todt, das war die sogenannte Reichsbehörde für Bauwesen. Sie haben Uniformen und Schuhe für die Wehrmacht angeliefert. Wir Häftlinge mußten die Laster unter Bewachung entladen. Alle anderen haben die Pakete dann mit beiden Händen von den Lastwagen in die Baracken geschleppt. Nur ich hatte einen Arm verletzt, den habe ich in einer Schlinge getragen, so daß ich ein Paket in der Hand und das andere mit den Zähnen festhielt. Drei Tage später, nachdem alles abgeladen war, kam eine Meldung durchs Megaphon: Das Lager wird geräumt. Alle verlassen es sofort, außer dem Friseur, dem Schneider und dem Mann, der die Pakete mit den Zähnen getragen hat! Das war mein Schicksal.«

So blieb Sammi noch einige Monate in diesem Lager inhaftiert, bevor er schließlich nach Auschwitz deportiert wurde. Gleich beim Eintreffen in Auschwitz wurde jeder nach seinen Fachkenntnissen befragt. In all den Jahren als Gefangener hatte er begriffen, daß die Chance zum Überleben größer war, wenn man bei solchen Befragungen eine Tätigkeit angab. In der Eile des Geschehens schaute er sich um und sah, daß verschiedene Gebäude gerade im Aufbau waren – also gab er sich als Maurer aus. Er kam in ein Kommando von Zwangsarbeitern nach Buna Monowitz, einem Nebenlager von Auschwitz.

Im Jahre 1944, als die Front näherrückte, mußten sie das Lager räumen. Jeder bekam zwei Decken, und so liefen sie zu Fuß von Buna bis nach Gleiwitz. Die Strecke war unendlich lang und qualvoll. In Gleiwitz wurden sie auf Waggons verfrachtet und in das Konzentrationslager Dora im Harz deportiert. Dora war für ihn noch eine Dimension schlimmer als alles andere zuvor. Hier mußte er in einem Stollen arbeiten, wo die V1 und V2, die Vergeltungswaffen der Nazis, gebaut wurden. Die Bewachung war hier noch viel strenger, und darüber hinaus hatte er in dem Stollen nicht die Möglichkeit, etwas

Eßbares auf dem Boden zu finden, es wuchs kein Gras, kein Unkraut. In dem Stollen gab es nur kalte Steine.

Indem Sammi erzählt, bietet er gleichzeitig Ann und Sarah etwas zu essen an. Eine groteske Situation. Nach einigen Minuten beschreibt er dann, wie er noch längere Zeit im Stollen arbeiten mußte, bis auch da die Front näherkam. Wieder wurden alle verbleibenden Zwangsarbeiter auf Eisenbahnwaggons verladen, erneut fuhren sie tagelang durch die Gegend. Die Lager, in die sie hätten eingeliefert werden sollen, waren jedoch entweder bereits geräumt oder aber überfüllt, so daß der Transport weiterfahren mußte. Nach acht bis zehn Tagen erreichten sie das Frauenkonzentrationslager Ravensbrück. Als sie ankamen, war das Lager auch schon geräumt.

»Eines Tages«, beschreibt Sammi, »mußten wir in Ravensbrück auf dem Appelplatz antreten. Schwedische Offiziere mit Armbinden vom Roten Kreuz waren in das Lager gekommen. Die uns begleitende Wachmannschaft hatte die vollständige Registraturliste nicht mehr und entschloß sich deswegen, alle Juden gegen deutsche Kriegsgefangene auszutauschen. Wir sollten uns auf die andere Seite stellen, doch ein Kapo, ihr wißt, das waren jüdische Häftlinge, die als KZ-Polizei eine Sonderfunktion ausübten, also ein Kapo hat mich festgehalten und zu mir gesagt: »Bleib hier!« Daraufhin fing ich an zu weinen, die Freiheit war so nah. Der Kapo sprach weiter: »Hier bleibst du, oder ich erschlage dich gleich auf der Stelle.« Und so bin ich geblieben – er hat offenbar etwas gewußt. Die anderen, die ausgetauscht wurden, habe ich nie wiedergesehen. Sie kamen auf das Schiff Kap Arkona, das dann versenkt wurde. Bis auf sechs

Mann sind alle umgekommen. Der Kapo hat mir mein Leben gerettet.«

Zum erstenmal läßt Sammi seinen Emotionen freien Lauf, Tränen laufen ihm die Wangen herab, seine Stimmlage ist gedämpft. Zornig fügt er hinzu: »Womit hatten die anderen jüdischen Häftlinge das verdient? Es waren nur noch ein paar Tage bis zur Befreiung.«

Sammi und die restlichen Häftlinge mußten Ravensbrück unter Bewachung verlassen. Auf der Landstraße kamen ihnen am achten Mai russische Panzer entgegen. Die Wachmannschaften hatten ihre Waffen in den Graben geschmissen, und auf einmal wurden sie menschlicher. So war am achten Mai auch für Sammi der Krieg zu Ende, doch das Trauma KZ blieb bestehen – bis heute trägt er es tief in sich verankert. Es hat Jahre gedauert, bis er begriff, kein Gefangener mehr zu sein: Immer wieder hat er sich auf der Straße umgedreht, um zu sehen, ob ihn nicht jemand mit einem Gewehr verfolgt.

Nach diesem Bekenntnis beendet Sammi seinen Monolog abrupt. Fast übergangslos fragt er Ann und Sarah nach ihrem Leben als Jüdinnen in Deutschland. Sie sind jedoch noch ganz von seiner Geschichte eingenommen und können so schnell nicht umschalten. Beide übergehen dezent seine Frage, und Sarah meint: »Du hast uns jetzt einen Abriß deines Erlebten geschildert, hast du es in dieser Form je deiner ältesten Tochter Miriam erzählen können?«

Zunächst antwortet Sammi darauf nicht, seine Schlupflider senken sich über seine Augäpfel, seine Lippen sind aneinander gepreßt und verdecken die schönen weißen Zähne, sein Körper wirkt wie gelähmt: keine Regung des

Kopfes, der Arme, der Hände, der Beine, noch der Füße ist wahrzunehmen. Nur sein Brustkorb hebt und senkt sich im Takt der schnellen Atmung, während sich seine Nasenflügel auf- und abbewegen. Das Vergangene holt ihn ein, die Trauerstimmung ist im ganzen Raum zu spüren. Sarah und Ann haben ein mulmiges Gefühl im Bauch, sie warten auf seine Antwort und wissen dabei nicht, ob sie das Gespräch überhaupt weiterführen können.

Sarah denkt darüber nach, daß nur die Überlebenden selbst die Befugnis haben, das Schloß zu diesem unter Verschluß gehaltenen Kapitel zu öffnen. Ihr Lebenselixier ist die Verdrängung, sie gibt ihnen die Chance, die Welt in ihren vielfältigen Farben zu genießen, ein Leben zu führen wie andere Menschen, die nie Opfer der nationalsozialistischen Entwürdigung waren. Aus vielen Gesprächen mit Shoah-Überlebenden weiß sie, daß die Verdrängung aber nicht vor den eigenen Alpträumen schützt. Der Kummer über den Verlust und die Ermordung ihrer Liebsten begleitet viele vor allem in der Dunkelheit. Die schmerzhaften Entbehrungen machen sie mit sich selbst aus, ohne den Schmerz und die Trauer mit jemandem zu teilen. So werden die meisten Tag für Tag von ihren nicht verheilten Wunden eingeholt: die Narben der seelischen und körperlichen Folter, die Entmenschlichung ihres Seins wirken bis heute nach. Wenn Zeitzeugen berichten, durchleben sie die Gegenwart der Verfolgung erneut, das Trauma wird wieder lebendig und verwandelt sich in ihren Köpfen in grausame, reale Bilder. Sarah denkt, daß das Sprichwort »Die Zeit heilt alle Wunden« nicht für die Verfolgten gilt, denn ihre Herzen bluten – bis zu ihrem Tode.

Die Stille im Wohnzimmer hält an. Sarah entreißt sich selbst ihren Gedanken und wiederholt die Frage, ob Sammi je mit Miriam über diese Zeit gesprochen hat. Seine Antwort ist von großer Bedeutung für die beiden. Er verändert abermals seine Sitzhaltung, sein Augenmerk richtet sich auf Sarah, und er wispert: »Nein, wahrscheinlich hatte ich die Möglichkeit, aber ich habe es nie in dieser Form getan. Ich wollte das meinem Kind nicht antun, ich wollte es auch mir nicht antun, noch einmal alles aufzuwühlen – das ist der eine Grund. Es existieren aber auch andere Gründe. Ich persönlich bin der Ansicht, daß man das gar nicht in Worten wiedergeben kann, wie es gewesen ist. Das Vokabular, ja, die menschliche Sprache ist gar nicht geeignet, das alles zu schildern. Da müßte man neue Begriffe erfinden, und bevor ich das meinen Kindern nicht richtig wiedergeben kann, lasse ich es lieber ganz.« Ann und Sarah wissen, daß er mit seiner Äußerung einerseits recht hat, doch wer wird dann das Erlebte der schweigenden Zeitzeugen weitergeben, wenn deren Münder verschlossen bleiben?

Sammi setzt erneut an: »Es kommt schon mal vor, daß ein Freund mich fragt: Beschreibe mir dein Überleben. Dann sage ich ihm: Du mußt im Februar morgens aufstehen, wenn es stark regnet und du nur mit Sommersachen bekleidet bist, dann deine Wohnung verlassen und, bis es dunkel wird, in der eisigen Kälte ausharren. Erst nach diesem Erlebnis hast du einen Tag von den sechs Jahren erlebt, die ich durchgemacht habe.« Dieser simple Vergleich ist gut nachzuvollziehen: Jeder stand schon einmal im Winter im eisigen Regen, jedoch der kalten Jahreszeit entsprechend gekleidet.

»Es gab keinen Ausweg für uns Juden, aus dieser Hölle

zu fliehen«, fügt Sammi hinzu, »der einzige Weg nach draußen war der Schornstein.« Sarah überlegt, daß er damit einen entscheidenden Punkt trifft. Schließlich waren die KZ-Insassen alle ihrem tödlichen Verhängnis überlassen; kein Mut, keine List, nicht einmal die Kollaboration konnte einen Juden davor schützen, ermordet zu werden – denn die Deutschen waren gnadenlos. Nur die Verkettung von glücklichen Zufällen konnte den Opfern das Leben retten. Die Freiheit wurde zur unerreichbaren Sehnsucht, die Todesangst zum grausamen Alltag.

Während Sarah nachdenkt, wird Ann noch einmal deutlich: »Wer, wenn nicht deine Kinder, die dir das Nächste sind, kann den kommenden Generationen dein Erlebtes wiedergeben?« Sammis Blick fixiert einen Moment lang das Trinkglas auf dem Sofatisch, bis seine Augen in ungleichmäßigen Abständen durchs ganze Wohnzimmer kreisen. Endlich beginnt er zu sprechen: »Miriam und die Zwillinge sind mein ein und alles, ja sie sind mir das Nächste, und gerade deswegen will ich ihnen das nicht antun. Die Belastung wäre für sie zu groß, so können sie viel unbeschwerter leben.« Ann und Sarah beenden das Gespräch, sie erkennen, daß Sammi sich ausgelaugt und erschöpft fühlt. Es ist nicht zu übersehen: Dieser Nachmittag war eine Tortur für ihn.

Als alle drei aus dem Fenster schauen, bemerken sie, daß der Himmel ergraut ist und es leicht nieselt. Die letzten fünf Stunden haben sie gemeinsam völlig ungestört verbracht. Sarah und Ann müssen noch auf die Autobahn, und das Wetter zwingt sie, jetzt so schnell wie möglich Hannover zu verlassen. Ihre nächsten Vorgespräche werden sie in den Süden Deutschlands führen. Sammi begleitet sie an ihr Auto. Der Nieselregen stört die drei nicht im geringsten, im Gegenteil, die frische Luft kommt ihnen sehr gelegen. Sarah liegt noch etwas auf der Zunge, sie nutzt die Gelegenheit an der Autotür und sagt, zu Sammi gewandt: »Denke mal darüber nach, ob ihr Eltern uns Kinder durch das Schweigen wirklich unbelastet großgezogen habt. Glaubst du wirklich, daß wir ein unbeschwertes Leben führen? Wir Kinder, ob Ann, deine Miriam oder ich, leben von Geburt an mit einem Tabu in der Familie. Tabus belasten doch, oder nicht?« Mit diesen Sätzen nehmen sie Abschied. Sammi lächelt und verspricht, sich darüber Gedanken zu machen.

Ann und Sarah fahren nur ein paar Meter weiter und parken das Auto gleich wieder, um kurz am Maschsee spazierenzugehen. Trotz des Regens genießen sie die frische, aber nicht zu kalte Luft. Rechts und links vom Spazierweg sind große kräftige Kastanien gepflanzt. Alle paar Meter stehen verschnörkelte Laternen aus Eisenguß, die alten Modellen nachgebildet sind. Die Glühbirnen leuchten und tauchen den angefeuchteten Gehweg in ein schummriges Licht. Der See ähnelt einer großen Pfütze, in die Kinder gerade Kieselsteine hineinwerfen. Dabei sind es die unzähligen Regentropfen, die auf der Wasseroberfläche kreisförmige, unterschiedlich große Ringe entstehen lassen. Die gigantischen Bäume schützen Ann und Sarah vor der Nässe.

Den beiden läßt das Gespräch mit Sammi keine Ruhe, sie schlendern erst wortlos um das Gewässer, bis Sarah fragt: »Ann, kannst du dir vorstellen, daß wir fünf Stunden bei Sammi saßen und er uns fast seine ganze Kriegsgeschichte erzählt hat?« – »Nein, das Gefühl für die Zeit war komplett weg, es ist nicht mal einer von uns auf

Toilette gegangen.« Sie lachen beide. »Selbst wenn ich mal gemußt hätte«, prustet Sarah, »hätte ich mich nicht getraut, ihn in seinem Reden zu unterbrechen.« – »Eher wäre dann auf seiner Couch ein großer, nasser Fleck zu entdecken gewesen«, fügt Ann belustigt hinzu. Der Spaziergang tut ihnen gut, und ihr Kreislauf reaktiviert sich. Sie bewegen sich viel zu wenig und zählen nicht gerade zu den Sportskanonen. Jeden Sonntag nehmen sie sich vor, ab Montag wieder körperlich aktiv zu werden. Sarah ist dabei die treibende Kraft, die immer wieder von einer neuen Yogaschule erzählt, die ihr ein sehr guter Freund empfohlen hat, oder von dem Tai-Chi Seminar, dessen Adresse sie von einem früheren Arbeitskollegen erhalten hat. Aber kaum ist das ausgesprochen, gehört der ernst gemeinte Vorsatz wieder der Vergangenheit an.

»Es ist doch verwunderlich«, bemerkt Sarah, »aber Sammi hat uns sechs Jahre seines Lebens unter der Naziokkupation in fünf Stunden erzählt, das bedeutet nicht einmal sechzig Minuten für ein Jahr!« – »Ja, da hast du recht, Sarah. Sammis Erzählform ist exemplarisch. Er ist ein typisches Beispiel für das chronologische Auflisten von Lebensstationen. Hier eine kleine Anekdote, da eine kurze Geschichte, aber die Details werden übergangen, einfach nicht erwähnt.« – »Stimmt genau, was du sagst, Ann, viele Einzelheiten bleiben im Verborgenen. Die Liste der unbeantworteten Fragen bleibt unendlich, wenn man diese sechs Jahre wirklich hinterfragen will.« Anns Stirn zieht sich zusammen, ihre Denkfalte kommt dabei stark zum Vorschein. Analysierend sagt sie: »Es dient ihrem Selbstschutz, nicht ausführlich darüber zu berichten. Man bräuchte Monate, um ihre Überlebensgeschichten auch nur ansatzweise zu vervollständigen.

Nur Bruchteile können sich in ein, zwei oder drei Unterhaltungen herauskristallisieren.« – »Aber für uns war das Vorgespräch mit Sammi ausreichend und informativ«, fügt Sarah an, »unser Bestreben ist es ja nicht, Details zu erfahren. Eckdaten ihrer Schicksale genügen. Wichtigster Aspekt ist und bleibt, inwieweit sie ihre Kinder eingeweiht haben, so erfahren wir auch einiges über ihre Berührungsängste«, sagt Sarah. »Richtig, alles was uns die Zeitzeugen von sich aus erzählen, ist eine Bereicherung. Wie schwer es uns auch fällt zuzuhören. Aber das Bewußtsein, daß jeder dieser Menschen uns als authentische Zeugen Geschehnisse rekonstruiert, beinhaltet auch eine gewisse Verantwortung. Wir müssen uns die einzelnen Geschichten merken, möglichst viel darüber sprechen, damit diese von Generation zu Generation weitergetragen werden. In zehn bis zwanzig Jahren werden diese Menschen nicht mehr leben«, sagt Ann, woraufhin Sarah meint: »Das bedeutet, das zukünftige Sprachrohr der Opfer des Naziregimes sind nur noch Bücher, Artikel, Spielfilme, Filmdokumentaionen und Kassetten – und Menschen wie wir.«

Inzwischen gießt es in Strömen, die kraftvollen Tropfen haben ihre Schuhe durchnäßt. Die Füße frieren trotz der schwarzen Baumwollsocken. Jeder Schritt quietscht in den Boots. Über ihre Körper läuft eine leichte Gänsehaut, ihre Finger sind spröde vor Kälte, tief vergraben sie die Hände in ihren Jackentaschen. Ihre braunen und blonden lockigen Haare sind durch das Gewitter glatter und fransig geworden. Die roten Backen deuten auf gute Durchblutung hin. Um dem Frost zu entfliehen, werden ihre Schritte immer schneller.

Eine Stadt, zwei Gefühle

Der fünfundsiebzigjährige Gabriel Sommertal und seine fünfunddreißigjährige Tochter Judith wohnen in der Hauptstadt Bayerns. Allein der Gedanke, zwei Tage in München zu verbringen, läßt Ann einen kalten Schauer über den Rücken laufen. Sie assoziiert mit dieser Stadt jegliche Art von Kollaboration der Deutschen mit dem Naziregime: Mitläufer und Überzeugte, Schweigende und Denunzianten, Verführer und Verführte, Demagogen und Schreibtischtäter, Aufmärsche und Massenkundgebungen. Es ist die traumatische Erzählung ihrer Mutter, die sie mit dem gigantischen architektonischen Stadtbild und den Bewohnern in Verbindung bringt. Vom Konzentrationslager Bergen Belsen aus wurden Anns Mutter und Großmutter noch kurz vor Kriegsende, zusammen mit anderen jüdischen Häftlingen, unter strengster Bewachung nach Bayern deportiert. Erst nach Burgau, dann nach Turkheim, zwei Nebenlager des KZ Dachau. Ihre schwerkranke Mutter wurde von Turkheim aus auf einer Fuhre, mit anderen halblebenden Schwerkranken, durch die Münchner Straßen nach Dachau verschleppt. Dabei bewarfen die Anwohner die leicht als KZ-Insassen Identifizierbaren mit Steinen.

Diese Erzählung kann Ann nicht vergessen. Sobald sie Münchner Boden betritt, spulen sich in ihrem Kopf die Bilder ihrer jungen, kranken, durch diese Straßen getriebenen Mutter ab, die den Demütigungen der antisemitischen Bevölkerung ausgesetzt war und die niemand von dem Horror befreien wollte. Die anhaltende Ablehnung ihrer Mutter München gegenüber hat Ann verinnerlicht.

Dennoch war es das Bestreben ihrer beiden Eltern, Ann und Sarah ohne Haßgefühle, ohne Vorurteile den Deutschen gegenüber zu erziehen. Immerhin hatten sie die Entscheidung getroffen, sich im Land der ehemaligen Täter niederzulassen, ihre Kinder hier zu gebären und großzuziehen. Als Erzieher hatten sie die Verantwortung bis zu ihrer Volljährigkeit getragen und dafür gesorgt, daß ihre Kinder, unbelastet von der Vergangenheit, ihr Geburtsland mit allen Vor- und Nachteilen beurteilen. Deutsche Freunde waren und sind in beiden Elternhäusern willkommen. Ohne die Kollektivschuld zu beschwören, wurde das Thema aber auch nie vorenthalten. Die Gefahren und Auswirkungen des Nationalsozialismus werden bis zum heutigen Tage in ihren Familien besprochen. Sensibilität für andere diskriminierte Minderheiten, Bekämpfung des rechten Gedankengutes und Einsatz für die Demokratie, das sind die Früchte ihrer Erziehung.

In München angekommen, fahren Ann und Sarah direkt von der Autobahn in den Stadtteil Schwabing. Entlang der Leopoldstraße, vorbei an der Münchner Freiheit, zielstrebig in den einzigen Recordladen im Viertel. Den angebrochenen Tag ohne jegliche Verpflichtung wollen sie frei nach ihren Vorlieben gestalten. Anns Leidenschaft ist Musik. Ihr Herz schlägt für rhythmische Jazz-, Soul-, Ethno- und Houseklänge. Da die Musikindustrie von Vinyl auf CD umgestellt hat, sind Platten eine Rarität geworden. In jeder deutschen Großstadt gibt es nur noch ein oder zwei gutsortierte Läden mit Neuerscheinungen. Ann schätzt den Klang der manchmal auch kratzenden Scheiben, wie alle DJ's, die diese der CD vorziehen. Sarah ist leidenschaftliche Zuhörerin. Jede Jazz-, Soul- oder Latinoscheibe veranlaßt sie zum Mitsingen, wobei die schiefen Laute ihrer Stimme oft die falsche Tonlage treffen. Ihr Musikgeschmack unterscheidet sich kaum von dem Anns, und Sarah begleitet Ann immer gerne auf ihren legendären Touren durch die Plattenläden – wie hier jetzt in München.

Kaum überquert sie die heilige Schwelle, strahlen Anns grüne Augen vor Glück, ihre Mundwinkel ziehen sich bis zu den Wangenknochen hoch, und die Lachgrübchen kommen zum Vorschein. Versunken in etliche Maxis, Sonderpressungen und LP's, zwischen alten Perlen von Billy Holiday, Ray Charles, Serge Gainsbourg und zahlreichen Neuerscheinungen von St.Germain bis hin zu Mary G. Blidge ist sie wie in Trance, nicht ansprechbar. Mit routinierter Handbewegung streichen Anns Finger durch die Kästen, sie zieht die ein oder andere Platte heraus und läßt sich zusätzlich ein paar Importe empfehlen. Gemeinsam sichern sie sich zwei Technic-Plattenspieler und lauschen über Kopfhörer den ausgesuchten Klängen. Nach dieser absoluten Konsumekstase trägt Ann ihre neuen Errungenschaften in einer unter dem Arm festgeklemmten schäbigen Plastiktüte nach draußen.

Zur Entspannung setzen sich beide ins angrenzende Café. Dessen Einrichtung ist schlicht, aber bemerkenswert. Cremefarbene Wände, alte, schwere Holztische, sperrige Stühle, dunkelgrüne, lederne Sitzbänke an den Wänden. Tageslicht fällt durch die große Fensterluke an der Decke auf den gekachelten Terracottaboden. Im hinteren Abschnitt verziert eine wunderschöne hölzerne Bar den Raum. Die Glühbirnen der stilgerechten Art-Déco-Lampen strahlen ein unaufdringliches, weiches, gelbliches Licht auf die hellen Wände. Sarah kennt sich in München gut aus. Nach dem Abitur hatte sie die erste große Kontroverse mit ihrem Vater. Bis zu ihrer Volljährigkeit war es nie zu einer Auseinandersetzung gekommen. Nie hatte eine jugendliche Revolte stattgefunden. Auch widersprechen konnte sie ihrem Vater nicht, bis zum besagten Streit, wonach sie beschloß, Frankfurt zu verlassen. Ihr bot sich die Möglichkeit, in München ein Praktikum bei einer Fernsehproduktion zu absolvieren. Schließlich blieb Sarah länger als die vorgesehenen drei Monate in München. Heute ist sie dankbar, daß es diesen Krach gegeben hat. Seitdem hat sie gelernt, Verantwortung für sich selbst zu tragen. Als die Zeit dann reif war, ist sie wieder nach Frankfurt zurückgezogen.

Auf den Barhockern versuchen sie, ihr Gleichgewicht zu halten. Das linke über das rechte Bein geschlagen, den Absatz fest in die Fußstütze des Hockers geklemmt. Das Surren der Kaffeemaschine, das Klappern des Geschirrs und die lauten Zurufe der Bedienungen an den Barmann stören sie nicht. Trotz der hektischen Geräuschkulisse verfolgen ihre Augen konzentriert Wort für Wort, Zeile für Zeile, Seite für Seite den schwarzgedruckten Text einer Zeitung. Hinter der großen, an einer hölzernen Stange befestigten Gazette haben sie den Blickkontakt zueinander verloren. Für Ann gibt es an sich keine größere Einschränkung des Lesevergnügens als flatternde Blätter einer nicht zu bändigenden Zeitung im Wind oder aber das hölzerne Korsett von Zeitungen in Cafés, die wohlgeordnet an einem Haken hängen. Sarah stört das nicht. Hinter der knisternden Papierflut ist von ihr kaum noch etwas zu hören. Meist diskutieren sie das Gelesene, und nur selten artet das zu einer heftigen Meinungsverschiedenheit aus. Müde vom Lesen wünscht Sarah jetzt, dem einzigen jüdischen Buchladen Münchens noch einen Besuch abzustatten. Die Besitzerin kennen sie beide, und für eine gute Beratung sind sie bei all den Neuerscheinungen dankbar. Der Fußmarsch führt an kleinen Einzelbetrieben vorbei: einem türkischen Feinkostladen, schlecht sortierten Schuhregalen, mehreren Antiquariaten, einer Sparkasse, einer Metzgerei, deren Auslage mit blauweißkariertem Stoff, Weißwürstchen und Brezeln dekoriert ist, und einigen witzigen Klamottenläden. Die Literaturhandlung ist um diese Stunde leer, die Beratung ist mal wieder hervorragend, und für das Stöbern in all den neuen und alten Büchern nehmen sie sich reichlich Zeit.

Den bisher gelungenen Tag runden sie mit einem Kinobesuch ab. »Pulp Fiction«, der neue Film von Quentin Tarantino, läuft bereits in den deutschen Kinos, und nach all den positiven Kritiken gönnen sie sich zwei Stunden Unterhaltung pur. Sarah ist sichtlich hingerissen: Die Kamerafahrten begeistern sie, die Darsteller sind überzeugend in ihren Rollen, und die Story ist spannend und rund. Ann dagegen ist vom Film enttäuscht. Die Handlung und Umsetzung haben sie nicht angesprochen. Die Euphorie der Kritiker und Besucher kann sie nicht nachempfinden; Sarah jedoch hat »Pulp Fiction« zum Kultfilm der Neunziger deklariert.

Es ist ein kühler Morgen, pünktlich um neun Uhr dreißig stehen sie vor dem weißgestrichenen Gartentor von Gabriel Sommertal. Sie brauchen nicht zu läuten, denn am Fenster im ersten Stock des Reihenhauses schaut ein älterer Herr zwischen dunklen Vorhängen hervor. Er gibt ihnen hinter der Scheibe per Handzeichen zu verstehen, daß sie doch stehenbleiben sollen, wo sie sind, zieht die Vorhänge wieder zu und verschwindet von der Bildfläche. Das einladende Schild »Betreten verboten, beißender Hund«, das an der Gartenmauer direkt neben der Klingel angebracht ist, enttarnt Sarah sofort als Attrappe. Sie meint, viele hätten diese Schilder zur Abschreckung. So unterstehen sie sich zu läuten und warten gespannt auf das Summgeräusch. Ann erkennt von weitem eine am Rahmen der Eingangstür angebrachte Überwachungskamera. Die grauen Rolläden sind herabgelassen und sollen wohl neugierigen Passanten die Sicht in die Wohnräume verdecken.

Ein kleingewachsener Mann huscht zum Gartentor, öffnet das Schloß und gibt den beiden zu verstehen, die Begrüßung bitte erst im Hause durchzuführen. Erschrocken halten sie sich an seine Anweisung: Sie betreten kein Wohnhaus, sondern eine Festung. Das grelle Licht im Korridor blendet ihre Augen. Nichts schmückt den schmalen Gang, abgesehen von einer Biedermeierkommode, auf der vier Monitore aufgestellt sind. Ann und Sarah starren neugierig auf die Bildschirme. Auf dem ersten ist das Gartentor zur Straße hin und ein Teil des Vorgartens zu erkennen, auf dem nächsten das gleiche

Motiv, nur aus anderer Perspektive. Der folgende Monitor erfaßt den verblühten Garten hinter dem Haus, auf dem letzten flimmert ein schwarzgraues Bild, Sendepause.

Endlich folgt die Begrüßung. Gabriels schmale Lippen sind spröde, die kleine Knollennase ist errötet, die braunen Glubschaugen sind das Markanteste in seinem runden Gesicht. Die Frisur ist auf ein Minimum beschränkt, ein grauer Haarkranz kreist seine glänzende Kopfhaut ein. Höflich hilft er den beiden aus den Jacken, legt diese über den Arm und bittet in freundlichem Ton, ihm zu folgen.

Nicht wissend, wohin er sie bringt, heften sie sich an seine Fersen. Der Weg führt durch den kahlen Korridor, vorbei an verschlossenen Türen, hinauf in den ersten Stock. Die Stufen sind mit rotem Teppich überzogen, an jedem Absatz ist eine goldene Leiste angenagelt. Am Treppenende stockt der Aufstieg der drei. Gabriel muß erst eine verschlossene Tür öffnen. Das seichte Licht im ersten Stock ist eine Wohltat für ihre Augen. Pompöse Renaissancegemälde schmücken die Wände des schmalen Flurs. Wie Enten watscheln sie ihm in ein großes Zimmer nach. Mit einladender Geste deutet Gabriels Hand auf eine Couch aus den Siebzigern, deren orangebraunes Muster sie als äußerst geschmacklos empfinden. Nacheinander lassen sie sich auf die Polster nieder, und binnen Sekunden ist Gabriel verschwunden. Sarah und Ann schauen sich entgeistert an und verkneifen es sich, miteinander zu reden. Wer weiß, vielleicht steht er in unmittelbarer Nähe. Sein Arbeitszimmer ist mit einem antiken Sekretär und einem Regal ausgestattet, und das Telefon erinnert an das letzte Jahrhundert. In dieser perfekt abgesicherten Umgebung fällt es geradezu auf, daß weder der braune Stoffvorhang zugezogen noch die Rolläden heruntergelassen sind.

Sarah steht auf und tastet sich auf Zehenspitzen zum Fenster. Sie blickt hinaus und erkennt den verblühten Garten wieder, den sie kurz zuvor auf einem der Monitore gesehen hat. Leise tappst sie auf ihren Platz zurück. Nach ein paar Minuten gibt es immer noch keine Spur von Gabriel. Bei beiden breitet sich Unbehagen aus. Sie beginnen zu flüstern, fragen sich, wohin er verschwunden sein könnte. Ann ganz leise: »Vielleicht macht er sich im Bad noch mal frisch für uns zwei junge Hühner.« – »Du meinst, etwas Haarpomade in seine vier Härchen?« kichert Sarah. Jetzt steht auch Ann auf, um Aussicht auf den Garten zu haben. Leise bewegt sie sich Richtung Fenster und stolpert auf halbem Weg über einen kleinen Perserteppich. Im freien Fall nach vorn schwingen ihre Arme haltsuchend aus, und ihre Finger krallen sich in letzter Sekunde an der Sekretärskante fest. Der Ruck läßt einen Stapel Papier zu Boden fallen. Vor Schreck sitzt Sarah wie angekleistert da. Peinlich berührt schaut Ann zu ihr hinüber, bückt sich und hebt in Windeseile die verstreuten Blätter auf. Unsicher kehrt sie auf ihren Platz zurück, doch kurz danach können sie sich nicht mehr halten, sie beginnen immer lauter zu lachen.

Endlich erscheint Gabriel und setzt sich auf den Thron vor seinem Sekretär. Seine Gesichtszüge verraten, daß er sich über das Gelächter freut. Es dauert einige Sekunden, bis sie sich wieder zusammenreißen, und Sarah erklärt ihm, daß sie beide manchmal ohne ersichtlichen Grund einen Lachkrampf bekommen. Erheitert sagt Gabriel, daß er es gerne sieht, wenn junge Menschen fröhlich sind.

Keine der beiden weiß so richtig, mit welchen Worten sich der Übergang zum ernsten Thema finden läßt. Sarah nimmt sich zusammen und berichtet schließlich von der Entstehung bis hin zur geplanten Realisierung des Filmprojektes. Obwohl ihm das Meiste schon durch das Telefongespräch bekannt war, stellt Gabriel mit Recht noch einige Fragen zur Person von Sarah und Ann und beginnt dann, im Schnellverfahren von seiner Zeit im Ghetto Lodz zu berichten. Nur vom Verlust seiner Familie erzählt er detaillierter.

Im September 1942, teilt Gabriel mit, wurde die sogenannte Gehsperre von den Nazis deklariert. Die kranken Menschen wurden mit bestialischer Gewalt aus dem einzigen Krankenhaus im Ghetto getrieben. Seine Schwester war zwei Tage zuvor dort zur Behandlung ihres Bauchtyphus eingeliefert worden. »Hilflose Babys haben diese Schlächter aus den Fenstern geschmissen.« Gabriels Stimme wird schrill: »Die Kranken, die nicht laufen konnten, haben sie sofort in den Betten erschossen. Kaltblütige Mörder waren die SS«. Sein Kopf sinkt nach unten, und sein schweres, pfeifendes Atmen wird für einen langen Moment zum einzig wahrnehmbaren Geräusch im Arbeitszimmer. Langsam redet er weiter: »Meine Schwester, nur zehn Jahre alt wurde sie, ist von den deutschen Bestien auf einem Lastwagen nach Chelmno deportiert worden, im Laster haben sie sie vergast.« Er redet zunehmend lauter und wütender. Sarah spürt, wie sich über ihren ganzen Oberkörper eine Gänsehaut ausbreitet. Gabriel hat 1940 im Ghetto geheiratet, seine Frau jedoch schon vor dem Kriegsausbruch kennengelernt. Schwärmend beschreibt er sie: »Sie war so wunderschön, sie hatte lange hellbraune

Haare, die glänzten wie Gold. Immer lachte sie, das hat mich so glücklich gemacht. Man kann sagen, daß sie das Leben wirklich liebte, von Herzen.« In Gabriels Gesicht geht die Sonne auf, wie er seine Frau so liebevoll beschreibt. »Ihr müßt wissen, noch unter den schlimmsten Umständen hat sie Tag und Nacht jiddische Lieder gesungen.«

Ann erinnert das an ihre Großmutter, die stolze vierundneunzig Jahre alt ist und bis vor kurzem auch in jeder Lebenssituation jiddische Lieder gesungen hat. Sie war eine bildhübsche Frau, man sieht ihr die Schönheit heute noch an. Keine Falten haben sich in ihre Haut gegraben, immer ist sie elegant gekleidet, auch wenn sie nur kurz vor die Tür geht. Ein Leben lang ist sie eine der wichtigsten Bezugspersonen für Ann – ihr Vorbild. Die ehemalige Kommunistin und Schauspielerin, die einen vier Jahre jüngeren Mann geheiratet hat. Zu ihr blickt sie heute noch auf, erkennt viele Charakterzüge von sich selbst wieder.

Auch Sarah ist von Gabriels Erzählung berührt. Beide wissen, daß er mit seiner Ehefrau in diesem Hause zusammenlebt, doch bisher haben sie sie nicht zu Gesicht bekommen. Gabriel redet weiter: »Unsere gesamte Familie kam mit einem der Transporte nach Auschwitz, bis zum Sommer 1944 haben wir alle im Lodzer Ghetto überlebt. Der Tag der Deportation kam näher, was blieb uns denn anderes übrig, als am Bahnhof zu erscheinen? Meine Eltern, meine Frau und ich kamen in einen Waggon, jeder von uns bekam für die Fahrt einen Laib Brot. Wir konnten ja nicht ahnen, wie lange die Fahrt dauern wird. Schon in den ersten zwei Tagen haben wir unsere ganze Ration aufgegessen. Die Enge und der Gestank im

Waggon waren unerträglich. Der Zug hielt zwar an diversen Bahnhöfen, doch sie öffneten die Waggontüren nicht.«

Gabriel macht eine kurze Pause, steht von seinem Stuhl auf und trottet zum Fenster, kippt es und nimmt wieder Platz. Er würdigt die beiden keines Blickes, ganz in seine Welt versunken erzählt er weiter: »Wir schrien nach Wasser, doch niemand kümmerte unser Geschrei. Die Türen blieben geschlossen. Bei Tage war die Hitze und die Körperwärme durch die vielen Menschen unerträglich, wie Ölsardinen waren wir zusammengepfercht. Nur ein Eimer war im Waggon aufgestellt, er war unsere Toilette. Die Scham verschwand nach einer Nacht. Keinem war es peinlich, seinen Urin und Stuhlgang in den Eimer abzulassen. Es stank fürchterlich, und die Hitze verschlimmerte den Gestank.« Gabriel gönnt sich erneut eine Atempause, streckt seinen Arm über den antiken Schreibtisch aus und schnappt mit Daumen und Zeigefinger nach der Metallkette der Tiffany-Tischlampe. Die farbigen Glasstücke leuchten auf. Gabriels untere Gesichtshälfte ist angestrahlt, doch oberhalb des Mundes fällt ein dunkler Schatten auf seine Augen und die hohe Stirn.

Sarah ist perplex: Seine Worte knüpfen exakt an der Stelle an, an der er für die kurze Atempause ausgesetzt hat. Ihre Blicke heften sich an seine Lippen: »Der Zustand meiner Eltern verschlechterte sich drastisch, drei Menschen unseres Waggons waren bereits tot. Die Leichen konnten wir nicht einmal entsorgen. Viele Mütter sangen klagende jiddische Lieder, die kleinen Kinder jammerten und schrien, auch die Männer heulten vor

Schmerz und Verzweiflung. Nachts richteten wir unsere heiligen Gebete an Gott, sie wurden von dem Rattern der Eisenräder untermalt. Erst nach Tagen stoppte der Zug, die Türen wurden zum erstenmal seit der Abfahrt aus Lodz geöffnet. Wir hörten die Rufe der SS-Wächter: Schneller, schneller! Erschöpft fielen und stolperten wir alle von den Waggons. Niemand wußte, wo wir angekommen waren, was jetzt mit uns passieren würde. Es war ein totales Durcheinander. Da sahen wir Menschen in Häftlingsanzügen mit aufgenähten Judensternen, die nahmen unsere Gepäckstücke und flüsterten uns Verschiedenes ins Ohr. Einige konnte ich sprachlich nicht verstehen, andere erwähnten etwas von Gas, aber ich war nur darauf konzentriert, meine Eltern und meine Frau mit unserem Kind nicht aus den Augen zu verlieren. Und dann peitschten uns die SS-Aufseher auseinander und schrien: Männer nach rechts, Frauen nach links! Sie rissen meine Mutter, meine Frau und unseren Sohn von mir und meinem Vater weg. Die Schläge, die schmerzhaften Schläge trennten unsere Schritte. Wir riefen uns noch zu, daß wir uns im Lager wiedersehen würden. Dann standen nur noch wir Männer in der Reihe. Mein Vater hinter mir. Er war so abgemagert und so schwach. Jeder Schritt war für ihn entsetzlich anstrengend. Seine Handflächen klammerten sich an meinen Hüften fest.« Gabriel steht auf, um den Griff seines Vaters zu demonstrieren, und krallt seine Finger in den Hosenbund. Im Sitzen redet er weiter: »Ein SS-Arzt, heute weiß ich, daß es Mengele war, befahl mich auf die eine Seite und meinen Vater auf die andere. Diese Selektion hat mich zum Waisen gemacht. Alle wurden sie vergast, meine teuren Eltern, meine geliebte Frau und mein einjähriger Sohn.«

Gabriel laufen Tränen über die Wangenknochen. Er öffnet eine Schublade, greift nach einer Packung Taschentücher und wischt sich die salzigen Tropfen ab. Gabriel entschuldigt sich und verläßt den Raum. Sie hören beide, wie er die Stufen in das Erdgeschoß herabsteigt. In versteinerter Position sitzen sie da und sagen zunächst einmal nichts. Nachdenklich schauen sie sich an. Sie haben bis eben noch gedacht, daß die Frau, die er im Ghetto geheiratet hatte, noch heute mit ihm in diesem Hause lebt. Sie artikulieren ihre Gedanken und bemerken, daß Gabriel seinen einjährigen Sohn erst am Schluß des Monologs erwähnt hat, nämlich als ihn die SS-Wärter in Auschwitz seinen Liebsten brutal entrissen haben.

Als Gabriel zurückkehrt, hat er eine Flasche Sprudelwasser und Orangensaft mitgebracht. Beiden füllt er das Glas voll. Hastig trinken Ann und Sarah. Sarah fällt auf, daß der Fünfundsiebzigjährige körperlich noch sehr agil ist: Keine Brille ziert sein Gesicht, kein Hörgerät steckt in seinen Ohren, kein Gehstock hilft ihm beim Laufen. Ann nimmt das Gespräch wieder auf und fragt etwas zurückhaltend: »Gabriel, willst du das Gespräch abbrechen?« Fast beleidigt entgegnet er: »Nein, kommt gar nicht in Frage. Ich mache weiter, ich habe euch von meinem größten Herzschmerz erzählt, nun werde ich die Einzelheiten von Auschwitz auslassen.« Kopfnickend zeigt Ann Verständnis und ergänzt: »Wie immer du willst.«

Gabriel hat sich inzwischen gesetzt, seine obere Gesichtshälfte ist erneut im Dunkeln verschwunden. Sarah erinnert dies irgendwie an ein Schatteninterview im Fernsehen. Menschen, die ihre Identität nicht preisgeben wollen, bevorzugen es, hinter der schützenden Anonymität eines aufgespannten weißen Tuchs aufzutreten.

Bestimmend sagt Gabriel: »Ich habe euch in mein größtes Geheimnis eingeweiht, außer meiner jetzigen Frau weiß niemand, daß ich meine junge Familie in Auschwitz verloren habe. Nicht einmal meine eigene Tochter Judith habe ich aufgeklärt.«

Es müssen nun keine Fragen mehr gestellt werden, Gabriel redet, als könnte er die Gedanken der Interviewerinnen erahnen. »Das ist es doch, was euch interessiert, habe ich recht?« Sie nicken ihm beide zu. »Ich weiß selber nicht, warum ich es ihr verheimlicht habe. Es gab einfach nie den richtigen Zeitpunkt. In Judiths Kindheit und Jugend wollte ich ihr das Grausame ersparen. Während ihrer Schulzeit kam sie in unregelmäßigen Abständen zu mir und fragte mich über mein Leben im Lodzer Ghetto aus. Sobald ich ihr von meinem Ghettoalltag erzählte, füllten sich ihre Augen nach wenigen Minuten mit Wasser. Ich konnte erkennen, wie sehr sie sich bemühte, nicht zu heulen, sich unter Kontrolle zu halten. Deswegen verkürzte ich die Episoden. Sie versuchte dann einige Male nicht zu weinen, um mehr Fragen stellen zu können. Doch immer wieder war sie völlig ergriffen, und es verschlug ihr die Sprache. Als sie mit der Schule fertig war und nach Israel ging, um Kunst zu studieren, war ich davon überzeugt, daß der richtige Zeitpunkt nun gekommen war. Doch plötzlich überfielen mich die alten Schuldgefühle, es ihr zwanzig Jahre verschwiegen zu haben. Ich hatte Angst vor dem Vorwurf, zu lange gewartet zu haben. Und so kommt es, daß sie bis heute nichts von ihrem ermordeten Halbbruder und meiner ersten Frau ahnt.« Gabriel seufzt.

»Bis jetzt weiß sie also nichts von dem Verlust? Willst du es ihr denn in absehbarer Zeit erzählen?« fragt Sarah.

Gabriel schweigt. Sarah weiß nicht, ob er sie akustisch nicht verstanden hat oder ob er nur überlegt. Sarah schaut zu Ann. Ihre dunklen, prägnanten Augenbrauen ziehen sich nach oben, auch sie weiß nicht, auf was der ältere Mann, der apathisch in seinem Schreibtischstuhl sitzt, wartet. Unsicher wiederholt Ann die Frage. Sein Oberkörper bewegt sich wie in Zeitlupe nach vorne. Als sein Gesicht vom Licht erhellt wird, schlägt ihnen ein verschmitztes Lächeln entgegen, und Gabriel sagt: »Ich habe euch schon gehört, nur habe ich ein bißchen nachgedacht, ob ich diese Frage überhaupt beantworten will.« Sarah befürchtet sofort, mit ihrer Frage zu persönlich geworden zu sein. Noch bevor sie ihre Bedenken ausspricht, beginnt Gabriel zu reden: »Auf der einen Seite möchte ich euch nicht antworten, aber meine innere Stimme rät mir, es doch zu tun. Nein, ich werde meine einzige Tochter in dieses Geheimnis nicht einweihen. Jetzt, wo ihr mich so direkt darauf ansprecht, habe ich den unwiderruflichen Entschluß gefaßt.« Da verschlägt es Ann und Sarah die Stimmen, und Ann überlegt, ob er sie nun beide subtil für seine Entscheidung mitverantwortlich machen wird. Sarah greift nach Anns linker Hand, drückt ihre Finger behutsam zusammen und signalisiert ihr damit, daß sie das Gespräch unterbrechen sollten. Ann dreht den Kopf zu ihr, mit einem kurzen Augenkneifen bestätigt sie Sarahs Gedanken. Bei einer langen, vertrauten und intensiven Freundschaft muß nicht alles explizit ausgesprochen werden, und um sich zu verständigen, reichen oft kleine Gesten oder ein bestimmter Gesichtsausdruck. Sie sind ein eingespieltes Team.

Ann blickt zu Gabriel hinüber, der sich langsam zum

Fenster bewegt. Sie nutzt den Augenblick und steht von der Couch auf, Sarah folgt ihr. Gabriel dreht sich um und lehnt mit dem Rücken am Fenstersims, die Arme vor dem Brustkorb verschränkt. Seine Körpersprache vermittelt, daß er sich nun endgültig verschließt. Und sie nutzen diesen Moment, um von Gabriel Abschied zu nehmen. Wie es sich für einen Gentleman gehört, begleitet er sie zur Haustür und entläßt sie mit dem Satz: »Ihr trefft doch Judith heute abend, auf gar keinen Fall dürft ihr ihr mein Geheimnis preisgeben. Ich habe hier einen Brief von ihr, den ich euch geben soll, bevor ihr sie trefft.« Ann nimmt den hellblauen Umschlag entgegen. Sarah wirft noch einen letzten Blick auf die Monitore – kaum ist die Tür hinter den beiden verschlossen, hören sie, wie die Schlösser einrasten.

Die Neugier ist groß, am liebsten würden sie das Schreiben sofort im Auto lesen, doch zunächst müssen sie den Wagen aus der Parklücke lenken. Und schließlich könnte Gabriel sie vom Fenster aus beobachten. Sie beschließen, in den Englischen Garten zu fahren. Während der Fahrt spekulieren beide, daß ihnen Judith aus irgendwelchen Gründen absagt. Sarah und Ann überwinden ihre Neugier, den Brief während der Fahrt zu öffnen, und konzentrieren sich auf die Straßen, die sie zum gewünschten Ort führen.

Die Blätter der Bäume haben wunderschöne Herbsttöne, und die angenehme, frische Luft atmen sie beide mit Genuß ein. Alles scheint vergessen. Sonnenstrahlen scheinen durch die Bäume. Umgeben von einer herrlichen rot-gelb-braunen Farbskala schlendern sie den Kieselweg entlang und wählen eine Sitzbank aus, die in vollen

Zügen von Sonnenstrahlen erleuchtet wird. Noch ziemlich mitgenommen von dem Gespräch mit Gabriel Sommerfeld lassen sie sich auf der Parkbank nieder und teilen eine Weile kein Wort miteinander. Ihre Köpfe sind nach hinten gelehnt, die Augen geschlossen, die blasse Gesichtshaut saugt dankbar die wärmenden Strahlen auf. Das Bellen der Hunde, das Zwitschern der Vögel und das Sprechen vorbeilaufender Menschen dringt von weitem an ihre Ohren. Sarah gelingt es ziemlich schnell, das Gespräch zu verdrängen, gedanklich komplett abzuschalten und die Sonne auf ihre Haut wirken zu lassen. Anns Gedanken hingegen kreisen um Gabriel. Sie ist diejenige, die die Entspannungsphase unterbricht und den Brief aus ihrer Jackentasche holt. Ihre abrupte Bewegung veranlaßt Sarah aufzuschauen. Sie hat das Schreiben schon fast vergessen. Ann öffnet den Umschlag und zieht einen seitenlangen, handgeschriebenen Brief aus der Hülle. »Soll ich ihn vorlesen?« fragt sie. Sarah nickt, sie rückt dicht an Ann heran, um mit ihren Augen das Geschriebene mit zu verfolgen:

Liebe Ann und Sarah,
ich schreibe Euch nicht, um den gemeinsam verabredeten Abend abzusagen, bei dem bleibt es. Nachdem ich mit Dir, Ann, telefoniert habe, sind mir tausend Gedanken durch den Kopf geschwirrt. Seit längerem beschäftige ich mich mit der Thematik der zweiten jüdischen Generation, das ist nichts Neues für mich. Ich trage meine Probleme seit früher Kindheit mit mir herum. Mein Vater ist ein sehr ängstlicher Mann. Er vermittelte mir schon als Kind, daß ich keinem Menschen dieser Welt trauen könnte. Mit niemanden, außer ihm und

meiner Mutter, sollte ich über Probleme und Sorgen sprechen. Kein Vertrauen bedeutet aber auch keine Liebe. Ich war nicht fähig und habe heute noch Schwierigkeiten, Liebe zu geben oder anzunehmen. Jeder, der mich liebte, verzweifelte daran, weil ich immer eine Distanz bewahrte. So sehr ich es mir gewünscht habe, dieses einmalige Gefühl von Zuneigung schätzen und begehren zu können, desto mehr habe ich mich verschlossen und eine Mauer um mich errichtet.

Nach Beendigung der Schule bin ich nach Israel gezogen, um offiziell dort zu studieren, doch inoffiziell wollte ich Abstand zu meinem Vater gewinnen. Israel war das Land, das ich nur aus den Ferien kannte, ein Land, das mir zum größten Teil fremd war und dessen Sprache ich zunächst nicht verstand. In meiner neugewählten Umgebung entschloß ich mich, einen Psychologen aufzusuchen. Ich wollte begreifen, warum ich nicht fähig bin zu lieben. Während meines Studiums habe ich mich selbst besser kennengelernt. Ich realisierte, daß ich fähig bin, Menschen zu zermürben, ihr Vertrauen zu benutzen, Freunde fallen zu lassen, wenn sie mich brauchen, ihnen die Schuld an meinen Problemen zu geben, sie zu degradieren. Ich war besessen davon, Menschen zu diktieren, ihnen bewußt Vorwürfe zu machen. Ich schreibe Euch all dies, da ich weiß, daß ich, sobald ich vor Euch sitze, ich meine Schwierigkeiten nicht werde verheimlichen können. Es ist mir bis heute nicht möglich, meinem Freund und meinen Freunden absolut zu vertrauen.

Ich lebe seit sechs Jahren in einer Beziehung, mein Freund ist ein Deutscher. Es fällt mir leichter, mit einem Nicht-Juden zusammenzuleben. Er ist ein warmherziger, gütiger und sensibler Mensch. Meine Gefühlskälte entschuldigt er mit der Vergangenheit meines Vaters. Damit habe ich aber einen Grund, mich der eigenen Verantwortung zu entziehen und meinen Vater für schuldig an meinem mißratenen Gefühlsleben zu sprechen. Wenn mein Freund auf den Holocaust zu sprechen kommt, verbiete ich ihm, ein Gespräch mit mir darüber zu führen. Der Holocaust ist zum Tabuthema unserer Beziehung geworden, doch immer wieder probiert er, dieses Tabu zu brechen, und versucht, mit allen Mitteln an mich heranzukommen. Immer dann bestrafe ich ihn, den Deutschen, mit meinem Schweigen. Und das alles, weil mein Vater durch seine Kriegserlebnisse das Vertrauen in die Menschheit verloren hat und ich von ihm mit Liebesentzug bestraft worden bin. Indirekt übertrage ich meinem Lebenspartner die Schuld an meinem Unglück. In der Verzweiflung, die Verantwortung für meine zerstörte Gefühlswelt nicht alleine tragen zu können, suche ich nach Sündenböcken. Diese Kälte bestimmt meinen Alltag. Fünfunddreißig Jahre bin ich nun und habe einen wichtigen Entschluß für meinen weiteren Lebensweg gefaßt. Ich möchte nie ein Kind gebären, denn ich bin nicht in der Lage, diesem Kind die natürliche Liebe und Zuneigung zu geben.

Mit diesem Satz hört der Brief plötzlich auf, keine Unterschrift steht auf dem Papier. Ann fragt sich, warum Judith sich ihnen auf diesem Wege offenbart hat. Aber eigentlich ist es klar: Sie hätte sich geniert, von ihrer Prägung als Kind eines Überlebenden von Angesicht zu Angesicht zu erzählen. Sarah ist überrascht, wie ehrlich und offen sie ihr psychisches Erbe in diesem Brief beschrieben hat, mit welcher Selbstverständlichkeit sie ihr

Mißtrauen und ihre Liebesunfähigkeit schildert. »Würdest du deine Prägung, wenn sie so greifbar wäre wie bei Judith, je einer fremden Person erzählen?« fragt Ann ihre Freundin Sarah. »Nein, ich kann es noch gar nicht fassen, was du da gerade vorgelesen hast«, antwortet sie mit Erstaunen in der Stimme. Ann dreht ihren Oberkörper zu ihr hinüber, und durch ihre Sonnengläser erkennt sie, daß Sarah sich wieder zurückgelehnt hat. Entspannt sie sich etwa? Wie kann man sich, denkt Ann, einfach gleich wieder der Sonne hingeben? Typisch! Ihr eigenes Zahnrad der Verdrängung ist aktiv geworden. Für kurze Zeit herrscht Stille zwischen den beiden.

Sarah spürt die beklemmende Atmosphäre. Doch sie sagt nichts und gibt sich weiter ihrem Sonnenbad hin. Nach einigen Minuten steht sie auf und fragt aggressiv: »Was ist denn jetzt schon wieder los?« Ann schaut sie entrüstet an, ohne zu antworten. »Sag endlich, was los ist, ich sehe es doch an deinem Gesichtsausdruck, daß du dich über mich aufregst!« wiederholt Sarah gereizt. Die Freundinnen kennen sich so gut, daß nicht ausgesprochen werden muß, wenn eine Verstimmung aufkommt. Ann bockt aber jetzt und antwortet nicht. Sarah haßt es, zweimal nachfragen zu müssen, obwohl sie weiß, daß Ann etwas Zeit benötigt, um sich mitteilen zu können. Sie sucht nach den richtigen Worten, bevor sie Sarah genervt antwortet. Sie weiß, daß Sarah in solchen Situationen exakt zuhört und dann jedes Wort auf die Waage legt – deswegen überlegt sie lieber zweimal, was sie sagt. Mittlerweile hinterfragt Sarah nicht mehr, wenn sie das Gefühl hat, daß Ann etwas auf dem Herzen liegt, sie möchte, daß Ann sich von sich aus artikuliert. Sarah rückt nun wieder in ihre alte Position, für sie ist das

Gespräch erst einmal beendet. Es ist einer dieser Momente, in denen sie zumacht, keine Lust hat auf Diskussionen. Doch als Ann sie heimlich von der Seite beobachtet, erkennt sie, wie aufgeregt sie ist. Trotz ihrer entspannten Haltung verrät sie sich durch ihre Manie: Hautfetzen von ihren Lippen zu zupfen, wenn sie besonders nervös ist.

Jetzt weiß Ann, daß Sarah sich nicht etwa relaxed der Sonne hingibt, sondern ihre Gelassenheit nur spielt. Und plötzlich springt Sarah von der Bank auf und deutet Ann damit an, daß sie den Park verlassen will. Ann packt den Brief in die Tasche und steht lautlos auf. Schweigend gehen sie nebeneinander den Kieselweg die Straße entlang. Das Hotel ist nur wenige Minuten vom Park entfernt, und ohne besprochen zu haben, wo sie jetzt hingehen, wissen beide ganz genau, daß sie in das Hotelzimmer flüchten. Ihre Blicke treffen sich kein einziges Mal, jedes der Augenpaare schielt in die einander entgegengesetzte Richtung. Ann schaut nach rechts, Sarah nach links. Im Laufschritt nehmen sie die monströsen braunen Baumstämme und die ihnen entgegenkommenden Menschen kaum wahr.

Endlich sind sie auf dem Zimmer. Sarah zupft immer noch an ihren Lippen und sucht hektisch nach einer neuen Packung Zigaretten. Ihr angebrochenes Päckchen hat sie mal wieder im Auto vergessen. Seit der Fahrt von Gabriel in den Park hat sie keine einzige geraucht, und in dieser nervösen Stimmung ist ihr nichts lieber, als an einem dieser Stengel zu ziehen. Ann hat sich auf ihre Seite des Bettes gelegt, trinkt eine Flasche Evian und beobachtet schmunzelnd ihre Freundin. Während sie in ihrer

Tasche kramt und die Schubladen durchwühlt, nimmt Sarah ein Geräusch wahr, das nur sie und Tess zuordnen können. Denn offenbar ist nicht nur Sarah nervös, sondern auch Ann. Immer wenn sie sich in einer angespannten Situation befindet, schnappt sie unauffällig nach drei bis vier Haaren ihrer braunen Haarpracht, kräuselt sie auf eine ganz spezielle Art zusammen und reißt sie dann raus.

In der Reisetasche findet Sarah endlich die verflixte Packung, setzt sich auf den Sessel und zündet sich genüßlich einen Stengel an. Nicht, daß Sarah beim Rauchen das Lippenzupfen aufgeben würde; nein, sie schafft es, beides simultan zu meistern. Ann bricht in Lachen aus und sagt: »Wenn du so weiter machst, dann hast du morgen keine Lippen mehr.« Jetzt muß auch Sarah lachen: »Du weißt doch, daß ich alle meine Macken unter einen Hut bekomme.«

Sarah nimmt den entspannten Moment zum Anlaß, auf die Ursache der Mißstimmung einzugehen: »Warum warst du denn vorhin so sauer?« Wie aus der Pistole geschossen antwortet Ann: »Es ist mir unbegreiflich, wie du dich gemütlich nach hinten lehnen kannst, nachdem wir die Zeilen von Judith gelesen haben.« – »Ich hatte mich zwar in die, wie du sagst, gemütliche Position zurückgelehnt, doch es war nicht meine Absicht, das Gespräch abzubrechen. Tut mir leid, daß ich dir damit Desinteresse signalisiert habe«, entschuldigt sich Sarah. Ann ist froh, sie haßt diese Mißstimmungen und ist endlich beruhigt.

Nun geht sie direkt auf den Brief Judiths ein: »Fällt dir eine Gemeinsamkeit zwischen Judith und Alon auf? Beide haben es von ihren Eltern anerzogen bekommen, niemandem außerhalb der Familie Vertrauen zu schenken!« – »Jetzt, da du es erwähnst, fällt es mir auf. Gott sei Dank war das bei uns nicht so. Weder deine noch meine Eltern haben uns Mißtrauen gegenüber Fremden eingebläut. Wie erschreckend, daß man ohne Liebe erzogen wird, und wie bewundernswert, daß Judith so ehrlich darüber geschrieben hat. Es ist mir alles so fremd, und ihre Konsequenz, keine Kinder gebären zu wollen, ist für mich das härteste Resultat ihrer Erziehung«, schlußfolgert Sarah.

Anns Rücken lehnt an dem hölzernen Kopfteil des Bettes, nachdenklich starrt sie ins Leere: »Auch für mich ist es undenkbar, keinen Nachwuchs zu bekommen. Nur, wir dürfen nicht so schnell urteilen, denn wir mußten nicht Liebe und Vertrauen von unseren Eltern entbehren. Und vielleicht will sie einem neuen Geschöpf die Qual ersparen, die sie am eigenen Leibe durchlebt«, ergänzt Ann. »Du magst recht haben, doch ich behaupte dennoch, daß Judith sich der Verantwortung entzieht«, spekuliert Sarah. Und Ann sagt: »Ich bin auf heute abend gespannt, wie sie ist, wie sie sich verhalten wird und ob sie auf den Brief eingeht.«

Unsichtbare Judith

Pünktlich erscheinen Ann und Sarah im Restaurant. Es ist das erste Mal, daß das Gespräch nicht in der Wohnung der – noch – fremden Person stattfindet. Normalerweise halten sie es für wichtig, die Gespräche in privater Atmosphäre zu führen. Zum einen, weil die häusliche Umgebung viel über die fremde Person aussagt, zum anderen ist die Konzentration weitaus besser als an einem öffentlichen Platz. Doch Judith wollte unter keinen Umständen die beiden bei sich zu Hause empfangen.

Der Tisch ist auf Sarahs Namen bestellt, was Judith weiß, doch als sie ankommen, sind sie die ersten: Judith ist noch nicht da. Die beiden Frankfurterinnen hatten sich gewünscht, in einem italienischen Restaurant zu Abend zu essen. Unabhängig voneinander kennen sie beide das Lokal in Schwabing. Hinter seinen großen Fensterfronten stehen riesige Lampen mit hellblauen und rosafarbenen Schirmen. Als Ann das erste Mal hier war, dachte sie von weitem, daß das Restaurant ein Lampengeschäft sei, und seitdem heißt es in ihrem Sprachgebrauch auch so.

Die beiden nehmen an einem Tisch direkt am Fenster Platz. Die Aussicht bietet nichts weiter als vorbeifahrende und parkende Autos, und doch sind dies hier die begehrtesten Tische. Ein weißes Stofftuch, weißes Porzellan, zwei Metallgabeln, zwei Metallmesser, zwei Weingläser für Rot- oder Weißwein, ein Wasserglas, eine rosa Rose mit Schleierkraut in einer winzigen weißen Keramikvase und eine weiße Kerze in einem silbernen Ständer zieren den Tisch. Die Stühle sind aus Plastik, der

Sitz und die Lehne mit braunem Samtstoff bezogen. In die Küche ist kein Einblick möglich, sie befindet sich auf der Empore des Lokals.

Beide haben ein mulmiges Gefühl, sie ahnen, daß Judith nicht erscheinen wird. Ann beschließt, bei ihr zu Hause anzurufen. Während sie telefoniert, fragt Sarah den Kellner, ob eine Nachricht für sie hinterlassen worden sei. Mit einem kopfschüttelnden »No, Signorina« beantwortet er lachend die Frage. Ann erscheint leicht verstört am Tisch: »Judith hat uns eine Nachricht auf ihren Anrufbeantworter gesprochen. Zunächst hörte ich die übliche Floskel: ›Bin leider nicht erreichbar, hinterlassen Sie mir eine Nachricht, ich rufe dann zurück!‹ Dann aber folgte: ›Dies ist eine Nachricht für Ann und Sarah. Ich muß unsere Verabredung für heute Abend leider absagen, es tut mir leid.‹ Kannst du das glauben, Sarah?« fragt Ann geknickt. »Irgendwie war das nach ihrem Schreiben abzusehen, und doch glaubte ich, sie würde kommen«, antwortet Sarah.

Enttäuscht blickt Ann zu Sarah hinüber und sagt: »Ich kann es nicht glauben, daß Judith uns sitzengelassen hat. Und ich hoffe für uns beide, daß uns das nicht öfters passiert. Wir sind offenbar in ein Wespennest getreten.« – »Sie muß seelisch schrecklich leiden, vielleicht ist es ja besser, daß sie jetzt abgesprungen ist. Stell dir vor, wir hätten uns für sie und ihren Vater entschieden, und sie hätten uns kurz vor Drehbeginn abgesagt«, sagt Sarah. Ann erwidert: »Du hast recht, es soll eben so sein, wie es ist.«

So verbringen Ann und Sarah den ausgehenden Abend zu zweit in ihrem Lieblingsrestaurant, trotz aller Enttäuschung, die unbekannte und ihnen doch vertraute Judith nicht kennengelernt zu haben. Sie finden es erstaunlich, daß Gabriel ihnen von seinem ermordeten Sohn und seiner ersten Frau erzählt hat. Was für eine Last muß es für ihn sein, das der eigenen Tochter nicht erzählen zu können. Die Liebe und Fürsorge, die das ermordete Kind bekommen hatte, hat er Judith verweigert. Im Nachhinein sind Ann und Sarah fast froh über Judiths Absage. Im Wissen um die Angst ihres Vaters vor einer zu starken Bindung an die eigene Tochter, um seinen Verlust eines Kindes hätten die beiden vor Judith einen inneren Kampf austragen müssen. Es wäre schwierig gewesen, ihr gegenüberzusitzen, in die Augen zu schauen und das Geheimnis von Gabriel zu hüten.

Drei Absagen

Ann und Sarah sind eben zu einem ersten Vorgespräch in Warschau eingetroffen. Das Ehepaar Skumiczki hat die beiden zum Abendessen eingeladen. Es ist schon spät, doch mit leeren Händen wollen sie nicht kommen. Nachdem sie sich mehrfach erkundigt hat, erfährt Sarah, daß es in der Nähe des Hotels einen Blumenladen gibt. Zu Fuß gehen sie die große Hauptstraße entlang und erkennen in einer Seitenstraße schon von weitem viele, farbige Blumen auf dem Bürgersteig.

Seit der Wende gibt es in Warschau alles zu kaufen, was das Herz begehrt, doch zielen die hohen Preise wohl eher auf Touristen und nicht auf Einheimische. Die Edelmeile in der Innenstadt ist von Boutiquen namhafter französischer und italienischer Designer gesäumt. Von Cartier über Chanel und Versace kann sich jeder, der entsprechende Dollars hat, schmücken und einkleiden. In keiner Beziehung gleicht Warschau der Hauptstadt des kommunistischen Satellitenstaates von 1988 – in dem Jahr waren Ann und Sarah das bisher einzige Mal in Polen. Heute wirkt die Metropole europäisiert, sie kämpft um die Angleichung an einen westlichen Standard. McDonalds und Benettonläden gehören mittlerweile zum festen Bestandteil des Stadtkerns.

Vor der riesigen Auslage des Blumengeschäfts fällt es schwer, eine Entscheidung zu treffen. Zwischen den beiden entfacht sich ein kleiner Streit über Farbe, Größe und Zusammenstellung des richtigen Bouquets. Während Sarah einen rundgesteckten Strauß bevorzugt, möchte

Ann lieber einen wilden, losen Strauß. Doch die polnische Verkäuferin versteht weder den einen noch den anderen Wunsch. Unsicher beginnt sie, Blumen um ein Palmenblatt zu drapieren, bis Ann sie in ihrer sich entfaltenden Kunst bremst und noch gerade rechtzeitig bittet, das Palmenblatt zu entfernen, um dem Strauß mehr Natürlichkeit zu verleihen. Sarah ist mittlerweilen vollends verstummt, unglücklich beobachtet sie, wie die Frau aus schönen einzelnen Blüten einen verunstalteten Strauß kreiert. Aber jetzt ist es zu spät, in jeder Hinsicht. Die Uhr zeigt bereits auf fast acht, und die sichtlich irritierte Verkäuferin geht genervt ihrer Arbeit nach. Auf die Frage nach der gewünschten Verpackung des nunmehr ungewünschten Straußes bittet Ann um eine lose, die Stiele umwickelnde Folie. Auch dies wird falsch verstanden, woraufhin das Kunstwerk nun vollends hinter braunem Packpapier verschwindet. Die Krönung ist jedoch der Preis: Das Ungetüm soll ganze hundertfünfzig Dollar kosten. Sarah fragt erneut, um sich zu vergewissern, nicht geträumt zu haben, aber die Frau beharrt auf der genannten Summe. Es bleibt keine Zeit für Diskussionen, wütend zieht Sarah das Geld aus der Tasche, wonach kaum noch etwas für die bevorstehende Taxifahrt übrigbleibt. Mißgelaunt rennen sie zurück in Richtung Hotel, um ein freies Taxi zu ergattern. Während der Fahrt wechseln sie kein Wort, jede gibt unbewußt der anderen die Schuld an dem überteuerten Blumenstrauß.

In einem Randbezirk Warschaus liegt die Wohnsiedlung der Skumiczkis. An den Klingeln stehen keine Familiennamen, sondern lediglich Nummern. Sarah will sich noch mal vergewissern und kramt nach dem einen entscheidenden Zettel, auf dem die richtige Nummer notiert ist. Im Chaos des Innenlebens ihrer Tasche kann sie mal wieder nichts finden. Schließlich zieht sie das gesuchte Stück Papier aus ihrer Jeansjacke und drückt auf den Klingelknopf Nummer dreiundvierzig. Kurz darauf ertönt ein Summton, durch den sich die massive Holztüre mit einem Ruck öffnen läßt.

Im Treppenhaus schlägt ihnen ein merkwürdiger Geruch entgegen, eine Mischung aus Ammoniak und Katzenstreu. Aus einem der oberen Stockwerke ruft eine energische weibliche Stimme, in die vierte Etage heraufzukommen. Eine beleibte Frau mit umgebundener roter Küchenschürze empfängt die beiden am Treppenabsatz. Mit leicht gequältem Lächeln überreicht Sarah den Blumenstrauß.

Das Ehepaar lebt in bescheidenen Verhältnissen. In dem kleinen, spärlich eingerichteten Wohnzimmer warten bereits ein anderes Ehepaar und ein älterer Mann neugierig auf die zwei jungen Frauen aus Frankfurt am Main. Janusz Skumiczki stellt Ann und Sarah seinen Freunden vor. Alle sind sehr an dem Filmprojekt interessiert und möchten mehr darüber wissen. Man spürt ihre Freude, mit jungen Juden aus dem Ausland sprechen zu können.

Heute leben in Polen gerade einmal zweitausend, vor allem ältere Juden. Die meisten sind nach der Befreiung zurückgekehrt, um nach Angehörigen zu suchen, fanden sich jedoch oft alleine einer ihnen feindlich gesinnten Bevölkerung gegenüber. Die drei Millionen Menschen zählende jüdische Gemeinschaft des Vorkriegspolens wurde durch die Nazis fast vollständig zerstört. Schon kurz nach Kriegsende kam es in vielen polnischen Dörfern zu antisemitischen Ausschreitungen, die ihren Höhepunkt in dem Pogrom von Kielce im Jahre 1946 erreichten. Die wenigen, die trotz aller widrigen Umstände in ihrer alten Heimat wieder Fuß zu fassen versuchten, lebten eine Existenz in Angst. Viele versteckten ihr Judentum vor der Umwelt, andere wandten sich ganz von ihrer Religion ab, um ein an die ausgeprägte katholische Tradition des Landes angepaßtes Leben zu führen. Im Jahre 1968 kam es dann zum letzten entscheidenden Einschnitt. Die damalige Regierung Gomulka veranlaßte im ganzen Land eine regelrechte jüdische Hetzjagd, die von der Gesellschaft mitgetragen wurde. Es kam zu massiver Auswanderung, vor allem nach Israel. Die Familie Skumiczki gehört ebenso wie die anderen Gäste zu den wenigen in Polen verbliebenen Juden. Sie verleugnen ihre jüdischen Wurzeln zwar nicht, versuchen aber, kein Aufsehen zu erregen. Die Angst sitzt tief, 1968 ist noch nicht so lange her, und der Antisemitismus besteht weiter – auch auf hoher Staatsebene. Um so glücklicher sind heute jüdische Familien wie die Skumiczkis, wenn sie einmal die Gelegenheit haben, offen mit jungen Menschen wie Sarah und Ann zu sprechen, sich auszutauschen, wieder Anschluß an die eigene Identität zu finden.

Während Ann bewegungslos auf dem braunen Cordsofa sitzt und still in die Runde schaut, wird Sarah in eine Konversation mit dem alleinstehenden Mann verstrickt, der ihr ungehemmt über seine Jahre im Konzentrationslager erzählt. Er heißt Elias und beginnt sehr direkt, ohne Sarah jemals gesehen zu haben, über die schlimmste Zeit seines Lebens zu berichten. Sarah nickt immer nur, da sie ihn nicht unterbrechen will. Sein Mitteilungsbedürfnis ist enorm groß. Er spricht jiddisch mit Sarah, die Sprache, die sie von ihrem Opa kennt und versteht. Auch Elias stammt, genau wie Sarahs Opa, ursprünglich aus einer Kleinstadt in der Nähe von Lodz.

Helena Skumiczki unterbricht die Unterhaltung: Sie kommt mit einer großen Platte Kartoffelreibekuchen ins Wohnzimmer. Alle rücken nun eng um den ovalen Tisch zusammen. Auf dem gemusterten Wachstuch stehen einfaches Geschirr, Wasser- und Wodkaflaschen und aufgeschnittenes Weißbrot. Ann hilft Helena, die kleinen mit Quark, Apfelmus und Meerrettich gefüllten Schüsseln hereinzutragen. Die knusprigen Reibekuchen schmekken köstlich, und nach mehreren Gläsern Wodka wird die Unterhaltung zunehmend lauter. Der einzige, der sich den ganzen Abend lang reserviert verhält, ist Janusz Skumiczki. Gierig schlingt er das Essen hinunter und kaut dabei kaum. Dunkle, elastische Träger halten seine Hose davon ab, über die dünnen Beine hinab zu Boden zu gleiten. Janusz' unscheinbare Persönlichkeit verschwindet vollends hinter dem Temperament seiner Frau Helena, die mit ihren humorvoll erzählten Geschichten das Geschehen am Tisch dominiert.

Wie schon so oft erklären Ann und Sarah auch an diesem Abend, warum sie gerade das Ghetto Lodz zum Ausgangspunkt ihrer Familiensuche gemacht haben. Geduldig erklärt Ann, wieso die Entscheidung für Lodz und somit gegen Warschau und Krakau, die zwei anderen großen jüdischen Vorkriegsgemeinden, gefallen ist. Krakau hatte im Aufwind des Films »Schindlers Liste« eine bereits extreme Beachtung erfahren, und über das jüdische Leben im Ghetto von Warschau gibt es eine Fülle von Dokumentationen. Das Lodzer Ghetto hingegen hat nie die gleiche Aufmerksamkeit gefunden. Erst in den letzten Jahren haben einige Institutionen Material über dieses erste und letzte Ghetto auf polnischem Boden der Öffentlichkeit zugänglich gemacht.

Über den Umweg dieser Erläuterungen kommen sie endlich auch mit Janusz Skumiczki ins Gespräch. Vier lange, qualvolle Jahre hat er zusammen mit seinen Eltern und zwei älteren Brüdern im Ghetto in einem beengten Raum gelebt. Wie alle Kinder im Ghetto Lodz mußte auch er von frühmorgens bis abends hart arbeiten. Seine Tätigkeit in der Bäckerei ließ die Familie jedoch überleben, und so oft er konnte, versorgte er seine Nächsten mit Brotresten. Nach der Liquidierung des Ghettos wurde die ganze Familie mit dem ersten Transport nach Auschwitz deportiert. Janusz hat als einziger das Vernichtungslager überlebt. Da er mit seiner Geschichte nun mehr und mehr ins Detail geht, bittet ihn Ann vorsichtig darum, nicht alles zu erzählen. Denn oft sind Überlebende nur ein einziges Mal bereit, so intensiv von ihrer schmerzvollen Zeit zu sprechen. Die Erfahrung hat Ann und Sarah gelehrt, in Vorgesprächen darauf zu achten, nicht zu sehr mit den Interviewpartnern in die Tiefe zu gehen. Die Bereitschaft, die gleiche Geschichte ein zweites Mal zu erzählen, ist nicht immer vorhanden, die Menschen meinen sich zu wiederholen, werden unsicher oder wollen die Zeit der Verfolgung nicht noch einmal aufwühlen.

Janusz gibt vor, Verständnis zu haben, man merkt ihm jedoch an, daß ihn die Unterbrechung irritiert hat. Und es dauert auch nicht lange, und schon verkriecht er sich wieder in sein Schneckenhaus. Die Falten auf seiner breiten Stirn ziehen sich zusammen und geben seinem Gesicht einen verzerrten Ausdruck. Der Stimmungswandel entgeht keinem, Ann ist peinlich berührt, weil sie es war, die ihn eben unterbrochen hat. Sie fühlt sich unwohl in ihrer Haut. Wo nur liegen die Grenzen zwischen aufrichtiger Anteilnahme und filmischem Interesse? Sarah versucht, die gespannte Situation etwas aufzulockern, indem sie von ihrer ersten Nacht in Warschau erzählt: von dem Zimmermädchen, das, ohne anzuklopfen, wie ein Gespenst an den Betten vorbeihuscht, von den ungeschälten Orangen, die sie anstelle des bestellten Obstsalates bekommt, von den Madonnen und Kreuzen über dem Bett und dem alles überlagernden Duft von Rosenwasser im Hotelzimmer.

Mittlerweile ist es spät geworden, und allzuviel haben Ann und Sarah nicht in Erfahrung gebracht. Die Kernfrage nach den Kindern des Ehepaars Skumczki steht noch aus. Als Helena das Geschirr in die Küche räumt, hilft ihr Sarah und spricht sie auf ihr Verhältnis zu ihren beiden Töchtern an, die ebenfalls in Warschau leben. »Helena«, fragt sie, »haben Sie mit ihnen über Ihre Vergangenheit während der Nazizeit gesprochen? Konnten Sie oder vielleicht Ihr Mann Ihren Töchtern die eigene Überlebensgeschichte erzählen?« – »Nein, meine Kinder sind sich zwar ihres jüdischen Ursprungs bewußt, Details über unser Leben unter der Naziokkupation wollten wir ihnen aber ersparen«, sagt Helena energisch. Es ist wie so oft: Auch bei den Skumiczkis wurde die eigene Biographie während des Zweiten Weltkriegs vor den Kindern verschwiegen. »Könnten wir denn mit einer Ihrer Töchter selbst sprechen?« fragt Sarah. Helena zögert kurz, gibt ihr aber dann doch die Telefonnummer von Zenia. Als Sarah ihre Tasche im Wohnzimmer holt, sieht sie, daß das andere Ehepaar gerade dabei ist, sich von Janusz zu verabschieden. Ann nutzt die Gelegenheit und bittet Janusz darum, für Sarah und sie ein Taxi zu bestellen. Ohne polnisch zu sprechen, ist man in diesem Land aufgeschmissen: Nur wenige verstehen Englisch, die meisten sprechen Russisch als zweite Fremdsprache – ein Relikt aus fünfundvierzig Jahren Leben im moskauorientierten Kommunismus. Zehn Minuten später klingelt es an der Tür, die beiden bedanken sich für das Essen und den interessanten Abend und vereinbaren noch einmal eine Begegnung, wenn sie sich mit Janusz' und Helenas Tochter Zenia getroffen haben.

Es ist ein sonniger Novembermorgen, Ann sitzt auf dem Bett und versucht, seit einer halben Stunde vergeblich Zenia zu erreichen. Der Anschluß ist aber permanent besetzt. Sarah ist nach unten gegangen, um eine englische Tageszeitung zu kaufen. Als sie wiederkommt, ringt Ann am Telefon in einer Mischung aus englischen und polnischen Wortfetzen um Verständnis. Sarah grinst und freut sich insgeheim, daß sie nicht diejenige ist, die diese Prozedur am Telefon durchstehen muß. Es ist immer wieder das gleiche Ritual zwischen den beiden, wenn es darum geht, Menschen anzurufen. Am schönsten ist es, wenn die andere das Telefonat erledigt. Ann scheint massive Schwierigkeiten zu haben, sich mit Zenia zu unterhalten. Eine schlechte Ausgangssituation für ein kommendes Vorgespräch. Die Tochter von Helena und Janusz spricht nur polnisch, so daß es ziemlich schwierig ist, einen Termin mit ihr zu vereinbaren. Etwas hilflos beendet Ann das Gespräch mit einem stotternden

Dowizenja. Damit ist Familie Skumiczki erst einmal aus dem Rennen. Nachdem ein wenig Ruhe eingekehrt ist, ruft Ann Ephraim Zucker, den Direktor des Jiddischen Theaters von Warschau, an. Er ist ein guter Freund ihres Vaters und vor allem sehr hilfsbereit. Genau der richtige Mann für diesen Augenblick, in dem es offenkundig mit der Recherche in Polen ein wenig stockt.

Sie vereinbaren gleich, bei ihm im Theater vorbeizukommen und die ausstehenden Telefonate von dort gemeinsam durchzuführen. Der junge Mann an der Hotelrezeption erklärt Sarah den Weg, woraufhin sie beschließen, zu Fuß zu Ephraim Zucker zu laufen. Es ist eiskalt draußen, nur wenige Menschen sind unterwegs an diesem Vormittag. Der Wegbeschreibung des Portiers folgend, laufen sie an einer der für Warschau so typischen breitangelegten Alleen entlang. Das monumentale Kulturzentrum auf der gegenüberliegenden Straßenseite erinnert an die überproportionale stalinistische Bauweise, ist erhaltener Machtausdruck des untergegangenen Sowjetimperiums, dessen Satellit Polen war. Ganz in der Nähe liegt das weißgetünchte Theatergebäude, auf demselben Gelände steht die zentrale – renovierte – Synagoge von Warschau. Die spärlichen Überreste jüdischer Kultur und Religion sind auf diesen paar Quadratmetern Fläche komprimiert.

Eine Frau mittleren Alters sitzt an der Kasse und weist ihnen den Aufgang zum Direktor. Hinter einem wuchtigen Schreibtisch sitzt ein älterer Mann mit weißen, strähnigen Haaren: Ephraim Zucker. Von diesem spärlich eingerichteten Büro aus kümmert sich der Zweiundsiebzigjährige um die Veranstaltungen rund ums Theater. Er ist die gute Seele der Gemeinde und bemüht sich seit

Jahren mit ganzem Herzen um das Wiederaufleben der jüdischen Kultur in Polen. Ann und Sarah setzen sich an den langen Holztisch, die Sekretärin bringt von nebenan zwei Gläser mit Leitungswasser. Ann packt jetzt die Liste mit den Namen ehemaliger Lodzer aus, die heute noch in Polen leben. Mit einem Blick kategorisiert Zucker die genannten Personen. Er kennt die meisten und empfiehlt einige, die interessant für einen Kontakt wären. Zucker ist kein Mann der langen Worte, er hängt sich ans rote Fünfzigerjahre-Telefon und wählt die erste Nummer, eine Frau Ludzinska, an. In polnisch erklärt er ihr von dem Filmprojekt und vereinbart einen Termin für den späten Nachmittag. Innerhalb von nur einer halben Stunde arrangiert Zucker zwei weitere Verabredungen für die kommenden Tage. Das Ehepaar Reich, das mit seinen zwei Söhnen immer noch in Lodz lebt, sowie Frau Pralowska und ihre Tochter Martha Krupna aus Warschau sind bereit, sich mit den beiden zu treffen. Sarah atmet auf, sie hatte schon befürchtet, sie würden keine weiteren Interviewpartner mehr finden. Nun sieht die Welt schon anders aus. Alle sind zufrieden, auch Ephraim Zucker, der sich freut, daß er den beiden helfen konnte.

Die Zeit vergeht wie im Fluge, nach einem kurzen Spaziergang in einer Parkanlage ist es an der Zeit, zur nächsten Verabredung aufzubrechen. Da sie jetzt einen Linienbus nehmen, der direkt in das Viertel von Olga Ludzinska fährt, machen sie sich vorsichtshalber etwas früher auf die Reise. Die zunehmende Kälte macht den beiden an der Haltestelle zu schaffen. Der Bus ist fast leer, so daß sie nebeneinander sitzen können. Der Busfahrer hat ein unbeschreibliches Tempo drauf, in Schlangenlinien schneidet er etliche Autos und setzt, unbeirrt vom Straßen- und Gegenverkehr, seinen Weg von Station zu Station fort. Die Strecke führt durch das Zentrum in ein belebtes Wohnviertel mit kleineren Läden. Hier steigen sie aus und finden rasch die Straße von Olga Ludzinska. Im Parterre des Eckhauses ist ein Gemischtwarenhändler, die Haustüre ist angelehnt, und da sie wissen, daß sie im ersten Stock wohnt, gehen sie direkt hoch und klopfen an der Wohnungstür, eine Klingel gibt es nicht.

Nach dem dritten Klopfen öffnet schließlich eine kleine, gebrechliche Frau und bittet die beiden ins Wohnzimmer. Ein stechender Geruch liegt in der Luft. Olga macht einen extrem nervösen Eindruck und setzt sich auf einen Holzstuhl, während Ann und Sarah ihr gegenüber auf einem hohen Sofa Platz nehmen. Die Einrichtung ist karg: Ein Bücherregal, dessen Bretter durchhängen, und eine Kommode, auf der ein Bildnis von Jesus am Kreuz steht, sind neben dem Sofa das einzige Mobiliar.

Olga ist verwitwet, ihr einziger Sohn Richard wohnt zwar auch in Warschau, doch allzu oft sehen sie sich nicht. Richard arbeitet für die polnische Fluggesellschaft LOT und ist meist auf Transatlantikflügen unterwegs. Seine Mutter holt stolz ein gerahmtes Photo aus dem Schlafzimmer, das den sonnengebräunten Sohn grinsend an einem Palmenstrand zeigt. Die Einsamkeit der alten Frau hat etwas Beklemmendes. Als Sarah auf ihr Leben im Ghetto Lodz zu sprechen kommt, beginnt ihr ohnehin schwächlicher Körper zu zittern. Sie hat sich zwar im

Wissen um das Thema der Unterhaltung bereit erklärt, die beiden zu empfangen, scheint jetzt aber von ihren Gefühlen übermannt zu werden. Die Situation ist bedrückend. Die Frau ist zwischen ihrem Mitteilungsbedürfnis und den aufkommenden starken Emotionen hin- und hergerissen. Immer wieder schnappt sie zwischen den Sätzen tief nach Luft und hält inne, um Kraft für die nächsten Minuten zu sammeln.

Ann fragt, ob sie das Gespräch nicht eher abbrechen wolle, doch Olga möchte weiterreden. Nach Kriegsende hat sie sich der christlichen Mehrheit Polens angepaßt. Sie hat versucht, sich nach dem Überleben der Shoah eine andere Identität aufzubauen und sich von der Religion abzuwenden, durch die sie als nicht-lebenswert stigmatisiert und deretwegen ihre gesamte Familie von den Nazis ermordet worden ist. Sie wußte nach 1945 nicht wohin, hatte keine Angehörigen mehr, war ein traumatisiertes Mädchen auf der Flucht vor neuen Anfeindungen im Nachkriegspolen, auf der Suche nach Geborgenheit und Schutz. Sehr schnell heiratete sie einen Polen, der ihr ein besseres Leben versprach.

Die Worte strömen aus ihr heraus, sie muß jetzt weiterreden, eine verborgene Kraft treibt sie an. Dies ist der Tag, die Stunde, dieses Gespräch mit zwei jüdischen Fremden wühlt den lange verdrängten Schmerz auf, scheint ihr aber auch eine Art Erleichterung zu bereiten. In den kurzen Atempausen, die sie sich gönnt, betont sie, wie gerne sie sich jetzt ausspricht. Fünfzig Jahre nach der Befreiung bricht ihre Geschichte aus ihr heraus. Ihr Sohn Richard ist zwar nach jüdischem Gesetz Jude, dennoch hat sie ihn im christlichen Glauben großgezogen. Seine jüdische Herkunft hat sie bis heute vor ihm verleugnet.

Richard weiß nicht, daß seine Mutter Überlebende des Ghetto Lodz ist.

Jeden Sonntag hat die Familie gemeinsam die Messe besucht. Olga geht noch heute regelmäßig in die Kirche, jedoch immer alleine. Die Jesusfigur an der Wand steht für ihr zweites Leben. Über ihre Zeit nach der Liquidierung des Ghettos im Sommer 1944 spricht sie auch an diesem Nachmittag nicht. Ob sie mit einem der Transporte nach Auschwitz deportiert wurde oder aber unter den Verbliebenen im Aufräumkommando zurückblieb, verrät sie nicht. Sie beide verstummen angesichts einer menschlichen Tragödie. Auch Olga hüllt sich nun in Schweigen, mehr will, mehr kann sie nicht sagen. Ihre Kraftreserven sind jetzt erschöpft. Ann denkt nach, ob es fair ist, Olga in diesem Augenblick alleine ihren Gefühlen zu überlassen oder ob sie mit Sarah noch bleiben soll. Da schlägt Sarah Olga vor, ob sie denn nicht Lust hätte, ein wenig an die Luft zu gehen, einen kleinen Spaziergang zu machen. Doch Olga ist zu erschöpft, sie möchte sich hinlegen. Dies ist das Stichwort für Sarah und Ann, die sich zeitgleich erheben, dann etwas verloren im Raum stehen und darauf warten, daß Olga sie bis zur Tür begleitet. Es gibt nicht mehr viel zu sagen, Sarah möchte die hilflose Frau in den Arm nehmen, doch hält sie etwas Undefinierbares davon ab. Auch Ann gibt ihr nur kurz die Hand, und die beiden sind froh, als ihnen draußen der eisige Wind entgegenschlägt. Sie gehen zurück zur Bushaltestelle und fahren Richtung Hotel.

Im Zimmer versuchen sie, das Erlebte erst einmal zu verdauen. Dabei kommt immer wieder die Frage auf: wie groß ist die Eigenverantwortung, wenn Interviewte anfangen aus Zeiten zu erzählen, die sie dann jedesmal neu durchleben, und wenn sich dabei Kinder von Überlebenden auf einmal ihrer eigenen Verdrängung bewußt werden? Schwer, darauf eine befriedigende Antwort zu finden. Für Ann und Sarah gilt es immer wieder, Abstand zu wahren, sich nicht zu stark zu involvieren. Dennoch gibt es schon jetzt, im Stadium der Recherche und vor Beginn der eigentlichen Dreharbeiten, Momente, die plötzlich nicht gelebt werden können wie geplant. Die unsichtbaren Grenzen, auf die sie stoßen, sind fließend. Und doch bestärken sie beide sich gegenseitig immer wieder aufs neue von der Bedeutung, diesen Film zu drehen, daß sie in Deutschland die ersten sind, die sich mit der Thematik dokumentarisch auseinandersetzen und dabei zwei Generationen miteinbeziehen. Die Standpunkte aller sind entscheidend, um ein ganzes Bild zeichnen zu können, um dem Publikum einen kleinen Einblick in eine bisher verschlossene Welt zu geben. Die Stimmen der Eltern und die Stimmen der Kinder: Beide sollen gehört werden. Bewußt sollen das Heute, das Leben nach fünfzig Jahren Befreiung im Mittelpunkt stehen, der Umgang der Kinder mit dem Schicksal ihrer Eltern, das Familienleben aus einer Innenansicht, die jene subtile Dominanz der Vergangenheit zu zeigen vermag. Der Weg zur Realisierung dieses Vorhabens war lang, viele Hürden wurden gemeinsam genommen. In Momenten wie diesem, da Zweifel aufkommen, ob die Arbeit denn durchsetzbar ist, verleihen sie sich gegenseitig Kraft.

Ann blickt auf das schon Erreichte zurück, auf den Weg über die schleppende Finanzierung, das Klinkenputzen bei Sendeanstalten, die vielen Gespräche mit verantwortlichen Redakteuren, die Absagen und die damit verbundenen Ernüchterungen. Dabei haben sie Ausdauer entwickelt, um dieses Projekt zu kämpfen, bis hin zu den entscheidenden Zusagen einer Berliner und einer israelischen Produktion sowie eines deutschen Senders, die allesamt bereit waren, den Film zu finanzieren und in Deutschland und Israel auszustrahlen. In Augenblicken des Zweifelns waren es im übrigen gerade ihre eigenen Familien gewesen, die sie bestärkt hatten, diese Dokumentation zu drehen, sich nicht von Rückschlägen einschüchtern zu lassen und den Blick stets nach vorne zu richten. Sie rufen sich den bereits zurückgelegten Weg in Erinnerung und tanken dadurch neue Energien. Die tiefe Überzeugung und das Wissen um die Bedeutung dieses Themas erleichtern es, diese Momente emotionalen Tiefs zu überwinden.

Dennoch, der Nachmittag bei der zitternden und aufgewühlten Olga wird nicht leicht wegzustecken sein. Es war und ist nicht einfach, diese geballte Verzweiflung zu ertragen, dieses Spiegelbild einer gescheiterten jüdischen Existenz in Polen, eines Lebens in Angst und Selbstverleugnung. Ann ist jetzt zu müde für ein weiteres Gespräch, sie verfällt in einen traumlosen, schweren Schlaf. Eigentlich ist Sarah auch sehr erschöpft, ihr Körper ist abgespannt, und dennoch kann sie nicht einschlafen. Auch ein heißes Bad verhilft ihr nicht zum ersehnten Schlaf. So setzt sie sich auf den Sessel unter die große, gebogene Leselampe und liest bis in die frühen Morgenstunden hinein die Lodzer Ghettoaufzeichnungen von Oskar Rosenfeld.

Am nächsten Morgen, nach nur drei Stunden Schlaf, fühlt sich Sarahs Kopf bleiern an. Es dauert eine ganze

Weile, bis sie nach einigen Tassen starken Kaffees zu sich kommt. Die Arbeit ruft, denn mittags sind sie mit der Familie Reich in Lodz verabredet. Ephraim Zucker hat ihnen einen Fahrer organisiert, der bereits vor dem Hotel auf sie wartet. Er fährt einen kleinen Lada, auf dessen Rückbank Sarah schon nach wenigen Minuten Fahrt einschlummert. Die Reise dauert eineinhalb Stunden, wobei Anton, der Fahrer, einen relativ gemäßigten Fahrstil hat. Eine Autobahn von Warschau nach Lodz gibt es nicht, der Weg führt über holprige Landstraßen, deren Schlaglöcher Sarah ab und zu hochschrecken lassen.

Anton und Ann können sich sprachlich nicht verständigen, so daß sich Ann ihrer eigenen Gedankenwelt hingibt. Die Landschaft ist trist, die Bäume tragen um diese Jahreszeit keine Blätter mehr, und dichter Nebel umhüllt die weiten Felder. Hin und wieder steht ein nicht benutzter Traktor am Straßenrand, aus den Schornsteinen der Bauernhäuser steigt dunkler Rauch. Die schlechte Luft draußen ist trotz geschlossener Fenster im Wagen zu spüren. Es ist das zweite Mal Polen für Ann, obwohl sie sich damals im Jahre 1988 geschworen hat, nie mehr hierher zurückzukommen. Zu bedrückend war diese Odyssee, die allgegenwärtige Präsenz der Todeslager, der tiefverwurzelte Judenhaß der Bevölkerung, den sie am eigenen Leib zu ertragen hatte. Beim Anblick der Kippot, der rituellen Kopfbedeckung einiger Jungen, erhallte damals nicht nur einmal die Beschimpfung »Parszywe Zyd«. Sehr schnell verstanden sie alle, daß dies nichts anderes als »dreckiger Jude« heißt. Mit Stolz und Trotz trugen daraufhin alle Jungs ihre Kippa in der Öffentlichkeit. Nie zuvor in ihrem Leben hatte Ann so massive Anfeindungen als Jüdin erlebt wie in Polen. Sie erinnert sich an einen Vorfall, der sich damals in Krakau ereignete. Bei einem Besuch in der Jüdischen Gemeinde wurde der Gruppe beim Verlassen des Gebäudes von einem polnischen Hausmeister der Gang durchs Hauptportal verwehrt. Sie seien durch die Hintertüre gekommen, da sollten sie als Juden auch wieder hinausgehen. Provozierend stellte er sich vor die große Eingangstüre, die auf die Hauptstraße führte, und verwehrte ihnen den Ausgang. Mit Rücksichtnahme auf die wenigen Krakauer Juden beugten sie sich widerwillig seiner rassistischen Forderung. Schließlich waren sie diejenigen, die zurück nach Deutschland fuhren, die Gemeindemitglieder mußten jedoch weiterhin unter der Kuratell des Hausmeisters leben.

Diesen Vorfall hatte Ann lange Zeit verdrängt. Ganz im Gegensatz zu Sarah. Für sie ist der Aufenthalt in Polen viel stärker noch von negativen Erinnerungen beeinflußt. Sie hatte eine fast panische Angst, wieder hierherzufahren. Noch allzu lebhaft hatte sie die antisemitischen Beschimpfungen der Passanten im Kopf. In einer Kurve wacht Sarah auf, die sich, fernab von Anns Gedanken, langsam regeneriert.

Der Verkehr wird zäher, das Gehupe lauter, die Straßen breiter und die Besiedlung dichter – sie nähern sich Lodz. An der ersten großen Kreuzung versagen Antons Ortskenntnisse, so daß er auf einem Stadtplan nach der Straße der Familie Reich suchen muß, die im Zentrum liegt. In der Innenstadt reihen sich wunderschöne, stark sanierungsbedürftige Altbauten aneinander. Hier scheint seit über fünfzig Jahren kein Haus mehr renoviert worden zu sein, keine Fassade einen neuen Anstrich gesehen zu haben. Dennoch besitzt Lodz einen ganz anderen

Charme als Warschau, das zu über neunzig Prozent während des Zweiten Weltkrieges durch Bombardierungen zerstört worden ist. Anstelle der stillosen Bauweise in der Metropole dominieren hier prächtige Wohnhäuser aus der Gründerzeit.

Als sie an einem – besonders imposanten – ergrauten Prachtbau mit aufgesetzter Kuppel vorbeifahren, erklärt Anton in gebrochenem Englisch, daß dies der ehemalige Wohnsitz der Familie Poznanski war. Das Gebäude zieht sich über einen kompletten Straßenzug. Hier lebte vor dem Krieg die einflußreiche jüdische Industriellenfamilie Poznanski: Kein Name ist so sehr wie dieser mit der Geschichte des Vorkriegslodz verbunden. Nicht weit entfernt verläuft die von ihnen gesuchte Straße, Anton setzt die beiden ab und verspricht, sie in zwei Stunden wieder abzuholen.

Am Gartentor des Einfamilienhauses steht Robert Reich. Im Hintergrund wacht ein Schäferhund, der furchterregend bellt. Als Robert die zwei verängstigten Gesichter sieht, bringt er erst einmal seinen Hund außer Reichweite.

Im großen Wohnzimmer sitzt bereits die restliche Familie um einen länglichen Tisch. Der Hund ist in den Raum daneben eingesperrt und macht in voller Lautstärke auf sich aufmerksam. Frau Reich ist eine hübsche Frau mittleren Alters, der jüngere Sohn kommt ganz nach ihr und hat ein schönes, ebenes Gesicht. Seine dicken schwarzen Haare trägt er schulterlang. Auch die Ähnlichkeit des älteren Sohnes mit dem Vater ist unübersehbar. Beide neigen zur Fettleibigkeit und korrigieren ihre Sehschwäche mit dicken Brillengläsern. Bis auf die Mutter sprechen alle fließend englisch, der jüngere übersetzt für seine Mutter zwischendurch das Wesentliche ins Polnische. Die Reichs scheinen eine harmonische Familie zu sein. Beide Elternteile haben die Shoah als Kinder überlebt. Robert wurde in Warschau von einer polnischen Familie versteckt, während seine Frau das Ghetto Lodz überlebt hat. Diesmal jedoch gibt es einen prinzipiellen Unterschied zu allen bisherigen Vorgesprächen: Die beiden Söhne wissen alles über die Geschichte ihrer Eltern. Nichts wurde verheimlicht, Fragen sind immer offen gestellt worden. Die Kinder kennen alle Details aus den Jahren der Verfolgung.

So interessant und sympathisch die Reichs auch sind, so wenig passen sie in das Konzept des Films, denn schließlich beabsichtigen Ann und Sarah das in den meisten Familien dominierende Schweigen aufzuzeigen. Die Reichs gehören zu den wenigen Überlebenden, die ihr Schicksal offen ihren Kindern erzählt haben, ohne daß sie in eines der Extreme, das Totschweigen oder tagtägliches Überschütten mit Anekdoten aus der Nazizeit, verfallen wären. So reden sie jetzt über allgemeine polnische Politik, und Robert Reich erzählt Geschichten aus dem Jahr 1968, als die antisemitische Welle das ganze Land erfaßte.

Bald sind die zwei Stunden um, und Ann und Sarah machen sich auf den Rückweg. Das Auto steht vor der Tür – und Anton hat sich quer über die beiden Vordersitze gelegt und schläft tief. Als Sarah an die Scheibe klopft, schreckt er hoch und schämt sich ein wenig, bei seinem Nickerchen ertappt worden zu sein. Mittlerweile ist es schon fast dunkel, und in der Innenstadt staut sich der Verkehr. Es dauert über eine Stunde, bis sie sich endlich auf der Landstraße stadtauswärts befinden. Jetzt ist Ann die dritte im Bunde, der durch das Schaukeln auf holpriger Straße die Augen zufallen. Als sie wieder aufwacht, schlängelt sich Anton bereits durch die Straßen Warschaus.

Der nächste Tag gehört Rosa Pralowska und ihrer Tochter Martha Krupna. Rosa wohnt in einer grauen Betonsiedlung an einer breiten Ausfallstraße von Warschau. Die Gegend ist ungastlich, gesichtslos. Der Taxifahrer hat erhebliche Schwierigkeiten, die Zufahrt zum richtigen Haus zu finden, und setzt die beiden am Fußende eines auf einer Anhöhe gelegenen ellenlangen Häuserblocks ab. Die Stimmung hier – in einer Art Niemandsland – ist trist, hat etwas Deprimierendes. Auf grauen Mauern sind politische Parolen geschmiert. Ann und Sarah klettern eine Böschung hinauf und finden schnell die richtige Zeile.

Auf einem schmalen Gang, vorbei an einer verwaisten Schaukel, die nur noch an einer Seite notdürftig am Gestell befestigt ist, erreichen sie die Eingangstüre mit der Nummer einhundertsechsundzwanzig. Die Häuser sind hier so dicht gebaut, daß man auf dem Hof in die einander gegenüberliegenden Wohnungen spähen kann. Von einem Fenster im Parterre aus beobachtet eine ältere Frau ungeniert und aufmerksam jeden Schritt der beiden fremden Frauen. Hundegebell schreckt eine Taubenschar auf. Kurz darauf kommt ihnen ein mißmutig wirkender Mann mit einem schwarzen Boxer entgegen, den er fest an der Leine hält. Wie schon bei den Skumiczkis sind die Namensschilder durch Nummern ersetzt. Diesmal gibt es kein langes Suchen, die Zahl ist einfach zu merken: die drei.

Mit einem kurzangebundenen »welcome« empfängt Rosa Pralowska die beiden Besucherinnen. Sie, burschikos, hat ihre grauen dicken Haare zu einer Kurzhaarfrisur gestutzt, trägt klobige Plastiksandalen, einen langen braunen Rock und eine helle Strickjacke. Auch diese Wohnung hier ist klein, ja beengend. Verwelkte Topfpflanzen am Fenster erinnern an deutsche Amtsstuben. Durch den gehäkelten Gardinenstoff kann man einen verschwommenen Blick auf die leeren Wäschestangen im Hof ergattern. Die bunte Barbiekollektion auf einem Regal scheint ihrer Enkelin zu gehören. In einer Glasvitrine sind Romane und Sachbücher nach Sprachen sortiert. Rosa spricht fließend englisch. Wie Ann und Sarah später erfahren, hat sie die Sprache ausgerechnet im Ghetto Lodz erlernt: Ein deutscher Jude, der nach Lodz deportiert wurde, war ihr Englischlehrer.

Ohne große Einleitung fängt Ann an, Rosa über ihre Kindheit in Lodz zu befragen. Rosa erzählt, daß sie zwar nicht in einem jüdischen Viertel aufgewachsen ist, ihre Schulfreunde aber dennoch alle jüdisch waren, ebenso wie die Freunde ihrer Eltern. Mit einem Schmunzeln auf den Lippen erzählt sie die folgende Episode: »Es gab da einen Herrn im langen Mantel, der zu uns kam – ich weiß nicht, welche Beziehung er zu meinem Vater hatte –, er war ein orthodoxer Jude und hat immer nur Tee getrunken, aber nur im Glas und ohne Löffel. Muß ich das weiter erklären, oder nicht?« Ann und Sarah verstehen zwar, worum es geht, möchten aber doch Rosa selbst hören. Unaufgefordert fährt sie fort: »Also, es ist so: Ein Glas ist immer kosher, ein Löffel könnte aber ›treife‹, also unkosher sein.« Sie lacht laut los, wobei ihre grauen, brüchigen Zähne zum Vorschein kommen.

Rosa ist die einzige im Raum, die sich amüsiert, Ann und Sarah ziehen ihre Mundwinkel nur aus Höflichkeit nach oben, sie finden die Geschichte eher weniger amüsant. Sarah wechselt das Thema und fragt, welche Sprache sie zu Hause mit ihren Eltern gesprochen hat. »Polnisch«, sagt Rosa, »aber mein Vater bestand darauf, daß ich Fremdsprachen erlernte, doch gehörten weder Hebräisch noch Jiddisch dazu.«

»Rosa«, wirft Ann ein, »laß uns bitte über den Kriegsausbruch und die Zeit der Naziokkupation sprechen. Erinnerst du dich an den Tag, als die Deutschen in Lodz einmarschierten?« – »Ich glaube schon«, sagt Rosa, die nun jede Silbe einzeln ausspricht, »aber ich erinnere mich nicht genau. Es ist sehr schwer zu differenzieren, an was man sich wirklich erinnert und was man im nachhinein erzählt bekommen, gelesen oder in Filmen gesehen hat. Also, ich glaube, es war so: Am Vorabend des Einmarschs hat eine große Anzahl jüdischer Männer Lodz verlassen. Mein Vater gehörte zu ihnen, er wollte ostwärts.« Sie setzt kurz aus, um in einem überheblichen Ton anzuschließen: »Meine Eltern hatten so eine Vorahnung. Sie befürchteten, daß die Nazigesetze noch verschärft und Männer von Frauen und Kindern getrennt würden. Die Gefahr war anfangs für jüdische Männer größer als für die Frauen. Deswegen hat mein gottseliger Vater Shmuel den Fluchtversuch in den Osten gewagt.« Sarah rechnet im Kopf aus, daß Rosa zu diesem Zeitpunkt, im Jahre 1939, zwölf Jahre alt gewesen sein muß.

Das Telefon klingelt, sie müssen kurz abbrechen. Die Sprechmuschel schluckt widerstandslos die energischen Wortfetzen, die Rosa schrill in den Hörer spricht. Als sie auflegt, erklärt sie stolz, es sei dies eine neugierige Arbeitskollegin gewesen, die dachte, daß das Interview schon beendet sei, und nun erfahren wollte, wie es verlaufen sei. Anscheinend hatte Rosa mehreren Leuten vom Zusammentreffen mit den zwei Filmemacherinnen erzählt.

Nach der unfreiwilligen Pause hilft ihr Sarah, an das bereits Gesagte anzuknüpfen. Rosa beschreibt die erste Zeit unter der Besatzung als hart, nicht aber als lebensbedrohend: »Soweit ich mich erinnere, sind zu dieser Zeit Juden zwar verfolgt, aber nicht ermordet worden«, sagt sie. Ann und Sarah können Rosas Aussagen nur als Erlebnisbericht werten, wie sie das bei all den anderen Zeugenaussagen auch gemacht haben. Doch gerade diese Erzählungen sind es, die Geschichte lebendig machen und Fakten mit Leben erfüllen. »Vielleicht stimmt es nicht, aber so erinnere ich mich zumindest«, fügt Rosa hinzu. Zur Not habe sie immer noch das Buch ihres Vaters als Nachweis. Tatsächlich hat Shmuel Pralowski während der gesamten Zeit im Ghetto ein Tagebuch geschrieben, das bis heute erhalten ist. Ihr Vater war es auch gewesen, der ihr erzählt hat, daß Juden die Hauptstraße Piotrkowska nicht überqueren durften. Jüdische Männer wurden genötigt, die Straßen zu putzen, sonst hätten die Nazis ihnen die Schläfenlocken abgeschnitten und sie geschlagen.

Ann fragt, ob auch sie Demütigung und Folter am eigenen Leib erleiden mußte? Rosa überlegt kurz: »Nein, zumindest nicht am Anfang. Aber eines Nachts kam ein Nazioffizier in unsere Wohnung und hat meinen Vater geschlagen. Ich habe die lauten Hiebe und die unterdrückten Schreie gehört.« Und etwas kleinlaut fügt sie hinzu: »All das Leid, das ich als junges Mädchen erdulden mußte, ist nicht vergleichbar mit den Grausamkeiten, die andere Kinder gleichen Alters auszuhalten hatten. Ich wurde nie alleine gelassen und habe somit ganz andere Erfahrungen gemacht. Die ganze Zeit war ich von meinen Eltern beschützt.« – »Erzähl uns doch von dem Tag, an dem das Ghetto errichtet wurde und ihr umsiedeln mußtet«, bittet Sarah. »Erst gab es eine Bekanntmachung«, antwortet Rosa, »dann mußten die Polen aus den Häusern, die zum Ghettobezirk erklärt wurden, ausziehen. Dann wurden wir aus unseren Häusern vertrieben und mußten auf der Stelle mitgehen. Ich wollte unbedingt meinen Kanarienvogel retten, durfte aber nicht. Erst nahm uns ein Freund meines Vaters in seiner Wohnung auf, dort konnten wir aber nur kurz bleiben. Vielleicht eine Woche lang oder so. Dann mußten wir wieder umziehen. Am Anfang war das Ghetto noch nicht abgeriegelt. Mein Vater arbeitete für eine deutsche Fabrik, und es gab Leute, die uns ein wenig Essen brachten.« Im Ghetto lebten Rosa und ihre Eltern zunächst in einer Drei-Zimmer-Wohnung, die einem deutsch-polnischen Mitarbeiter ihres Vaters gehörte. Da die Familie des Arbeitskollegen aus dem zum Ghetto deklarierten Gebiet ausziehen mußte, stellte dieser die nun freistehende Wohnung den Pralowskis zur Verfügung. Doch schon nach kurzer Zeit wurde genau dieses Haus aus dem Ghetto ausgegrenzt. Nur zögerlich erklärt Rosa, warum. Das Haus sei an eine Ölfabrik angegliedert gewesen, doch nur das Wohnhaus habe zum Ghetto gehört, nicht aber die Fabrik. Genau zwischen den beiden Häusern wurde dann ein Stacheldraht gespannt.

Rosa bricht ab. Ann fühlt sofort, daß sie irgendetwas verbirgt, nicht erzählen möchte. Wirre Gedanken kreisen ihr durch den Kopf: ob Rosas Vater eine Sonderposition hatte? Ob er sich mit den neuen Machthabern arrangiert hatte? Die ganze Zeit schon hat sie so ein komisches Gefühl. Rein intuitiv. Vielleicht täuscht sie sich auch. Sie kann es kaum erwarten, bis sie beide wieder alleine sind und sie sich mit Sarah austauschen kann.

Rosa macht einen zeitlichen Sprung, und es dauert eine kurze Weile, bis Ann und Sarah realisieren, daß es sich jetzt nicht mehr um die gleiche Wohnung handelt, von der sie spricht. »Meine Eltern und ich, der Bruder meiner Mutter und seine Frau, ihre Mutter und ihr Bruder, wir alle lebten in dieser Wohnung«, erklärt sie. »Eines Nachmittags, wir hatten einen kleinen Garten, beobachtete ich etwas vom Fenster aus, das ich nie vergessen werde: Anzej, der Bruder der Schwägerin meiner Mutter – ich erinnere mich, daß er eine Glatze hatte –, arbeitete im Garten. Da kam plötzlich wie aus dem Nichts einer von der deutschen Schutzpolizei und erschoß Andrzej. Einfach so. Ganz ohne Grund. Das war meine erste Begegnung mit dem Tod, eine Szene, an die ich mich sehr genau erinnere, die ich nie vergessen kann«, sagt Rosa und atmet tief aus. Nervos streicht sie mit ihren winzigen Händen über ihre Oberschenkel. Aus Erfahrung wissen Ann und Sarah, daß es in solchen Momenten oft am besten ist, das Gespräch in die Hand zu nehmen, die Stille mit einer neuen Frage zu durchbrechen. Sarah gibt sich einen Ruck: »Die Stigmatisierung erfolgte aufgrund deines Judentums, deswegen mußtest du und deine Familie ins Ghetto ziehen. Hat dich das dahingehend beeinflußt, daß du dich jüdischer gefühlt hast?« Getroffen antwortet Rosa: »Nein, wir haben uns immer jüdisch gefühlt. Es war nicht so, daß die Nazis uns erst auf unsere jüdische Identität stießen. Dennoch, meine Muttersprache war polnisch, die Literatur, die ich gelesen habe, war polnisch, alles war polnisch.« – »Im Ghetto mußte jeder arbeiten, auch Kinder, was mußtest du denn tun?« fragt Sarah weiter. »Ich mußte im Korsettenressort arbeiten. Sie nannten es nicht Fabrik, sondern Ressort. Vorher besuchte ich noch drei Monate lang eine Schule, in der in polnischer Sprache unterrichtet wurde. Dort lernte ich auch jüdische Geschichte und hatte Religionsunterricht. Wir lernten sogar Jiddisch. Doch damit kam ich nicht weit. Ich kenne zwar das Alphabet, aber das ist es auch schon. Ich konnte, glaube ich, auch schreiben, heute habe ich es verlernt. Nach der kurzen Schulzeit arbeitete ich also im Korsettenressort«, antwortet Rosa. »Und deine ganze Familie blieb bis zur Liquidierung im Ghetto?« schaltet sich Ann ein. »Ja«, sagt Rosa schulterzuckend, »soll ich ernsthaft über diese Zeit sprechen oder, wie meine Tochter sagen würde, in verdrehten Witzen?« Beide schauen sie verunsichert an. Doch Rosa redet unbeirrt weiter: »Die Wahrheit ist die: Mein Vater wußte, was passieren würde. Er glaubte nie daran, daß die Transporte, die das Ghetto verließen, zur Arbeit fuhren.«

Wieder überkommen Ann diese erdrückenden Gedanken: Wieso wußte Rosas Vater von der Endstation der Transporte, vielleicht sogar von den Gaskammern? »Habt ihr offen zu Hause über die Züge, die das Ghetto verließen, gesprochen?« will sie wissen. »Ja. Meine Eltern hatten beschlossen, daß wir nicht mitgehen. Ich hatte Fieber, mein Vater hatte keine Schuhe. Meine Mutter entschied, daß er angesichts des kommenden Winters, es war August 1944, ein Paar Schuhe brauchte. Zu dieser Zeit waren ein Paar Schuhe genauso viel wert wie ein Laib Brot. So begann meine Mutter, an unseren kleinen Rationen Brot zu sparen. Als das Ghetto endgültig liquidiert wurde, hatten wir bereits ein ganzes Laib Brot angespart. Ihr könnt euch nicht vorstellen, welch ein Reichtum das war.« Sarah denkt sich, wieviel Kraft und Überwindung es erforderte, trotz der Hungersnot Brotrationen zu sparen. Rosa spricht weiter: »Meine Eltern haben mich in ihren Entscheidungen nie nach meiner Meinung gefragt. Und ich glaube auch nicht, daß meine Haltung anders als ihre gewesen wäre. So beschlossen sie, daß wir uns verstecken. Als erstes Versteck suchte mein Vater die Lagerhalle aus dem Papierressort aus, für das er arbeitete. Wir blieben ungefähr drei Tage – bis zur endgültigen Liquidierung des Ghettos. Dann haben wir mit Hilfe einiger Kollegen ein neues Versteck vorbereitet. Daran erinnere ich mich genau. Es war ein kleiner Raum, so groß wie meine Küche hier.« Rosa deutet auf die vier Quadratmeter große Küche, die vom hinteren Teil des Flurs abgeht. »Das Versteck lag hinter einem Wandschrank, wir mußten den Schrank öffnen, um in den Raum zu gelangen. Alles war voller Papierrollen, auch vor dem Fenster stapelte sich Papier bis unter die Decke. Wir schliefen auf den Stapeln und hatten keinen Zentimeter Freiraum zum Bewegen. Dort versteckten wir uns von August bis November 1944. Nur nachts trauten wir uns nach draußen, dann holten wir Wasser, sammelten Beeren und betraten auch die leeren Wohnungen …« Auf einmal wird es still im Raum. Rosa verstummt, sie beißt sich auf ihre dünnen Lippen. Sarah und Ann sehen, daß sie mit den Tränen kämpft. »Ich habe versprochen, nicht zu weinen …«, sagt sie leise,

»aber dies gehört zu den schmerzlichen Dingen, die ich nie vergessen, nie verarbeiten kann. Wißt ihr, während der Liquidierung des Ghettos zerrten die Deutschen, als sie in die Wohnungen eindrangen, die Menschen einfach vom Fleck weg mit. Die schlimmsten Erinnerungen an diese Wohnungen sind bis heute die noch gedeckten Tische mit Essensresten. Seit damals kann ich keine Essensreste auf Tischen ertragen.« Sarah kramt ein Papiertaschentuch aus Anns Rucksack und gibt es Rosa, die es dankbar annimmt, um sich die Tränen aus den Augen zu wischen.

Sarah nimmt Anns Stimme wie durch einen Wattebausch wahr, die nun Rosa fragt, ob sie davon ihren Kindern erzählt hat. Rosa entgegnet, daß sie eine sehr tolerante Mutter ist, aber daß sie es weder ihrer Tochter noch ihrem Sohn je erlaubt hat, vom Tisch aufzustehen, bevor nicht alles aufgegessen war. »Hast du ihnen erklärt, womit das zusammenhängt?« fragt Ann. »Ja, ich meine es ihnen erklärt zu haben, die Kinder wußten schon, warum kein Essen weggeworfen werden durfte.« – »Hast du auch mehr erzählt, und wollten sie Genaueres wissen?« meint Sarah. Rosa heftet ihren Blick auf Sarahs Hände und holt aus: »Manches muß man nicht erzählen oder aussprechen, ich bin sicher, daß gerade Martha vieles weiß. So ist das eben in vertrauten Familien. Wir brauchen keine Worte dafür, Martha hat gewisse Dinge gefühlt, hat bestimmte Verhaltensweisen bei mir akzeptiert, die sie von selbst auf meine Zeit im Ghetto zurückgeführt hat.«

Rosa hat sich wieder in der Gewalt und kommt noch einmal auf ihre Zeit im Ghetto zurück. Ganz nüchtern erzählt sie von einer anderen untergetauchten Familie, deren Versteck ein Jude aus unerklärlichen Gründen denunzierte. Gauleiter Bibow drang in deren Versteck ein und erschoß alle Insassen. Darauf folgte eine Kettenreaktion, und alle restlichen Verstecke wurden blitzschnell ausgehoben. Rosa und ihre Eltern entkamen jedoch dem Tod durch Erschießen, denn es war die Jüdische Polizei, die sie entdeckte. Rosa blickt, nun am Ende ihrer Geschichte angekommen, hoch und wartet auf weitergehende Fragen, doch Ann und Sarah haben nichts mehr hinzuzufügen. Sie helfen Rosa noch die leeren Tassen in die Küche zu tragen, und beenden dieses Gespräch mit der Überzeugung, Rosa und ihre Tochter für die Filmarbeiten auswählen zu können.

An diesem sonnigen Sonntagvormittag fallen Sarah die hohen, das Stadtbild dominierenden Kirchtürme besonders ins Auge. Sie sind auf dem Weg in eines der katholischen Gotteshäuser Warschaus. Rosas Enkelin feiert heute mit zwanzig anderen pubertierenden Mädchen ihre Erstkommunion. Viele hell leuchtende Farbtupfer stechen von weitem aus der Masse der Menschen heraus. Eltern und Verwandte begleiten ihre in festliches Weiß gehüllten Töchter in die Kirche. Auch Rosas Tochter Martha führt ihr rundliches Kind die Treppen hinauf. Kein Mensch würde auf die Idee kommen, daß die jüdischen Wurzeln der Enkelin nur eine Generation entfernt liegen. Nach jüdischem Gesetz ist immer die Mutter ausschlaggebend für die Religionszugehörigkeit: Kinder jüdischer Mütter sind Kinder Israels. Demnach ist auch die Tochter Marthas trotz Kommunion und christlicher Assimilation eine Jüdin. Doch reiht sie sich wie ihre gleichaltrigen Freunde in die Messe ein, begegnet dem Pfarrer mit Ehrfurcht, kennt die christlichen Gebete auswendig, bewegt ihre Lippen lautlos im Einklang mit den anderen.

Ann und Sarah sind nach der Zeremonie mit Martha verabredet. Sie wollen gemeinsam zu ihr nach Hause fahren, um die gestrige Unterhaltung mit ihrer Mutter zu ergänzen, um sich ein vollständiges Bild zu machen – und um sich definitiv klar zu werden, ob sie sich für Rosa und Martha als Protagonisten für den polnischen Filmpart entscheiden. Zu fünft quetschen sie sich in das Auto von Marthas vollbärtigem Ehemann. Die Kleine quengelt zwischen ihnen auf der Hinterbank und schaut mißmutig auf die ungebetenen Gäste. Für sie sind Ann und Sarah unwillkommen an diesem so bedeutsamen Tag. Marthas Wohnung liegt in einer freundlichen Gegend. Die Räume sind großzügig geschnitten, wunderschöne Antiquitäten schmücken das Wohnzimmer. Doch Martha führt ihren Besuch zielstrebig in ihr Arbeitszimmer. Die Regale quillen über vor Büchern. Der Bildschirm des Computers flackert unruhig, so als hätte sie vorhin alles stehen und liegen gelassen. Momentaufnahme einer Denkschmiede.

Ann und Sarah sitzen nebeneinander auf einer engen, ausziehbaren Couch. Martha sitzt ihnen gegenüber auf einem Bürostuhl auf Rollen. Wie bei einem Vorstellungsgespräch fängt sie nun zu sprechen an: »Mein Name ist Martha Krupna, ich bin sechsunddreißig Jahre alt, verheiratet und habe eine Tochter. Ich bin Linguistin und arbeite an der Universität Warschau.« Ann unterbricht sie und versucht, das Gespräch umgehend auf das eigentliche Thema zu lenken, weg von der sachlichen Wiedergabe von Daten und Fakten. Sie fragt: »Könntest du uns deine Kindheit beschreiben? Wie bist du aufgewachsen?«

Martha überlegt kurz und spricht: »Eigentlich gibt es nichts Besonderes. Nun, ich habe einen drei Jahre jüngeren Bruder. Als wir klein waren, lebte unsere Großmutter bei uns. Dann starb sie. Meine Kindheit war ganz normal.« Sie blickt zur Couch und wartet offensichtlich auf die nächste Frage. »Seit wann weißt du, daß du Jüdin bist?« fragt Sarah. »Immer schon«, entgegnet Martha, ihre Stimme klingt hart. Sarah hakt ungläubig nach: »Schon immer?« – »Ja«, erwidert Martha kurz angebunden, »schon immer.« – »Das wurde also nie verschwiegen?« hinterfragt Sarah skeptisch. »Nein«, betont Martha ärgerlich, »nie.« Im Raum ist es still. Ann denkt, daß dieses Gespräch schwierig wird, daß es nicht einfach wird, längere Sätze aus Martha herauszubekommen. Ihre Sprechpausen haben eine fast lähmende Wirkung. Ann setzt erneut an: »Wie hast du erfahren, daß du jüdisch bist? Hast du es von deiner Mutter erzählt bekommen?« Langsam formen Marthas spröde Lippen neue Worte: »Meine Familie war nicht religiös. Bei uns war eigentlich nur meine Großmutter fromm.« Wieder setzt sie aus, um dann aber fortzufahren: »Also, das ist eine Sache, mit der du aufwächst. Du lernst das nicht auf einen Schlag. Ich habe es von Anfang an gewußt. Wir waren assimiliert, und wir waren nicht fromm. Keiner praktizierte die Religion, außer meiner Großmutter, aber trotzdem weiß ich seit jeher, daß ich jüdisch bin.« Martha starrt die beiden mit ihren großen, braunen Glubschaugen provozierend an. Die Situation gleicht einem Verhör.

Sarah überlegt, an wem es hängt, daß so eine Spannung und Aggressivität in der Luft liegt. Vielleicht sind sie beide voreingenommen in dieses Gespräch hineingegangen. Von vornherein hatten sie ihre festgefahrene Meinung, und die katholische Messe hat sie in ihren Vorurteilen noch bestätigt. Es ist eine Tatsache, daß das Judentum in Polen zum Aussterben verurteilt ist. Nachkommende Generationen wachsen im Glauben Jesus auf, die eigenen Traditionen schwinden. Wohl deswegen sind Ann und Sarah schon Rosa mit einer unterschwelligen Wut begegnet, die hier nun offen zu Tage tritt. Warum gehen sie mit so viel schlechter Energie, so negativ vorbelastet in diese Zusammentreffen? Ist es denn rechtens, Martha diese Aggression spüren zu lassen? Ist ihre Antihaltung nicht eher Reaktion auf ihr eigenes Auftreten? Haben sie Martha nicht schon gestern abend insgeheim schuldig gesprochen, bevor sie ihr begegnet sind? Haben sie ihr nicht mangelnde Sensibilität zugeschrieben, ohne sie zu kennen? Sie haben sie angeklagt, die eigene Geschichte nicht erhobenen Hauptes weitergegeben und ihrem Kind keine jüdischen Werte vermittelt zu haben? Sie haben sie der Selbstverleugnung, der Verdrängung, des unlauteren Umgangs mit der Vergangenheit bezichtigt.

Nun sitzen sie also hier, und Martha scheint all dies zu spüren. Sie hat die kritischen und mißachtenden Blicke in der Kirche nicht übersehen. Sie ist eine intelligente Frau, der die Zwischentöne, der subtile, abwertende Tonfall in den Fragen nicht entgehen.

Sarah reißt sich zusammen und versucht, die mißliche Lage mit einem Lächeln und einer eher oberflächlichen Frage zu retten: »Habt ihr jüdische Feiertage zu Hause begangen, zum Beispiel Jom Kippur oder Rosch Hashana?« – »Nein, nein«, tönt Martha hart, »keine jüdischen Feiertage. Das alltägliche Leben war doch eher durch christliche Feiertage beeinflußt. Jedes Neujahr fuhren wir als Kinder mit unseren Eltern in Skiurlaub. Nur meine Großmutter war anders. Ich bekam mit, wie sie an Jom Kippur fastete, und ich erinnere mich, daß mir so die jüdischen Feiertage vorgelebt wurden. Dennoch sind sie nicht von uns praktiziert worden. Ich war Zuschauer, und durch den Tod meiner Oma ist all das ganz offensichtlich verschwunden.« Sarah merkt, wie Martha sich etwas lockert, doch Anns forsche Art zerstört die kurze Entspannung. Ann spricht Martha auf ihre Schulzeit an und fragt, ob sie jemals antisemitische Äußerungen in der Schule oder von Nachbarn zu hören bekommen hat. »Nein, nein«, behauptet Martha energisch. »Niemals?« fragt Ann erneut. Ein lautes Nein ist die Antwort. »Keine einzige kleine Geschichte, keine Episode, die du erzählen kannst, wo du Angst hattest, dich als Jüdin zu offenbaren?« fährt Ann fort. Stur kommt aus Martha ein langgezogenes »Nein«. Sarah versucht, Ann mit einem zaghaften Rippenstoß darauf aufmerksam zu machen, nicht wieder Grenzen zu überschreiten und zu stark zu provozieren. Gerade jetzt, nachdem ihr die Gedanken noch durch den Kopf geistern und Sarah sich der eigenen Mitschuld an dem angespannten Wortwechsel bewußt wird, läßt Ann die Stimmung wieder abstürzen. Sie hört sie wie von weitem unbeirrt sprechen: »Nach dem, was wir wissen, ist dies sehr untypisch. Wir hörten, daß viele jüdische Kinder ihre Religionszugehörigkeit verschweigen, um Problemen aus dem Weg zu gehen. In den Schulen hat man sich über diese Kinder lustig gemacht.« Nun antwort Martha gar nicht mehr. Da greift Sarah ein und sagt gespielt leger: »Nun zu deiner Mutter. Sie ist eine Überlebende des Lodzer Ghetto. Erinnerst du dich daran, wie sie dir zum erstenmal von ihrem Schicksal erzählt hat?« – »Nun«, sagt Martha, »das kam immer stückchenweise. Nie wurde die ganze Geschichte erzählt. Meine Großmutter erwähnte so einiges. Ein bißchen hier, ein bißchen da. Es gibt eine Anekdote, von der ich aber erst erfuhr, als ich schon erwachsen war. Und das kam so: Ich wollte bald heiraten, was eine überraschende Entscheidung von meinem Mann und mir war. Ich erklärte also meinen Eltern, daß ich demnächst heiraten wüde. Meine Mutter sagte, sie hätte nichts gegen diese plötzliche Entscheidung einzuwenden. In der Kriegszeit nämlich, als sie im Ghetto in Lodz lebte, sind zwei Kollegen von ihr die Kartoffelration abholen gegangen. Anstatt der Kartoffeln brachten sie jedoch einen Trauschein nach Hause, denn als sie in das Büro des Judenältesten gekommen waren, war der Rabbi vor Ort, die Kartoffeln aber nicht. So haben sie dann geheiratet.« Sie schmunzelt und wartet auf eine wohlwollende Reaktion, so daß Ann und Sarah aus Höflichkeit lachen. Der Humor der Familie Pralowski ist nicht ganz der ihre.

Ann fragt weiter: »Hast du in der Schule von der Shoah erfahren? War das ein Thema?« – »Ja«, sagt Martha, »das war ein Thema, weil wir über den Zweiten Weltkrieg unterrichtet wurden. Wir hörten von den Nazis und den Konzentrationslagern, wir erfuhren, daß sie Polen, Juden, Zigeuner und jeden umgebracht haben und ...« Martha hält ein. »Kannst du dich erinnern, wie das war, nach so einer Unterrichtsstunde über die Shoah, wenn du dann nach Hause kamst?« schließt Sarah an. »Bist du dann zu deiner Mutter gegangen und hast ihr Fragen gestellt?« – »Daran kann ich mich nicht erinnern. Ich weiß es nicht mehr. Ich meine, es war kein Schock, denn wenn es einer gewesen wäre, würde ich mich ja jetzt daran erinnern«, meint Martha teilnahmslos. »Und in der Schule?« fragt Sarah weiter. »Hast du jemals angefangen, von zu Hause zu erzählen, über deine Mutter, was sie durchgemacht hat?« – »Nein«, antwortet Martha, »ich kann mich nicht erinnern, so etwas gemacht zu haben. Später vielleicht, auf dem Gymnasium unter Freunden. Ja, da kann es schon passiert sein.« – »Du kennst dann wahrscheinlich gar nicht die ganze Geschichte deiner Mutter, oder?« fragt Ann.

Martha stimmt ernsthaft zu, und Ann merkt an, daß auch sie darüber nachgedacht hat, warum ihre Mutter ihr nie die ganze Geschichte erzählt hat. Sie sei inzwischen zu dem Entschluß gekommen, daß dies eine individuelle Entscheidung sei, ob man den eigenen Kindern die schrecklichen Erlebnisse vermittelte oder nicht. »Man will doch seinen Kindern etwas beibringen, was ihnen im Leben hilft«, sagt sie in den Raum und fügt hinzu: »Man will ihnen Werte vermitteln oder ihnen helfen, mit dem Leben fertig zu werden. Vielleicht hat meine Mutter gefühlt, daß einige Erfahrungen ihres Lebens mir helfen würden und andere eben nicht. Und daß diese eher eine Art Hindernis wären. Sie hat sich nie für einen Märtyrer gehalten. Meine Mutter wird es wenig hilfreich oder nützlich gefunden haben, über all diese Dinge zu sprechen. Vielleicht wollte sie dies alles als Teil der eigenen, sehr persönlichen Lebensgeschichte vergessen.« – »Und was glaubst du?« fragt Ann: »Sollte dies alles am besten vergessen werden, oder hättest du dir gewünscht, daß sie dir mehr erzählt?«

Martha überlegt kurz und sagt: »Ich denke, es sollte als Teil der Geschichte niemals vergessen werden, der allgemeinen Geschichte, meine ich. Aber das persönliche Erleben schmerzt einen Menschen. Deswegen ist es besser, dies zu vergessen.«

Martha fährt sich mit der Hand durch den buschigen Rundschnitt ihrer braunen Haare. Es kehrt jetzt wieder eine lange Pause ein, und Sarah befürchtet, daß Martha das Gespräch für beendet hält, doch sie täuscht sich: Martha redet weiter und erzählt eine Geschichte von ihrer Mutter, die einen jüdischen Bekannten getroffen hat, der irgendwo in Europa lebt. Er hat zu ihr gesagt:

»Schau, immer wenn ich jemanden Neuen kennenlerne, dann frage ich mich dasselbe: Hätte er mich versteckt?« Als Martha dies von ihrer Mutter gehört hat, dachte sie, daß kein Mensch grundlos für die Schrecken der Vergangenheit verantwortlich gemacht werden dürfe. Das Überleben dieses Juden wurde für ihn zum Handicap im Leben, zu einer Erschwernis, die seine gesamte Perspektive auf das Leben bestimmte. Martha meint: »Ich bin sehr froh, daß meine Mutter nie diese Haltung anderen Menschen gegenüber eingenommen hat, und ich bin froh, daß meine Mutter mir dies auch nie beigebracht hat. Vielleicht kann man ja auch sagen, daß, wenn man mich mit dem Holocaust nicht vertraut gemacht hätte, ich heute eine andere Einstellung Menschen gegenüber hätte.« – »Deine Mutter ist Überlebende der Vernichtungspolitik der Nazis. Hat dies nicht deine Erziehung beeinflußt?« fragt Sarah. Marthas Stirnfalten kräuseln sich zusammen, als holte sie zu einer langen Antwort aus, doch dann kommt wieder nur ein kurzes Nein. Aber langsam redet sie nun doch weiter und sagt bestimmend: »Ich habe mir nie vorgestellt, mit einer anderen Mutter zu leben. Sie war nie verängstigt oder zu beschützend. Meine Eltern gaben mir viel Selbstvertrauen und Freiheiten. Später erzählte mir meine Mutter einmal, daß sie immer Angst gehabt hat, wenn wir weggingen, und doch hielt sie uns nie davon ab.« – »Ganz normal also?« murmelt Ann. »Ja, normal«, wiederholt Martha.

Sarah wechselt das Thema und spricht Martha auf ihren Freundeskreis an: »Hast du denn jüdische Freunde?« Martha bestätigt dies mit einem Kopfnicken und einem gleichgültigen Augenaufschlag. Eigentlich sei es ihr egal, ihre Freunde seien zufällig auch Juden. Das habe keinen Einfluß auf ihre Freundschaften. »Aber was bedeutet es für dich, Jüdin zu sein?« fragt Ann. »Das ist etwas Normales, etwas, das ich eben bin«, definiert Martha. »Aber was ist normal?« möchte Ann genauer wissen. »Ich habe es doch schon gesagt, ich bin nicht fromm aufgewachsen. Ich kenne aber die jüdische Geschichte, ich habe einiges über die jüdische Religion gelernt, genauso wie ich auch das Christentum und Prinzipien anderer Religionen studiert habe. Ich wollte eben alles erfahren, alles verstehen. Polnisch ist meine Muttersprache. Ich spreche weder jiddisch noch hebräisch«, meint sie und zündet sich die erste Zigarette an. Sarah kommt der Einladung prompt nach und zieht ebenfalls leidenschaftlich Nikotin ein.

Es ist eine paradoxe Situation: Martha redet trocken und distanziert über ihre Religion, und doch sitzt sie hier Sarah und Ann sehr demonstrativ gegenüber. Stolz trägt sie ein weißes T-Shirt, auf dem ein überdimensionaler blauer Davidstern aufgedruckt ist, umgeben von hebräischen Schriftzeichen. Als wollte sie einem unterdrückten Gefühl Ausdruck verleihen, sich selbst sowie Ann und Sarah etwas beweisen. Assoziativ spricht Sarah sie darauf an, ob sie schon in Israel gewesen sei. Martha bejaht dies. »Was war das für ein Gefühl für dich in Israel, dem jüdischen Staat?« fragt Sarah weiter. Martha dreht sich auf ihrem Stuhl einmal um die eigene Achse, holt tief Luft und setzt an: »Es ist ein schönes Land, und ich mag die Menschen dort, aber...« Sie überlegt angestrengt und sagt dann: »Ich fühlte mich nicht so heimisch wie in anderen Ländern, die ich bereist habe. Ich bin viel herumgekommen, und in Israel hatte ich keineswegs den

Eindruck, in meine spirituelle Heimat zurückzukehren.« Martha wartet auf die nächste Frage, das Thema Israel ist für sie abgeschlossen.

Ann beugt sich nach vorne zu ihr und möchte gern mehr über das Zusammenleben mit ihren nicht-jüdischen Freunden in Polen erfahren. Vehement betont Martha, daß sie keine Unterschiede macht zwischen Juden, Moslems oder Farbigen. In angespannter Tonlage fragt Ann danach, ob diese nicht-jüdischen Freunde und Bekannte sie je zu ihrer Herkunft befragt haben. »Schon«, sagt Martha, »manchmal kläre ich sie auf, wenn sie etwas nicht verstehen, was mit jüdischer Kultur zu tun hat, dann bin ich die erste, die gefragt wird. Sie erwarten, daß ich mehr darüber weiß. Sie mögen es, wenn man ihnen Geschichten erzählt über jüdische Bräuche oder religiöse Ideen, über Besonderheiten der Religion.« – »Ist Judentum für dich nur eine Religion?« wirft Sarah ein, »ist es nicht mehr? Ist es nicht auch das Gefühl, einem Volk anzugehören?« – »Sicher«, sagt Martha, »es ist eine Religion. Du mußt aber nicht religiös sein, um dies zu fühlen. Wir benutzen zu Hause dafür den deutschen Begriff Jüdischkeit. Hinter ihm verbirgt sich anderes Essen, andere Bräuche, Sprüche und Redeweisen und die besondere Umgangssprache, die man in den Familien spricht. Bei uns hat es viele jiddische Ausdrücke gegeben.« – »Du bist doch offensichtlich ein vielseitig interessierter Mensch«, stellt Ann in den Raum, »wie erklärst du dir, daß du nicht so sehr daran interessiert bist, was deine Mutter im Zweiten Weltkrieg durchlebt hat? Du weißt nicht, was ihr zugestoßen ist, was sie gefühlt hat, wie sie einen Tag erlebt hat, vom Morgen bis zum Abend?« – »Vielleicht will ich das gar nicht wissen«, spricht Martha überzeugt, »oder vielleicht will ich gar nicht fragen. Wenn sie das Bedürfnis gehabt hätte, uns etwas zu erzählen oder zu erklären, dann hätte sie es auch getan. Wenn sie das Gefühl hat, sich mitzuteilen, dann tut sie das. Wahrscheinlich hat sie diesen Bedarf nicht verspürt, und ich respektiere ihre Gefühle. Aber irgendwie ist ihre Vergangenheit nie ein Thema gewesen. Es gab andere Dinge, die wichtiger waren.«

Martha lehnt sich zurück, dann spricht sie weiter: »Für uns beide gab es Wichtigeres als Geschichte.« Sarah ist gereizt und wiederholt: »Geschichte?« Beschwichtigend meint Martha: »Ja, ihre persönliche Geschichte eben. Das Ghetto und die Zeit danach, das war etwas, von dem ich in Bruchstücken wußte, in das ich nie tiefer eindringen wollte. Und sogar jetzt, da doch viel mehr darüber gesprochen wird als vor zwanzig Jahren, will ich sie immer noch nicht fragen. Ich möchte sie einfach nicht zu einem persönlichen Striptease zwingen. Aber dennoch: Wir sind uns sehr nahe und offen zueinander. Ich denke, daß sie zu vergessen versucht. Naja, vielleicht nicht vergessen, aber irgendwie hat sie das alles als Teil ihrer Lebensgeschichte akzeptiert. Es ist fünfzig Jahre her. Vielleicht mag ich sie auch mehr als Mensch, wie sie heute ist. Ein Gespräch hat eben nie stattgefunden, und dann kommt ihr und fragt mich, warum nicht? Ich weiß es nicht.« – »Aber glaubst du nicht, daß du in gewisser Hinsicht mitverantwortlich bist für die Geschichte deiner Mutter? Möchtest du diese Geschichte nicht deinem Kind oder anderen weitergeben?« schließt Sarah an. »Ja«, meint Ann zustimmend, »wir sind doch die Nachkommen, und soviele kennen die Geschichte der eigenen Eltern nicht!« – »Nun, ich fühle mich schon verantwortlich, die Geschichte zum Beispiel meiner Tochter zu erzählen«, entgegnet Martha, »ihr ihre Wurzeln zu erklären. Aber die Verantwortung liegt nicht nur darin, ihr zu sagen, daß sie jüdisch ist, sondern auch darin, ihr zu vermitteln, daß Menschen ganz verschieden sind. Daß man Unterschiede respektieren muß, und daß Menschen das Recht auf ihre Religion und ihre Nationalität haben.« Martha entrüstet sich: »Man kann doch nicht sagen, jemand sei schlechter, weil er jüdisch oder christlich, schwarz, gelb, grün oder was auch immer ist.«

Ann überlegt: Warum nur fühlt sich Martha so angegriffen? Es muß ein wirklich schweres Los sein, in Polen mit einer gebrochenen Identität aufzuwachsen. In gewisser Hinsicht ähneln die inneren Konflikte wohl denen vieler Juden in Deutschland, denkt sie sich. Martha hat ihre kühle Art für einen Moment abgelegt, erstaunt hören Sarah und Ann zu, wie sie sich ereifert: »Allgemeiner gesprochen, meine ich, daß der Holocaust nicht vergessen werden darf. Als Warnung. Weil er etwas ist, das nicht hätte passieren dürfen. Er ist geschehen, er darf nicht wieder geschehen. An keinem Ort, zu keiner Zeit, nie.« Ein schöner, pathetischer Schlußsatz, denkt Sarah und hofft insgeheim, daß Ann keine weiteren Fragen stellt und sie das Gespräch hier beenden. Ihre Sorge ist unbegründet – Ann bedankt sich jetzt höflich bei Martha und teilt ihr nur noch die Daten für die Filmarbeiten im Frühling nächsten Jahres mit.

Miriams Konfrontation

Es ist Mai 1995, Ann und Sarah sind schon zwei Tage früher als das Team nach Polen angereist, um die Dreharbeiten vorzubereiten. Sarah lehnt an einer Säule in der Ankunftshalle des Warschauer Flughafens, zieht an einer Zigarette und hält nervös nach Sammi und Miriam Ausschau. Es fällt ihr nicht so leicht, die beiden von weitem im Strom der Passagiere zu identifizieren. Wenn Sarah müde ist wie jetzt, läßt ihre Sehfähigkeit stark nach. So glaubt sie immer wieder, in kleingewachsenen Männern Sammi und in rundlichen Frauen Miriam zu erkennen. Erst beim Näherkommen derselben merkt sie dann, daß es sich um andere Personen handelt. Während Sarahs Augen durch die Menge kreisen, wird sie von Ann beobachtet. Ann hat sich auf einem der häßlichen weißen Plastikstühle niedergelassen, die in Dreierreihen in der schmucklosen Halle aneinandergeschweißt sind. Aus der Lautsprecheranlage verkündet eine blecherne Frauenstimme fremd klingende Namen in perfektem Polnisch und Abflugs- und Ankunftszeiten in gebrochenem Englisch. Ann hört, daß die Maschine aus Deutschland mit zehn Minuten Verspätung gerade erst gelandet ist. Daraufhin schlendert sie gemütlich hinüber zum Zeitschriftenladen und blättert in dessen internationalem Sortiment.

Als sich Sarah nach Ann umdreht, sieht sie auf deren Platz eine Mutter mit kreischendem Baby auf dem Schoß, doch ihre Freundin ist verschwunden. Nervös irrt Sarah durch die Menge der Wartenden, doch vergeblich. Ann ist wie vom Erdboden verschluckt. Dann aber schreckt sie ein lautes »Sarah, Sarah« auf. Doch es ist nicht Ann, die ihren Namen ruft, sondern Miriam. Erfreut schließt Sarah beide Ankommenden in die Arme.

Miriam und Sammi sind in ihrer Begrüßung etwas zurückhaltender. Sarah und Ann konnten schon in Hannover nicht richtig deuten, ob das hin und wieder distanzierte Verhalten von Miriam eher ihrer Unsicherheit zuzuschreiben ist oder aber einer gewissen Antipathie Ann und Sarah gegenüber. Sammi fragt, ob Ann nicht mitgekommen sei. Sarah nickt und sagt: »Doch, doch, sie kommt gleich. Ihr könnt ja schon mal vorlaufen zum Taxistand, ich hole sie schnell.« Hektisch macht sich Sarah auf die Suche nach ihrer Freundin, die seelenruhig in einer Musikzeitschrift blättert und völlig die Zeit vergessen hat. Als sie plötzlich in unmittelbarer Nähe ein vertrautes Husten hört, hebt sie den Kopf, erblickt Sarah, pirscht sich von hinten an sie heran und erschrickt sie. Verärgert, aber auch erleichtert dreht Sarah sich um, ohne sich ihre Mißstimmung anmerken zu lassen. Statt dessen schenkt sie Ann ein breites Grinsen. Im Laufschritt verlassen sie das unfreundliche Gebäude und drängeln sich zu Sammi und Miriam durch, die in der Menschenmenge um ein freies Taxi ringen.

Zwei Stunden später kommen sie in Lodz an. Das Hotel wirkt nicht gerade einladend. Eine miefige Eingangshalle erinnert an alte DDR-Zeiten. Hinter einer niedrigen hölzernen Vorrichtung sitzen zwei wasserstoffblond gefärbte Mitvierzigerinnen. Konzentriert lackiert sich die eine die Nägel in Pink, während vor dem Tresen über zehn Leute darauf warten, in ihre Zimmer einchecken zu können. Die andere notiert im Schneckentempo Paßnummern und verteilt Registrierformulare. Sichtlich erschöpft von der Reise setzt sich Miriam auf ihren Koffer, bis ihr Vater endlich an der Reihe ist, die Papiere auszufüllen. Es dauert ewig, bis alle vier endlich die Zimmerschlüssel erhalten haben. Sammi und Miriam gehen müde nach oben. Ann und Sarah müssen noch auf das eigens aus Israel eingeflogene Kamerateam warten. Die drei Israelis sind länger als gedacht mit einem gemieteten Kleinbus von Warschau nach Lodz unterwegs. Über eine Stunde verharren Ann und Sarah auf zwei unbequemen Stühlen in der Halle, bis endlich das Team eintrifft: Gilli, der gutaussehende, graumelierte Kameramann, Eli, der schwarzgelockte, sympathische Tonmann, und Jacob, der breitschultrige Kameraassistent. Mittlerweile stehen keine Gäste mehr um Schlüssel an, so daß sie sich jetzt nur noch für morgen zum Frühstück verabreden, um dann alle in die verwanzten Betten zu fallen.

Ann verbringt eine schlaflose Nacht. Das Zimmerfenster ist gekippt, damit der unerträgliche Gestank nach Mottenpulver abziehen kann. In der Dunkelheit hört Ann in regelmäßigen Abständen einen Zug rattern und pfeifen. Sofort ist die Assoziation da: rollende Züge in Polen, Eisenräder des Todes, Bahnstationen, für die es keine Rückfahrscheine gibt. Während Sarah im Bett daneben gleichmäßig atmet, wälzt sich Ann von einer Seite auf die andere, ohne in den ersehnten Schlaf zu gleiten. Tränen rinnen ihr über die Wangen, die Last der Vergangenheit besetzt ihr Denken, ihren Körper. Im Halbschlaf entwickelt ihre Phantasie einen surrealen Ablauf von Schreckensbildern: ihre Eltern, der Vater von Sarah, der Vater von Tess, beides überlebende Czernowitzer Juden, und ihre Oma. Alle laufen sie einem Zug nach, den sie nicht bekommen, vergeblich versuchen sie, auf die fahrenden Güterwagen aufzuspringen. Da rutscht eine Tür auf, und Ann sieht, daß sie und Sarah am Boden im Waggon sitzen. Ann schreckt hoch. Aufrecht sitzt sie im Bett, kalter Schweiß steht ihr auf der Stirn. Es dauert einen Moment, bis sie realisiert, wo sie ist. Schwankend schlüpft sie in ihre Schuhe und läßt sich in der gekachelten Duschzelle lauwarmes Wasser über ihr Gesicht laufen. Bevor sie sich wieder hinlegt, geht sie lautlos hinüber an Sarahs Bett und drückt deren heraushängende linke Hand. Sie muß sich noch einmal vergewissern, daß alles eben nur ein Traum war.

Am nächsten Morgen bemerkt Sarah, daß Anns Augen rotumrandet und geschwollen sind. Sie fragt ihre Freundin, was denn passiert sei. Aber Ann ist nicht nach Reden zumute. Sie schnappt sich ihre Sonnenbrille und meidet während des Frühstücks jeden Blickkontakt. Sarah macht sich Sorgen, sie weiß nicht, was los ist, doch es gibt keine Möglichkeit, in Ruhe mit Ann zu sprechen. Ein langer Tag steht ihnen bevor, ein Tag voller Emotionen, ein Tag auf den Spuren der Vergangenheit.

In einem Kleintransporter sitzen sie zu siebt, eng aneinander gepreßt, und lassen sich von dem polnischen Fahrer in das ehemalige Wohnhaus von Sammi fahren. Miriam ist ganz in Schwarz gekleidet und verbirgt ihre Augen hinter einer dunklen großen Sonnenbrille. Zögernd öffnet Sammi das Tor und läuft einen langen Gang voran, der auf einen geräumigen, von anderen Häuserfronten eingerahmten Hinterhof führt.

Eli, Gilli und Jacob sind ein sensibles Team. Gilli versteht es, auch intime Momente mit der richtigen Distanz zu filmen. Sein Assistent Jacob hat sich den Fuß verletzt. Humpelnd eilt er Gilli hinterher, um ihm bei der Lichteinstellung oder dem Kassettenwechsel zu helfen. Man spürt, daß sich alle miteinander verstehen, eine elementare Voraussetzung für das bevorstehende Eintauchen in die Vergangenheit. Leise fängt Sammi an zu sprechen: »Hier im Hof habe ich als Junge mit meinen Freunden Fußball gespielt.« Er wendet seinen Blick ab, und seine Augen scheinen das Fenster zu suchen, hinter dem er einst mit seiner Familie gelebt hat. Zögernd deutet er mit seiner rechten Hand auf den ersten Stock und meint dann aufgeregt: »Hier, hier, hinter diesem Fenster lag unsere kleine Wohnung. Da lebte ich mit meinen Eltern und meinem Bruder, bis die Nazis einmarschierten und wir von einer Minute auf die andere aus den Häusern getrieben wurden. Alle mußten wir gehen.« – »Und ihr seid alle bereitwillig mitgegangen?« fragt seine Tochter ungläubig. »Ja, wir hatten keine Wahl, es war ein Geschrei, ein totales Chaos. Man konnte sich nirgends verstecken, wohin auch? Überall waren Nazis, wir hatten schreckliche Angst.« Miriam nickt: »Das muß entsetzlich schlimm gewesen sein.« – »Die schlimmste Zeit war allerdings im Ghetto, als die SS-Leute uns bewachten«, fügt Sammi hinzu. Erneut schweift sein Blick nach oben, als würde er darauf warten, daß sich plötzlich ein Fenster öffnet und seine Mutter herausschaut und den Jungen nach oben zu kommen bittet. Stumm entfernt er sich und sucht für einen Moment die Abgeschiedenheit. Kurz darauf beschließen sie, diesen Ort zu verlassen und weiterzufahren.

Als sie sich dem ehemaligen Ghettogelände nähern, steigen sie aus, um das Viertel zu Fuß abzugehen. Sarah kann sich schwer vorstellen, daß hier einst hundertvierundvierzigtausend Juden auf engstem Raum zusammenleben mußten. Die kalten Steine sind Zeugen toter Geschichte, nur Sammi erweckt die Gegend durch seine Worte zum Leben. Es dauert nicht lange, und sie erreichen die gesuchte Straße, eine menschenleere Sackgasse, wo nun wie aus heiterem Himmel mehrere Mädchen und Jungen aus einem Hinterhof zielstrebig auf Miriam zusteuern und sie in lauten unverständlichen Worten um etwas bitten. Sammi klärt lachend die Lage auf: »Sie glauben, Miriam sei eine amerikanische Sängerin, und möchten Autogramme von ihr.« Als er das gesagt hat, lachen alle. Die Situation ist skurril. Miriam kramt nach einem Kugelschreiber und schreibt ihren Namen auf schmutzige Papierfetzen, die ihr entgegengehalten werden. Tatsächlich hat Miriam eine gewisse Ähnlichkeit mit der farbigen Soulsängerin Chaka Khan.

Im Gänsemarsch folgen sie Sammi nun zur gesuchten Hausnummer und laufen durch einen düsteren, dreckigen Gang. Sammi zögert plötzlich, das Haus durch die angelehnte Türe zu betreten, und sagt: « Es fällt mir nicht leicht, wie ihr seht, hier nach oben zu gehen. Da kommen sicher alle schrecklichen Erinnerungen wieder.« Er wendet seinen Kopf zu Miriam und sagt: »Hier habe ich meine schlimmste Zeit verbracht. Außer im Konzentrationslager war es nirgends so schlimm wie in diesem Haus. Hier haben wir gehungert, ja sind fast verhungert. Wir hatten manchmal tagelang nichts, aber auch gar nichts zu essen.« Miriams Miene ist wie versteinert. Ihre Unbeschwertheit hat sich verflüchtigt, ihr Äußeres verhärtet. Sammi stößt nun doch mit dem Fuß die beschädigte Tür auf und blickt befangen nach oben. Seine Finger klammern sich an das baufällige Geländer. Ganz langsam steigt er die Treppen in den ersten Stock hinauf. Auf dem obersten Absatz hält er inne: »Weiter gehe ich nicht, es fällt mir zu schwer. In diesem Haus habe ich meine Familie zum letztenmal gesehen.« Als Miriam diese Worte hört, dreht sie sich um. Ihr Kinn zittert, mit aller Kraft unterdrückt sie aufkommende Tränen. Dann ist mit einem Mal nur noch das Knirschen der morschen Treppen zu hören. Sammi steht alleine im Halbschatten, auch seine Mundwinkel zucken.

Kurzerhand entschließt sich Sarah, Miriam hinterherzulaufen, sie möchte sie mit ihren Gefühlen nicht alleine lassen. Von weitem erkennt sie, wie Miriam sich, gegen eine Mauer gelehnt, Tränen aus dem Gesicht wischt. Langsam geht Sarah auf sie zu, die kurze Andeutung eines Lächelns von Miriam ermutigt Sarah. Ihre Präsenz scheint nicht unerwünscht. Sie setzt sich neben Miriam auf den flachen Mauerabsatz und legt ihr behutsam den Arm um die Schulter. Schluckend sagt Miriam: »Ich wollte es mir zwar anschauen, aber es war eben doch zu viel für mich. Wenn ich mir vorstelle, daß mein Vater da oben vor Hunger fast gestorben ist. Ich will da doch nicht zu tief hineinschauen, nicht zu viel wissen. Es nimmt mich mehr mit, als ich dachte.« Nickend hört Sarah zu, ohne ein Wort zu erwidern. Nur langsam beruhigt sich Miriam wieder, es scheint ihr gut zu tun, angehört zu werden, offen reden zu können. Komisch, denkt Sarah, ich fand Miriam den ganzen Tag über so kühl, sie hat die Erzählungen ihres Vaters so distanziert aufgenommen, hat so sachlich nachgefragt, sie wirkte nahezu unberührt. Aber das war offensichtlich nur ihr Selbstschutz. Sarah gesteht sich ein, daß sie und Ann wieder einmal zu vorschnell geurteilt haben. Miriam ist nicht gefühlskalt, sondern ängstlich. Wie lange hat sie wohl dieses Kapitel der eigenen Familiengeschichte vor sich hergeschoben, ohne dessen Seiten zu öffnen? Jetzt, da sich erstmals der Deckel zur Vergangenheit um einen Haarspalt hebt, schrumpft sie zusammen, erschrickt.

Miriam reißt Sarah aus ihren Gedanken – sie bittet um Feuer. Sie sitzen nun wortlos nebeneinander und warten darauf, daß die anderen aus dem Haus herauskommen. Sarah erkennt von weitem, daß Sammis Augen gerötet sind, er hat sich bei Ann eingehakt, gemeinsam überqueren sie die Straße und kommen direkt auf Miriam und Sarah zu. Zwischen Vater und Tochter fällt kein Wort, obwohl beide sichtlich ergriffen sind. Keine Umarmung, keine Berührung, kein längerer Blickkontakt. Sie können ihre Gefühlswelten nicht miteinander teilen.

Erschöpft sitzen alle vor ihren überfüllten Plastiktabletts an kleinen runden Tischen. Die ersten Frühlingsstrahlen lassen zu, daß man draußen an der Luft essen kann. Das Restaurant mit den genießbarsten Speisen in Lodz gehört zur amerikanischen McDonalds-Kette. Big Macs, Hamburger Royals, Pommes frites und Colas füllen die leeren Mägen. Keiner unterhält sich in diesem Moment mit dem anderen, vielmehr stopft jeder gierig das Junk Food in sich hinein.

Ann und Sarah waren den ganzen Tag über mit der zehnköpfigen Familie Blau an Schauplätzen ihrer Kindheit und des Ghettos in Lodz unterwegs. Mittlerweile ist es bereits fünf Uhr nachmittags, und alle sind seit heute früh ohne eine Pause durch die Stadt geirrt. Dem Ehepaar Blau war klar, daß sie diese Reise in ihre Vergangenheit nur einmal im Leben durchführen würden. Schon in Israel hatte sich für Lana und Manu die Frage gestellt, wer sie nach Lodz begleiten würde. Bis sie endlich den Entschluß faßten, daß sie das Heilige Land nur in Begleitung ihrer beider Söhne und deren Familien verlassen. So kamen denn auch Alon mit Frau und Kind, sein Bruder Igal mit Frau und drei Kindern nach Polen. Ann und Sarah wissen, wie schwer es für Lana und Manu gewesen ist, diesen Schritt zu wagen. Zurück an den Ort zu kommen, an dem sie in ihrer Kindheit liebevolles Zusammensein wie schmerzlichste Trennungen erfahren mußten. Jetzt ist die erste Aufregung vorbei, die Ernüchterung und gleichzeitige Erleichterung des Elternpaars ist zu spüren. Auch Alon wirkt deutlich entkrampfter als heute morgen.

Die Reise am Vormittag hatte um neun Uhr begonnen, als sich insgesamt fünfzehn Personen um einen Platz im Bus drängelten. Ann und Sarah hatten einen Minibus für die ganze israelische Familie gemietet, damit sie alle gemeinsam den Erklärungen Lanas und Manus folgen können. Ann hatte ihre Zweifel, ob es bei dieser lebhaften Meute aus Israel jemals zu brauchbaren Filmaufnahmen kommen würde, doch als sie die zwei wackligen Bustreppen erstiegen und sie einen ersten Blick in den gelben Minibus geworfen hatte, sah sie nur noch ernste Gesichter. Die fröhliche, immerzu durcheinander quasselnde aufgeweckte Familie verwandelte sich binnen Minuten in eine schweigende Menge. In der hintersten Reihe hatte sie Sarah entdeckt, ganz alleine, keiner saß neben ihr. Die drei angrenzenden Plätze in ihrer Reihe waren noch frei. Stumm bewegte sich Ann den schmalen Mittelgang entlang, wobei sie sich mit den Händen an den Sitzlehnen abstützte. Zielstrebig steuerte sie auf den freien Platz neben Sarah zu, vorbei an den Familienmitgliedern, die sich in den vordersten Reihen plaziert hatten.

Alle warteten jetzt nur noch auf das Kamerateam. Von ihrem Fensterplatz aus entdeckte Sarah den Grund der Verzögerung: Eli war dabei, den Kontaktstecker für den Ton in die Kamerabuchse zu stöpseln, die Mikrophone zu überprüfen und die Lautstärke an seinem Aufnahmegerät einzupegeln. Sein kleiner Kopf verschwand fast unter den Kopfhörern. Jacob, der Assistent, verstaute die aufgeladenen Akkus in seinem Riesenrucksack und legte eine leere Beta-Kassette in die Kamera ein. Jacob hatte erst vor zwei Jahren den obligatorischen dreijährigen Militärdienst beendet. Sein Rucksack, vollgestopft mit nützlichen Utensilien für mögliche Notfälle, schien ein Überbleibsel aus seiner Zeit in der Armee zu sein: eine Rolle Klopapier, ein Schweizer Taschenmesser, Verbandszeug, Kopfschmerztabletten, stilles Wasser, Streichhölzer, ein Feuerzeug, ein Block und Kulis. Gilli saß auf dem Bordstein, beobachtete hin und wieder seine beiden Kollegen und zog genüßlich an einer filterlosen Zigarette. Endlich stiegen die drei in den Bus.

Resolut nannte Manu dem Busfahrer die erste Station. Ann war überrascht, diesen strengen Ton hatte sie von ihm noch nie zuvor gehört. Alle Gesichter starrten aus den verschmierten Scheiben hinaus auf die Straßen. Hier und da war eine Erklärung Lanas oder Manus zu hören: »Seht ihr hier, ja hier«, und mit dem Zeigefinger deutete Lana beim Vorbeifahren auf ein Grundstück, »wo jetzt der Parkplatz ist, da war meine Schule.« Die einzigen, die sich unterhielten, waren die ehemaligen Lodzer, doch leider auf polnisch, so daß der Rest nichts verstehen konnte. Aber anhand ihrer Gesten konnte man erkennen, daß sie das heutige Straßenbild mit ihrer Erinnerung in Verbindung zu bringen versuchten.

Sarah beobachtete Alon, der nervös zu sein schien. Die gelassene Ruhe vor Fahrtbeginn war dahin. Hektisch drehte sich sein Kopf hin und her, er blickte seine Eltern an, die rechts von ihm saßen. Vergeblich versuchte er dem polnischen Gespräch zu folgen. Schließlich ermahnte er seine Eltern, Hebräisch zu sprechen, er wolle ihre Worte verstehen und nicht erraten müssen, worüber sie sich austauschen. Kaum hatte er seinem Ärger Luft gemacht, wechselten sie die Sprache, als sei nichts geschehen.

Den ganzen Tag über hatten sich Ann und Sarah im Hintergrund aufgehalten und aus der Distanz jede Regung verfolgt. Die beiden waren mal wieder stille Beobachter in den Straßen von Lodz, auf den Spuren der Freude und des Leids. Lodz blieb von den Bombardierungen der Alliierten verschont, so daß die alten Gemäuer noch stehen.

Als nächstes hatten sie das Geburtshaus Lanas aufgesucht – unverändert stand es da. Ihre ganze Familie hatte in diesem heute verblaßten Altbau gelebt, der vor dem Krieg im Besitz ihres Großvaters war.

Vom Innenhof aus beschrieb sie jedes hinter den zahlreichen Fenstern verborgene Zimmer. Auch lustige Anekdoten und schöne Erinnerungen füllten ihre Erzählungen. Alon stellte keine einzige Frage, er hörte gespannt zu, ohne sich von seiner einjährigen Tochter ablenken zu lassen, die auf seinem Rücken in einem Babyrucksack strampelte.

Die nächste Suche hatte Manus einstigem Wohnhaus gegolten. Die Entfernung war zu weit, um zu Fuß hin zu gelangen. Als der Bus in die gesuchte Straße einbog, schrie er aufgeregt: »Schaut alle nach rechts, bald muß das Haus kommen.« Ruckartig drehten sich alle Köpfe in die angegebene Richtung, erwartungsvoll suchten ihre Augen nach einem Stück greifbarer Geschichte. »Welches war es?« fragte Manus ältester Enkel Noah, nachdem sie nun sechs Häuser hinter sich hatten und sich vor ihnen nur noch eine Wiese erstreckte. Manu antwortete nicht, sein Kopf senkte sich, er preßte seine Hände zusammen. Der Busfahrer fragte auf polnisch, wo er halten soll. Doch aus Manus Mund war kein Laut zu vernehmen.

Lana anwortete für ihren Mann, sie bat den Fahrer, an der Straßenecke zu parken. Es war still im Bus, nicht einmal das Baby schrie. Jeder dachte sich seinen Teil, warum Manu verstummt war. Sarah flüsterte in Anns Ohr: »Er ist gewiß so ergriffen, weil er das Wohnhaus gesehen hat.« Ann stimmte ihr nickend zu. Endlich schaute Manu wieder auf, und diesmal war Alon derjenige, der ihn fragte, welches Haus es denn war. Manu hatte sich aus der ersten Reihe erhoben, blickte nach hinten und sprach alle an: »Wenn ihr euch umdreht und nach hinten schaut, dann seht ihr nichts als eine Wiese.« Alle wandten ihre Köpfe in Richtung Heckscheibe. Zwischen Ann und Sarah drängten sich jetzt Noah, Adam und Rifka, die Kinder von Igal. »Da, genau da stand unser Wohnhaus, nichts ist mehr übrig, nicht einmal mehr kalte Steine«, fügte Manu zitternd hinzu. Ann drehte sich um und sah Manu an, der mit dem Busfahrer die Stadtkarte von Lodz studierte und ihm Anweisungen für die Weiterfahrt erteilte – er wollte nicht aussteigen.

Der Bus fuhr also weiter. Diesmal führte der Weg zu Manus ehemaligem Schulgebäude. Welch ein Glück, es stand noch, die Freude auf seinem Gesicht war nicht zu übersehen. Während die gesamte Mannschaft kurz das Gebäude aus der Nähe betrachtete, lehnten sich Ann und Sarah an den Bus, um ihre Eindrücke auszutauschen. Erschütternd, dachte Ann, muß das für einen Überlebenden sein, in die Stadt seiner Kindheitserinnerungen zurückzukehren.

Den beiden Filmemacherinnen jedoch wurden nicht einmal die wenigen Minuten an Zweisamkeit hier zugesprochen, der Assistent Jacob fühlte sich von ihnen »angezogen«. Er nutzte jede freie Minute, um sich Sarah oder Ann mitzuteilen, sie zu veräppeln, über das Land Polen zu fluchen oder politische Prognosen für sein Land

Israel aufzustellen. Beide waren nicht in der Lage, ihm die Aufmerksamkeit zu verweigern, und so kam es dazu, daß sie kaum die Möglichkeit hatten, ihre Gedanken unter vier Augen zu verbalisieren. Nur für die Interviews oder Kameraeinstellungen hatten sie sich die nötige Zeit zum Gespräch genommen und sich dabei von niemandem beirren lassen.

Es dauerte nicht lange, und die israelische Familie war wieder zum Bus zurückgekehrt. Das Frühlingswetter hatte nun alle animiert, zu Fuß in das ehemalige Ghettogebiet zu gehen. Manu und Lana waren noch Kinder, als sie von Lodz nach Auschwitz deportiert wurden. Über fünfzig Jahre hatten sie ihre Geburtsstadt nun nicht mehr betreten. Trotz der langen Abwesenheit waren ihnen die Straßen von Lodz so vertraut, als hätten sie die Gegend jeden Tag in Gedanken durchkämmt. Nicht ein einziges Mal kamen sie in die Verlegenheit, einen Passanten nach dem Weg fragen zu müssen. In fast jeder Straße war ein Brocken Vergangenheit präsent. Häuser, Plätze und Geschäfte nahmen alte Konturen an. »Seht ihr den Gemüseladen, da war früher die Schneiderei von Abraham Gelder«, erwähnte Manu und wies mit ausgestrecktem Arm auf ein karges Geschäft zu seiner Rechten, das in der Auslage je eine Kiste Orangen, Äpfel, Tomaten und Kraut ausgestellt hatte. Am unteren Ende der Straße wiederum war es Lana, die sich lebhaft erinnerte: »Es ist nicht zu glauben, aber in diesem Haus wohnte meine Schulfreundin Bebale. Ihr älterer Bruder David ärgerte uns jedesmal, wenn ich sie besuchte.« Viele solcher kurzer Anekdoten begleiteten den Rundgang der Israelis und der beiden Frankfurterinnen.

Der Weg bis zur ehemaligen Ghettoabgrenzung dauerte

eine ganze Weile, doch die Neugier und zugleich die Anspannung der beiden alten Menschen ließ alle körperlichen Strapazen vergessen. Nichts erinnerte an das Ghetto – das heutige Areal wurde von den polnischen Bewohnern zu einer ganz normalen Wohn- und Arbeitsgegend aufgebaut. Fast ununterbrochen war das laute Klingeln der Straßenbahnen zu hören. Tante-Emma-Läden hatten ihre spartanisch bemessene Ware ausgestellt, die Bürgersteige dienten den Kindern als Spielplatz, eilige Menschen huschten an ihnen vorbei. Einige Plakate klebten an unverputzten Mauern.

Nichts erinnerte an das Grauen. Die jüdische Geschichte war wie vom Erdboden verschluckt. Keine Gebete von Gläubigen hallten in den Höfen, keine jiddischen Lieder klangen aus offenen Fenstern, kein röchelnder Husten drang durch die Wohnungstüren, kein Blut klebte an den Straßenrändern. Der Alltag dominierte die Stadt, nur Eingeweihte konnten die Gedenkplakette finden, die ein Stück Erinnern ermöglichte.

Sie bogen nun alle in einen düsteren Hinterhof ein, und Lana fing an, über ihren Tagesablauf im Ghetto zu berichten. Die ersten eineinhalb Jahre war sie noch zur Schule gegangen, dann wurde auch sie zur Arbeit eingezogen. Während sich alle um Lana gruppiert hatten und ihren Worten lauschten, starrten fremde Gesichter aus den umliegenden Fenstern und beobachteten die Eindringlinge mißmutig. Doch Lana ließ sich von nichts irritieren und deutete auf eine schmutzige, von braunem, morschen Holz eingefasste Scheibe im ersten Stock. Hinter dem Fenster verbarg sich die Stube, in der sie mit ihren Eltern und den zwei kleinen Schwestern hauste. Mit ihrer eindrucksvoll tiefen, sensiblen Stimme fesselte sie alle ihre Zuhörer. Es war nicht zu verkennen, daß gerade Alon und sein älterer Bruder Igal an ihren Lippen klebten und jedes Wort aufsaugten, zumal sie nun eindringlich die schrecklichen Massendeportationen des Sommers 1944 schilderte.

Ann hatte das seltsame Empfinden, in Lanas Worten zu versinken, die Sätze drangen an ihre Ohren und verselbständigten sich zu eigenständigen Bildern. Lana erzählte: »Ich lief zu meinen Großeltern, klopfte an der Wohnungstür, aber niemand machte auf. Ich rief: Oma, Opa, öffnet, öffnet doch endlich, ich bin es, Lanale! Ich hörte aber kein Echo aus dem Zimmer. Ich klopfte wie wild und schrie nach ihnen, doch drinnen rührte sich absolut nichts. Auch die Nachbarn aus den angrenzenden Wohnungen reagierten nicht. Keiner betrat oder verließ das Haus. Vor Wut drückte ich die Klinke nach unten, die Tür war tatsächlich nicht verschlossen, alles, was ich vorfand, war ein großes Durcheinander. Der Schock saß tief, ich ahnte Schlimmes. Die Nazis hatten mir meine Großeltern entrissen. Alle sprachen von den Zügen, die Menschen an unbestimmte Orte brachten. Das ganze Wohnhaus war menschenleer, ich fürchtete mich, die Treppe hinabzusteigen. Ich übersprang die Stufen in Windeseile, heulend rannte ich, so schnell ich konnte, zu meinen Eltern, und hier, wo ich jetzt stehe, traf ich meinen Vater, ich umarmte ihn und erzählte von dem Unglück. Mein Vater wußte bereits, daß sie am Morgen zum Sammelplatz gegangen waren, so wie man es von ihnen verlangt hatte. Verzweifelt machte er mir nun klar, daß auch wir uns am nächsten Morgen dort einzufinden hätten. Gemeinsam aßen wir unsere minimale Brotration am Abend, anschließend packten wir das Nötigste für die Zugfahrt mit ungewissem Ziel. Die Nazis hatten durch eine öffentliche Bekanntmachung die Richtlinien festgelegt, die wir eingehalten hatten. Auf dem Bahnhof trennten sie unsere Familie. Mein Vater, euer Großvater«, Lana schaute ihre Söhne Alon und Igal an, »wurde in die entgegengesetzte Richtung gezerrt. Seine letzten Silben zu uns waren: Wir treffen uns nach dem Krieg in Lodz! Seine Augen waren dabei mit Tränen gefüllt.«

Lanas Erzählung hatte Ann in ihren Traum, in dem sie mit Lana in Lodz gelebt hatte, zurückversetzt. Die Assoziationen gingen nun soweit, daß Ann in ihrer Phantasie Lana begleitete: Sie erlebte mit ihr den Weg zu den Großeltern, den Schock, sie nicht anzutreffen, das Packen ihrer armseligen Habe und die Trennung von ihrem Vater am Bahnsteig. Wie Lana steckte sie in der Schuluniform: blauer Rock, weiße Bluse, weiße Söckchen und Sandalen. Viel zu schön war sie angezogen für das Leben im Ghetto, aber so entsprach dies ihrem Bild von Lana im Traum. Ann fühlte sich elend, gefangen von ihrer Imagination. Still und heimlich schlich sie sich vom Innenhof. Angestrengt probierte sie, auf andere Gedanken zu kommen, versuchte, sich von den sie einengenden Bildern zu befreien. Das Schicksal Lanas ist nicht ihres, doch die eindringliche Schilderung und die persönliche Affinität zu Lana erschwerten es ihr, die in solchen Momenten notwendige Distanz zu wahren. Ann lehnte an einer Hauswand, ihr Blick schweifte über die befahrene Straße. Plötzlich bemerkte sie, daß sie nicht alleine war. Jacob hatte sich unbemerkt an sie herangeschlichen. In diesem Moment war Ann Jacobs Gegenwart sogar sehr angenehm, durch seine unbefangene Art gelang es ihr abzuschalten.

Die anderen standen noch im Hof, als plötzlich ein Pole aus dem zweiten Stock herunter brüllte. Keiner außer Manu und Lana verstanden seine Worte. Lana reagierte sofort und antwortete ihm etwas eingeschüchtert. Alle wollten jetzt begreifen, was los ist, ganz durcheinander fragte einer den anderen, was der Mann gesagt hatte. Lana setzte sich, sichtlich erregt, Richtung Straße in Bewegung, die anderen folgten ihr. Im Laufen faßte sie des Mannes Worte auf hebräisch zusammen: »Wir sollen verschwinden, wir haben hier nichts zu suchen, hat er geschimpft. Daraufhin habe ich ihn aufgeklärt, daß ich während des Krieges hier gelebt habe. Und wißt ihr, was er geantwortet hat? Das habe er sich schon gedacht, daß wir Juden seien. Ob wir denn nicht endlich das Vergangene der Vergangenheit überlassen könnten. Kaum seien Juden in der Stadt, sei Unruhe. Alle paar Jahre trieben sich Juden auf seinem Grundstück herum, das störe ihn. Wir sollten doch da bleiben, wo wir herkommen.«

Lana verstummte und senkte nun ihren Kopf, ihre weißen, schulterlangen Haare fielen ihr ins Gesicht. Traurig wandte sie sich ab und schlug einen schnelleren Schritt ein. Sarah war wie gelähmt, alte Ängste überfielen sie. Was, wenn dieser Pole jetzt herunterkäme und sie gewaltsam von seinem Besitz vertrieb?

Sarahs Angstausbruch hängt mit der Reise von 1988 zusammen, wo sie auf der Straße als Juden beschimpft worden sind. Kein Aufenthalt in Polen, ohne daß ihr nicht mindestens einmal etwas Antisemitisches zu Ohren kommt. Und dies, obwohl die Nachkriegsgeneration persönlich kaum einen Juden kennt. Im ganzen Land leben inzwischen nicht mehr als zweitausend Juden, und noch heute werden sie allzu oft zum Sündenbock gestempelt. Im Gegensatz zu vielen voreingenommenen Deutschen scheuen es die Polen nicht, ihren Neid, ihre Haßgefühle und ihren Unmut Juden gegenüber offen auszusprechen.

Ganz ihren Gedanken zugetan, bewegte sich Sarah immer langsamer voran, bis sie wie verwurzelt unter dem gebogenen Hofeingang stehenblieb. Sie hatte die anderen aus dem Blick verloren. Als sie sich umdrehte, sah sie, daß auch Manu wie verankert auf dem grauen, zerbröckelten Steinboden stand. Ganz alleine verharrte er dort, starrte wie hypnotisiert ins Leere. Sarah zögerte, auf Manu zuzugehen, da kam Alon um die Ecke, an Sarah vorbei, ging auf seinen Vater zu und stellte sich neben ihn. Sein Körper wirkte steif, er hatte in etwa dieselbe starre Position wie Manu eingenommen. Im Duett fixierten sie den Polen, der Schock über die verletzenden Sätze steckte beiden in den Gliedern. Sarah entfernte sich unauffällig und schlenderte zum Bus. Mittlerweile hatte auch Ann von dem Zwischenfall erzählt bekommen. Da sie um die Ängste Sarahs weiß, wieder in dieses Land gekommen zu sein, lief sie ihr entgegen und nahm sie fest in die Arme. Worte allein konnten Sarah dieses entsetzliche Bedrücktsein nicht nehmen, aber die Vertrautheit einer engen Freundin, die ihr zu verstehen gab, bei ihr zu sein, war die bestmögliche Medizin. Schließlich erschienen auch Manu und Alon wieder.

Inzwischen war es Nachmittag, alle waren hungrig und erschöpft. Manu teilte seiner Familie mit, sie sollten das Ghettoareal verlassen, es gäbe hier nichts mehr anzusehen. »Wir sind nicht willkommen, wir sollten lieber freiwillig gehen, um nicht ein zweites Mal aus Lodz vertrieben zu werden«, fügte er bedauernd hinzu. Also waren sie in die Stadtmitte gefahren und im McDonalds gelandet.

Nach der Mahlzeit setzte sich Alon zwischen Ann und Sarah. »Welche Empfindungen hast du nach diesem Tag?« beginnt Ann ein Gespräch. »Es fällt mir schwer, das zu formulieren«, Alon unterbricht seinen Satz, überlegt kurz, dann spricht er weiter: »Das schlimmste für mich ist, daß ich meine Eltern habe weinen sehen. In diesem Moment blieb mir der Atem weg«, seine Hand umfaßt seinen stämmigen Hals, »ich wußte nicht, wie ich in dieser beklemmenden Situation reagieren sollte. Als wir das Grundstück meines ermordeten Großvaters betraten, sah ich die Augen meiner Mutter funkeln. Da spürte ich Freude in mir, daß sie noch einmal ihr Geburtshaus wiedersieht und die dazugehörigen Erinnerungen durchleben konnte. Doch genauso stark hat sich bei mir eingeprägt, wie sie mit uns in den zweiten Stock des Nebenhauses gegangen ist, um uns zu zeigen, wo ihr Cousin und ihre Cousine gewohnt haben. Binnen Sekunden sind ihr dicke Tränen übers Gesicht gelaufen. Wortlos ist sie an uns vorbeigelaufen, ist das Treppenhaus hinuntergestiegen und im Freien verschwunden. Wie hätte ich ihr denn helfen können? Welche Stütze kann ich ihr sein? Auch die Enttäuschung meines Vaters mitanzusehen, anstatt des Wohnhauses seiner Kindheit nur noch eine Wiese vorzufinden, war hart. Wie hätte ich ihn trösten können? Da bin ich beiden keine Hilfe. Trotz allem habe ich einige Fragmente zusammensetzen können, habe neue Erzählungen gehört. Vor Ort das Wenige gesehen zu haben, erleichtert mir, ihre wenigen Erzählungen in eine mir nun nicht mehr unbekannte Gegend einzusetzen. Ich bin nur noch zum Teil meiner Phantasie ausgeliefert.«

Weder Ann noch Sarah müssen weiterfragen, Alon redet wie ein Wasserfall. In kurzen Abständen visiert er mit treuem Blick seine kleine Tochter, die auf dem Arm seiner Frau eingeschlafen ist. »Ich wuchs mit ihrem Schmerz auf. Mit diesem einmaligen Aufenthalt werden sich meine Gefühle nicht ändern, es ist ihr erlebtes Leid und nicht meines. Für mich ist dies hier eine Art Besichtigungstour, in der nichts, bis auf die Schilderungen und die Steine, an die Geschichte erinnert. Für meine Eltern ist das eine Reise in ihre Vergangenheit, sie durchleben alles anders. Im nachhinein wird bei ihnen das vielleicht mehr auslösen als bei mir. Untereinander werden sie sich viel zu sagen haben. Sie kannten sich weder vor dem Krieg noch während ihrer Gefangenschaft im Ghetto. Erst nach der Befreiung lernten sie sich kennen und lieben, und so ist es für beide auch etwas Neues, vom Lebensgefährten ein Stück Kindheit gesehen zu haben. Ich denke, der Dialog zwischen ihnen und mir wird sich weiterhin auf ein Minimum beschränken. Das Tabuisierte wird selbst dadurch, daß ich nun die Plätze hier in Lodz kenne, verborgen bleiben. Wie soll denn plötzlich – nach sechsunddreißig Jahren – eine neue, offene, ehrliche Art von Beziehung entstehen?«

Getrennte Wege

Heute ist der letzte Drehtag in Lodz, und diesmal begleiten sie Martha und ihre Mutter durch das ihnen bald schon vertraute ehemalige Ghettogebiet. Martha war vor Antritt dieser Fahrt sehr skeptisch. Allzuoft war sie bereits mit ihrer Mutter in Lodz, hat mit ihr Freunde besucht, der Großteil der Familie ist auf dem alten jüdischen Friedhof beerdigt. Dennoch hat Rosa es nie als ihre persönliche Pflicht empfunden, ihrer Tochter die Plätze der Vergangenheit zeigen zu müssen. Martha hat dies wiederum nicht weiter verwundert, sie meint, es sei typisch für ihre Mutter, daß sie die Orte ihrer Jugend in Lodz nie mehr aufgesucht habe.

Jetzt eilen sie alle im Schnellschritt Rosa hinterher, hetzen von einem Fleck zum nächsten, auf der Suche nach dem Haus, in dem einst das Versteck lag. Das Team hat einige Schwierigkeiten, die richtigen Bilder einzufangen, denn Martha und Rosa laufen getrennt voneinander die Straßen entlang, wobei Martha demonstrativ ihre Gleichgültigkeit signalisiert. Rosa verbirgt ihre Aufgeregtheit hinter ihrer beschwingten, forschen Art, die Gegend zu erkunden, die sie seit gut fünfzig Jahren nicht mehr betreten hat. Und dies, obwohl sie nach dem Krieg noch vierzehn Jahre mit Vater und Mutter in Lodz gelebt hat. Doch dieses Viertel war für sie tabu gewesen. Als Rosa glaubt, den richtigen Eingang zum Versteck wiedererkannt zu haben, läßt Martha sich ganz von der Gruppe abfallen. Rosa deutet auf ein vergittertes Fenster und erklärt, zu Ann und Sarah gewandt, daß genau dahinter das Versteck war.

Zielstrebig geht Rosa in das düstere Treppenhaus. Zwei paffende, halbstarke Jungs lungern auf den Stufen und bombardieren Gilli sofort mit Fragen. Sie wollen offensichtlich wissen, für welchen Fernsehsender er arbeitet. Im Parterre liegen zwei Wohnungen hinter massiven Holztüren – an die eine klopft Rosa. Von innen ertönt eine rauhe Frauenstimme, kurz darauf wird die Tür um einen Spalt geöffnet. Die Bewohnerin streckt den Kopf heraus und erwidert Rosas Bitte um Einlaß mit heftigem Kopfschütteln. Sie verweigert jegliche Auskunft und läßt die Tür mit einem lauten Knall zurück ins Schloß fallen. In diesem Moment öffnet sich die gegenüberliegende Wohnungstür, und die noch unfreundlichere Nachbarin legt sich lauthals mit Rosa an. Rabiate Worttiraden hallen in dem dunklen Flur. Gilli und Eli dokumentieren den Aufruhr, sie halten die keifenden Worte der Alten auf Band fest. Dann fällt auch die zweite Tür mit einem Schlag zu. Draußen wartet Martha, die von dem Wortgefecht nichts mitbekommen hat. Rosa scheint abgehärtet, denn vor allem sind es Ann und Sarah, die sich bestürzt über den Rausschmiß zeigen. Rosa äußert sich nicht weiter über den Vorfall, den genauen Wortlaut der Beschimpfungen will sie nicht preisgeben. Der angebrochene Tag findet so ein vorerst unrühmliches Ende.

Während Rosa im Kombi gemeinsam mit dem Team Richtung Warschau zurückfährt, sitzt Martha zwischen Ann und Sarah in dem kleinen Lada von Anton, dem Fahrer. Es dauert nicht lange, und zwischen den drei jungen Frauen entzündet sich ein lebhaftes Gespräch. »Es ist kein Tabu«, stößt Martha aufgeregt hervor, »es kam bloß nie zur Sprache. Es gab wichtigere Dinge zu besprechen. Dieser Tag heute war genauso, wie ich es mir vorgestellt habe. Nichts ist mehr wie früher, das einzige, was sie gefunden hat, ist das Versteck. Mich interessiert es nicht sonderlich, in alten Häusern herumzustöbern.« – »Aber es sind doch nicht irgendwelche Häuser, sondern es handelte sich um den Ort, an dem deine Mutter überleben konnte. Hast du kein Verlangen, das alles aus nächster Nähe zu sehen, mit ihr zusammen dort zu stehen, ihren Ausführungen zuzuhören, vielleicht selbst ein paar Fragen zu stellen?« fragt Ann. »Nein«, antwortet Martha nüchtern, »habe ich nicht. Ehrlich gesagt, interessiert mich Geschichte nicht. Noch nie. Mir war es immer wichtiger zu wissen, wie meine Familie nach dem Krieg gelebt hat.« – »Aber du weißt doch, daß ein Teil deiner Familie ermordet wurde?« meint Sarah, entrüstet über Marthas Desinteresse. »Ja, das weiß ich«, antwortet sie aggressiv, »aber man kann überall, auch unter anderen Umständen ermordet werden. Meine Mutter hatte sogar mehr Glück als andere, weil die Familie die ganze Zeit zusammenbleiben konnte. Sie hatte immerhin ihre Eltern.«

Marthas Feststellung hängt schwer in der Luft. Ann kurbelt das Fenster ein Stück hinunter und atmet die erfrischende Brise tief ein. Da beginnt Martha wieder zu sprechen: »Meine Mutter hat nie über früher geredet – und es dennoch nicht vergessen. Sie hat alles in ihrer Erinnerung aufbewahrt, aber tagtäglich beeinflußt sie das nicht.« – »Glaubst du denn, daß sie sich vielleicht schämt, dir mehr zu erzählen?« überlegt Sarah laut. »Nein.« – »Aber du kennst sie nur als starke Frau, oder?« – »Nein, ich kenne auch ihre Schwächen. Sie brüstet sich nicht mit ihrem Leid. Wenn sie etwas erzählt hat, wenn schon das Thema aufgekommen ist, hat sie gleichzeitig immer betont, wie verloren, ängstlich und depressiv sie war.« – »Würde es dich verletzen, wenn du mehr darüber wüßtest?« fragt Ann. Martha stützt die Ellenbogen auf ihre Knie und sagt mit niedergeschlagenen Augen: »Es verletzt einen, wenn es wie ein Schock kommt. Wenn ich es Stück für Stück erfahren würde, dann wäre ich vorbereitet. Ich weiß mehr oder weniger, was den Menschen in dieser Zeit zugestoßen ist. Aber ich weiß nicht, welche dieser Dinge meiner Mutter passiert sind.« Dabei lehnt sie sich wieder nach hinten und blickt Sarah an. Ihre Aussprache ist plötzlich weicher, als sie anfängt, von der Beziehung zu ihrer Mutter zu sprechen: »Sie hat mir Stärke beigebracht. Das Leben zu akzeptieren, wie es ist, mit schwierigen Situationen umzugehen. Sie beklagt sich nie. Sie nimmt die Dinge, wie sie sind, schlechte und gute. Das hat sie mir weitergegeben, und ich finde das sehr wichtig für mich. Mich selbst zu akzeptieren. Ich hatte nie Identitätsprobleme, ich habe immer akzeptiert, eine polnische Jüdin zu sein. Das habe ich von meinen Eltern gelernt. Auch Werte wie Toleranz, die ich wiederum meiner Tochter weitergeben konnte.«

Im Wagen ist es still, nur noch das Motorengeräusch ist wahrzunehmen. Martha ist sichtlich darum bemüht, ihre Gedanken zu ordnen, nachdenklich redet sie weiter: »Ich denke, daß meine Mutter und ihre Familie sich sehr bemüht haben, nach dem Krieg zur Normalität überzugehen. Ich glaube nicht, daß meine Mutter je Probleme mit ihrer Identität oder ihrem Wertegefühl hatte. Sie wußte auch immer genau, wie sie mich erziehen sollte, so daß ich eine Erfüllung verspürte. Vielleicht hat das etwas mit ihrem Beruf als Ärztin zu tun. Sie wurde so oft mit Fragen über Leben und Tod konfrontiert, daß sie eine andere Perspektive auf das Leben hat. Ich kann mir vorstellen, daß ihr Dasein als Ärztin ihr hilft, mit der eigenen Geschichte umzugehen. Sie ist mental eine sehr starke Frau. Ich weiß das. Ich habe gesehen, wie sie mit dem Tod umgeht: mit dem ihrer Mutter und dem Tod meines Vaters.« – »Da magst du recht haben«, meint Sarah, glücklich, daß Martha aufgetaut ist. Sie findet, daß in ihren Worten viel Wahres ist. Es ist jetzt der richtige Moment, etwas auszusprechen, was ihr schon länger auf der Zunge liegt: »Hängt das alles nicht auch damit zusammen, daß du in Polen lebst und du die Vergangenheit wegstecken mußt, um hier normal leben zu können?« – »Ja, ihr müßtet mich doch am besten verstehen, es kann doch nicht so anders sein in Deutschland. Es müßte dort doch eigentlich noch schwieriger sein, oder?« meint Martha und dreht den Kopf zu Ann. Diese nickt nur kurz. Wie Blitze schlagen die Gedanken in ihrem Kopf ein. Martha hat einen äußerst empfindlichen Punkt getroffen.

Nicht selten fühlt sie sich in Deutschland unwohl in ihrer jüdischen Haut. Sarah denkt da anders, sie empfindet sich als Deutsche. Schon oft haben sie beide darüber diskutiert, ausufernd, grenzenlos. Die ewige Frage nach dem eigenen Selbstverständnis: als Jüdin oder als Deutsche. Die abgenutzten, immer wiederkehrenden Argumente klingen in ihren Ohren. Wie oft wurden sie schon darauf angesprochen, und wieviele Stunden werden sie noch damit verbringen, anderen und sich selbst ihre Existenz im Land der Täter zu rechtfertigen? Es stimmt, was Martha sagt, es ist nicht leicht. Wer könnte es besser nachvollziehen, dieses Leben im Ungewissen, als sie? Im Gegensatz zu ihr hat Sarah in dieser Frage Frieden mit sich geschlossen. Aber oft denkt sich Ann, daß auch tief in Sarahs Herz ein Stück rebelliert. Ihre Meinung, ihr Empfinden ist im Grunde auch gar nicht entscheidend: Die Umwelt ist es, die einen zum Fremden, zum Andersartigen stempelt.

Ann schreckt hoch, als sie Sarahs vertraute Stimme hört: »Martha, hängt deine passive Verhaltensweise heute nachmittag damit zusammen, daß du den für dich richtigen Umgang mit der Geschichte gefunden hast?« Marthas Antwort ist präzise: »Ich weiß nicht, was gewesen wäre, wenn ich meine Mutter früher gefragt hätte, aber mein Verhalten wird sich nicht mehr drastisch ändern.« – »Hast du eigentlich jemals ein Vernichtungslager in Polen besucht?« schaltet sich Ann wieder ein. »Nein!« ruft Martha, »nie.«

Etwas besonnener allerdings fügt sie hinzu, daß sie letzten Winter mit ihrer Tochter im Auto von Krakau nach Warschau zurückgefahren sei. Die Straße habe an Auschwitz vorbeigeführt. Martha erzählt: »Meine Tochter hat dem Autoradio zugehört. Ich bat sie, es auszuschalten. Sie fragte, warum. Ich sagte, weil wir gerade am größten Friedhof der Welt vorbeifahren, und erklärte ihr, was Auschwitz ist. Sie fragte mich, ob man es besuchen könne, was ich bejahte. Sie wollte reingehen. Doch ich sagte: nein, du bist zu jung. Dann wollte sie wissen, ob ich schon dagewesen sei, und ich sagte nein. Ich kann mich wirklich nicht daran erinnern, dagewesen zu sein, obwohl es viele Schulausflüge nach Auschwitz gab. Vielleicht wurde meine Klasse einfach vergessen, oder wir waren nicht daran interessiert oder zu jung. Ich weiß es nicht mehr.« Erstaunt folgen die beiden ihrer Ausführung. Wie kann man vergessen, dagewesen zu sein oder nicht, überlegt sich Ann. Das muß doch für jedes Kind ein einschneidendes Ereignis sein, das man nie vergißt. Wahrscheinlich wurde ihre Klasse wirklich ausgelassen. »Komisch«, entfährt es ihr, »im Gegensatz zu anderen jungen Juden, die mit ihren Eltern extra nach Polen kommen, um ihre Wurzeln zu suchen, hast du noch nie die Stätten der Vernichtung aufgesucht, obwohl du so nah an ihnen lebst.« Da fällt ihr Martha ins Wort: »Ich muß nicht nach meinen Wurzeln suchen, ich habe sie hier, kann sie anfassen, fühlen.«

Abschied nehmen

Die anstrengende Tagesreise mit Familie Pralowska ist endlich vorüber. Ann und Sarah können es nicht erwarten, in dem Warschauer Komforthotel abgesetzt zu werden.

Ein überaus höflicher Portier öffnet die Wagentür. Die beiden steigen erschöpft aus. Ihr Gepäck wird ausgeladen, die Glastüren aufgehalten, die renovierte Eingangshalle ist klimatisiert, der graue Mamorboden schimmert glanzvoll. Das Hotel ist wahrhaftig eines der schönsten Art-Deco-Hotels in Europa. Sarah checkt an der Rezeption ein und bemerkt, daß die knallroten Uniformen der Angestellten nicht zum Interieur passen. Ann sieht sich ein wenig um. Vom prunkvollen Entrée aus öffnet sich eine gigantische eindrucksvolle Halle. Zwei Messingfahrstühle schlängeln sich durch einen gläsernen Schacht in die oberen Stockwerke. Einzelne bordeauxfarbene und königsblaue Samtsessel unterstreichen die Schlichtheit des wunderschönen Eingangbereichs. Auf kleinen nachgeahmten korinthischen Säulen stehen Glasvasen mit frischen weißen Lilien. Ein kurzer Gang führt in die Lobby. Auch hier sind die Komposition der Farben und die Ausstattung bis ins Detail durchdacht. Mit Mosaiksteinen verzierte Säulen gehen in der Stuckdecke auf, dezente Sitzgarnituren und Art-Deco-Lampen schmükken den hohen Saal. Ann schaut auf die hellblaue Decke, die wie ein Himmel wirkt. Nur das Wellenschlagen des Meeres und der Sand unter den nackten Füßen fehlen hier. Eine riesige Glasfront trennt die Lobby vom ausgebauten Innenhof. Ann drückt ihre Nase an die Scheibe und entdeckt eine Oase – mitten in Warschau. Grüne Korbsessel, hell gedeckte Tische und leuchtende Kerzen sind von blühenden Pflanzen umgeben. Ann ist entzückt, innerhalb dieses Hotelkomplexes fühlt sie sich wie in Italien, Frankreich oder an einem anderen europäischen Ort. Sie tankt, dank des schönen Anblicks, sofort Energie auf. Das unhygienische Hotel in Lodz gehört nun wirklich der Vergangenheit an.

Gutgelaunt geht Ann auf Sarah zu und fährt mit ihr in einem der Aufzüge in den dritten Stock. Die Großzügigkeit des Zimmers wirft beide um. Das Mobiliar besteht ausschließlich aus Antiquitäten. Die Vorhänge, Ohrensessel und Tagesdecken sind in weichen Gelbtönen gehalten. Jede einzelne Schlafstelle hat die spendable Größe eines französischen Doppelbettes. Sie sind überwältigt und fühlen sich wie zwei Prinzessinnen in einem Schloß. Als erstes inspiziert Ann das Bad, die tiefe weiße Badewanne, die zwei Waschbecken mit den goldenen Armaturen, die saubere Toilette. All ihre Sehnsüchte scheinen sich zu erfüllen. Sie kann es kaum erwarten, sich endlich ein heißes, duftendes Schaumbad einzulassen. In Lodz hatte sie sich so geekelt, daß sie sich nur mit Schuhen in das muffige Bad wagte. Und endlich sind sie beide einmal allein. Sie machen sich schön und beschließen, zu zweit zu dinieren.

Sammi und Miriam wohnen seit zwei Tagen, die Familie Blau seit gestern auch in diesem Hotel. Das gesamte Team ist ebenfalls hier untergebracht. Frühzeitig haben die beiden Frankfurterinnen dafür gesorgt, daß dieser letzte Abend von allen Beteiligten selbst organisiert wird, da sie es zeitlich nicht abschätzen konnten, wann sie in Warschau wieder eintreffen würden. Zu zweit essen sie nun vorzüglich im Innenhof zu Abend, und obwohl es zunehmend kühler wird, verharren die beiden bis zum bitteren Ende. Bei einer Flasche Rotwein lassen sie die letzten drei Tage Revue passieren. Mit einem Mal gehört ihr ganzes Projekt nicht mehr der Zukunft an. Zahlreiche Vorgespräche fanden statt, etliche Sekundärliteratur wurde verschlungen, Länder bereist, neue Freundschaften geschlossen, Tränen sind geflossen, viele Situationen brachten sie beide zum Lachen, kleine Streitigkeiten sind überstanden. Die Befürchtung, bald danach in ein großes Loch zu fallen, wird sich aller Voraussicht nach bestätigen.

Am nächsten Tag sind Ann und Sarah mit allen drei Familien zum Frühstück verabredet. Der letzte Morgen am langen Tisch ist entgegen aller Erwartung sehr unterhaltsam. Die vergangenen Tage der Spurensuche und der sie begleitende Versuch, das Tabu zu brechen, werden nicht angesprochen. Die ehemaligen Lodzer lernen sich an diesem Morgen zum erstenmal kennen. Sie sprechen in ihrer Muttersprache miteinander und suchen nach Gemeinsamkeiten. Sie plaudern über ihr jetziges Leben, die Vor- und Nachteile ihrer Wahlheimaten. Die spontane und sofort spürbare Sympathie zwischen Lana, Manu und Sammi erfreuen Ann und Sarah. Rosa hingegen macht es den anderen schwerer, sie mit ihrer rauhen Art ins Herz zu schließen. Die zweite Generation beschnuppert sich etwas distanzierter als die der Älteren. Die Verbindung unter ihnen besteht einzig darin, daß ihre Eltern allesamt aus Lodz stammen und daß sie alle Kinder von Überlebenden sind. Ansonsten sind ihre Charaktere zu unterschiedlich.

Sarah und Ann wechseln ihre Positionen des öfteren, lauschen den Gesprächen der zusammengewürfelten Runde. Schnell vergeht der letzte gemeinsame Morgen, zur Mittagszeit fliegt die Lufthansamaschine Sammi, Miriam, Ann und Sarah nach Deutschland zurück. Die Abschiedszeremonie mit Rosa und Martha ist einfach, ein Händeschütteln, ein kurzes Lächeln, ein Dankeschön, und ihre Wege trennen sich, voraussichtlich für immer. Der Abschied von der Tel Aviver Familie fällt den beiden Freundinnen hingegen unglaublich schwer. Die interessanten Gespräche werden in Zukunft ausbleiben, die Entfernung ist zu groß, um intensiv Kontakt zu halten. Daß die Familie Blau sie einmal in Deutschland besuchen wird, ist eher unwahrscheinlich – zumal Lana sich nach Kriegsende geschworen hat, nie wieder deutsche Erde zu betreten. Sie entläßt Ann und Sarah mit den Worten: »Eines hat mir die Reise, die Überwindung, nach fünfzig Jahren an diesen Ort zurückzukommen, gebracht. Ich trage das Gefühl in mir, die Shoah besiegt zu haben. Dank meines Überlebens habe ich zwei Söhne auf die Welt gebracht, meine Wurzeln werden so durch sie weiterleben.« Mit ihrem ganzen Stolz fährt Lana fort: »Das jüdische Volk wird seit Jahrhunderten verfolgt, ungeheuer viel Leid wurde uns zugefügt, aber es wird niemandem je gelingen, uns auszurotten.« Feste Umarmungen, herzliche Küsse und die Versprechungen, sich in Israel wiederzusehen, erfüllen die letzten Minuten der gefühlsbetonten Trennung von der Großfamilie und dem Filmteam.

Wie verabredet steht Antons Wagen vor dem Hotel, zu viert quetschen sie sich in den kleinen Lada und düsen zum Flughafen. Auf halber Strecke dringt das betäubende Heulen eines Blaulichts schon von weitem an ihre Ohren. Niemand kümmert das – es kann ja auch nicht sein, daß das Blaulicht ihnen gilt. Bis sie plötzlich von der polnischen Gendarmerie überholt werden und eine heraushängende Kelle Antons Wagen auf den Seitenstreifen dirigiert. Aufgeregt und sichtlich erschrocken reden alle durcheinander auf ihren Fahrer ein. Der findet keine passende Antwort auf die unerwartete Verfolgung. Ann wird nervös, die Fahrt vom Hotel zum Warschauer Flughafen ist knapp kalkuliert, die Maschine hebt in einer halben Stunde ab. Ihr Personenwagen hält aber nun wie befohlen am Straßenrand. Anton bleibt hinter dem Lenkrad sitzen und kurbelt das quietschende Fenster herunter. Der schnauzbärtige Polizist bückt sich und redet lautstark auf Anton ein.

Wieder einmal ist Sammi der einzige, der jedes Wort des Schlagabtausches versteht. Mit kurzer Verzögerung übersetzt er sinngemäß den drei hinten sitzenden Damen: »Der Polizist beschuldigt ihn, zu schnell gefahren zu sein.« Sarah kann es nicht glauben, wegen zu schnellen Fahrens soll sie dazu verdammt sein, einen weiteren Tag in Polen zu verbringen! Geistesanwesend zückt sie den Flugschein aus ihrer Umhängetasche und drückt ihn Anton in die Hand. Er soll die Geschwindigkeitsüberschreitung damit begründen, daß das Flugzeug mit den gebuchten Plätzen in einer halben Stunde abhebt. Inzwischen hat Ann ihr Portemonnaie aus dem Rucksack gezerrt und setzt zum Versuch an, das Problem mit zwanzig Dollar zu lösen. Sie steigt aus und redet englisch auf den Polizisten ein. Sarah, die in der Mitte zwischen Ann und Miriam sitzt, lehnt sich seitlich über den nun leeren

Platz von Ann und beobachtet ihre mutige Freundin. In ihrer geballten Faust hält sie westliche Währung versteckt. Die Transaktion hat vollen Erfolg. Ann nimmt wieder im Wagen Platz und schlägt die Türe zu. Der Polizist duckt sich auf Fensterhöhe, wendet sich kurz angebunden zum Fahrer und eilt zu seinem Kollegen. Anton verrenkt sich fast, um Ann, die direkt hinter ihm sitzt, anzuschauen. Mit seinem nach oben ausgestreckten Daumen gibt er ihr zu verstehen, daß sie das Problem soeben wundervoll gemeistert hat. Sammi übersetzt wieder: »Der Polizist hat Anton gesagt, daß sie in Eskorte vorfahren, damit wir den Flieger noch bekommen.« Alle prusten los, Ann hat es tatsächlich geschafft, einen polnischen Beamten zu schmieren! Als Ausdruck seiner Dankbarkeit für die grünen Dollars und als abschließende Krönung ihres Polenaufenthaltes werden sie so bis zur Abflughalle geleitet.

Wohlauf sitzen sie endlich in der Maschine. Auf den Bordingkarten wurden ihnen zwar getrennte Plätze zugewiesen, doch da der Flug nicht überfüllt ist, kann Ann sich einen Gangplatz neben Sarah wählen. Die Mitte bleibt frei. Miriam und ihr Vater sitzen zwei Reihen vor ihnen. Über den Wolken dann kommt Miriam auf die beiden zu. Mit einem vollen Glas Tomatensaft setzt sie sich auf den freien Mittelplatz.

Unbefangen beginnt sie, von den vergangenen Tagen zu sprechen: »Ich weiß nicht genau, was mir die Tage mit meinem Vater gebracht haben. Einerseits bin ich ja schon froh, einiges Verborgenes erfahren zu haben, andererseits werde ich die Hilflosigkeit meines Vaters nie vergessen.« – »Tut dir das leid?« fragt Sarah sie behutsam. Miriam blickt auf das ausgeklappte graue Tablett über ihren Beinen. Ihre fünf Finger mit den langen, roten Nägeln umfassen das Glas, sie schiebt es hin und her. »Ich weiß nicht, ich befinde mich da in einem emotionalen Zwiespalt. Es war eine einmalige Chance, mit meinem Vater vor Ort in Lodz zu sein, aber muß man denn nach jeder Chance greifen? In meinem Unterbewußtsein war es immer verankert, daß er ein Überlebender ist, daß sein Schicksal meine Erziehung mit beeinflußt hat. Jetzt aber weiß ich, daß ich nur ein Minimum seines Leids kenne und ich tatsächlich nicht alles erzählt bekommen möchte. Ich bin zu sensibel, eben zu schwach, um diese Last in mir tragen zu können. Ob mein Vater sich erleichtert fühlt, wenn er mir seine Kriegsjahre mitteilt? Ich bezweifle das. Das Darüberreden wird ihm den tiefen Schmerz nicht nehmen. Wozu dann das ganze? Vielleicht wäre es anders, wenn ich schon von Kind an mehr erzählt bekommen hätte. Aber das sind nur Spekulationen. Die Szene im Ghetto, wißt ihr? Wo er sich, auf seine Hände stützend, an der Hauswand Schritt für Schritt entlanggetastet hat, die ...«

Miriam bricht ab, hebt ihren Blick und sieht erst nach rechts zu Sarah, dann nach links zu Ann hinüber. Sarah nickt, und Ann läßt ein leises »Ja« ertönen.

»Er wollte uns zeigen, wie sich die hungrigen, ausgedörrten Menschen im Ghetto fortbewegten. Sie hatten nichts mit ihm gemein, außer ihrer jüdischen Religion. Aufgrund der Unterernährung waren diese kraftlosen Menschen nicht in der Lage, ohne den Halt der Mauer aufrecht zu gehen. Das war eines der prägendsten Bilder – es wird mich wohl mein Leben lang begleiten. Die berechtigte Angst meines Vaters zu sterben muß ihn zermürbt haben. Sein Fehler war es, der ›falschen‹ Religion anzugehören. Nur zu gut verstehe ich diese komische Eigenschaft von ihm, wie ein Besessener den Kühlschrank randvoll mit Nahrungsmitteln zu stopfen. Jeden Tag mußte er sich harter körperlicher Arbeit unterziehen, sich einer brutalen Obrigkeit unterwerfen und mit allen Mitteln ums Überleben kämpfen. Welcher Schmerz, welche Entbehrung, welche Trauer mußte ich denn erleiden? Im Gegensatz zu meinem Vater kenne ich ja nur die schönen Seiten des Lebens. Er mußte in einem engen Zimmer mit seiner ganzen Familie leben, ich hatte mein eigenes. Er wurde jahrelang gezwungen, gegen seinen Willen zu handeln, ich befinde mich in der glücklichen Situation, frei zu entscheiden. Er wurde dafür gedemütigt, daß er Jude ist. Ich darf meine Zugehörigkeit zum Judentum offen bekunden. Trotz alledem hat er es verstanden, ein neues Leben nach dem seelischen Tod zu beginnen und uns Kindern die Liebe zu geben, die ihm zu früh genommen wurde. Das ist die wichtigste Erkenntnis für mich – nach den letzten Tagen. Die Erzieherrolle als Vater hat ihm nicht erlaubt, sein Schicksal detailliert zu erzählen. Er mußte vor seinen Töchtern Stärke beweisen, bestimmt hätte uns seine Vergangenheit zu sehr belastet. Jetzt, nach den wenigen Tagen, habe ich zusätzlichen Schmerz importiert. Außerdem, glaube ich, hat er mir Einzelheiten erspart, damit ich in Deutschland unbeschwert aufwachsen konnte. Unweigerlich wäre der in mir geschürte Haß wie eine Granate explodiert. All die Deutschen, die in dieser Zeitperiode gelebt haben, behaupten, von den Verbrechen nichts gewußt zu haben. Wer waren dann die Augenzeugen der verbrannten Bücher, Häuser und Synagogen? Das deutsche Volk hätte weiß Gott etwas dagegen tun können. Kein Preis war ihnen für ihren gewählten Reichskanzler Hitler zu hoch. Das Denken und die Verantwortung wurde vom Staat übernommen, die Juden wurden als Parasiten angesehen, sie störten die Reinheit des deutschen Volkes. Als Kind eines Überlebenden aber bin ich zu sensibel, um die gesamte Wahrheit ertragen zu können. Ich werde das Ruder nicht in die Hand nehmen, ich werde den dazugehörigen Mut nicht aufbringen, ihm zu Hause weitere Fragen zu stellen. Wie ich meinen Vater kenne und einschätze, wird er von sich aus nicht mehr viel erzählen. Das wird die kurze Reise in die Vergangenheit nicht mit sich bringen. Eigentlich kann ich es mit hundertprozentiger Sicherheit sagen: Sobald wir zu Hause sind, wird das Schweigen wieder überhand nehmen.«

Miriam hat nun all ihren Empfindungen Luft gemacht. Und kurz darauf setzt die Maschine zum Landen an. Der Abschied am Frankfurter Flughafen ist herzlich, nach Umarmungen und Küssen trennen sich die vier voneinander.

Wochen sind vergangen, Sarah hat sich gerade auf den Weg zu Ann gemacht, als ihr ein dicker brauner Umschlag ins Auge sticht, der halb aus ihrem Briefkasten hängt. Sie zerrt den Brief mit einiger Gewalt aus dem Kasten, da sie ihren Schlüssel nicht findet. Als sie auf den Absender schaut, stehen dort nur die Initialen A. B. Neugierig reißt sie das Couvert auf; zwei engbeschriebene Seiten in Englisch lassen Sarah vermuten, daß der Verfasser Alon ist. Um sich zu vergewissern, wirft sie kurz einen Blick auf die Unterschrift, und tatsächlich steht dort in Schreibschrift »Meine liebsten Grüße, euer Alon«. Sie überfliegt die Seiten nur und schlägt einen rascheren Schritt ein, um schneller bei Ann zu sein. Außer Puste und leicht verschwitzt klingelt sie, stößt die Eingangstür auf, wartet auf den langsamen Aufzug, fährt in den letzten Stock und setzt sich dann zu Ann auf den Balkon. Aufgeregt hält sie ihr den Umschlag unter die Augen und erklärt kurz, daß Alon ihnen geschrieben hat. Laut fängt sie an vorzulesen:

Liebe Sarah, liebe Ann,
es ist schrecklich heiß, der Sommer ist gnadenlos hier in Tel Aviv, und ich wünschte mir ein wenig europäisches Klima. Ich sitze an demselben Platz, an dem wir uns zum erstenmal getroffen haben. Erinnert ihr euch an das Kaffeehaus im Park? Wenigstens gibt es hier die großen Zedernbäume, die ein bißchen Schatten spenden. Es ist jetzt fast einen Monat her, seit wir aus Polen zurück sind. Ich habe in den ersten beiden Wochen danach alle Ge-

danken an diese Fahrt weggedrängt. Erst langsam konnte ich mich an das Erlebte herantasten. Ich wollte das mit mir selbst ausmachen, ohne mit meiner Frau oder meinen Eltern zu sprechen. Wahrscheinlich brauche ich einen zeitlich noch größeren Abstand, um zu wissen, was diese Reise alles ausgelöst hat. Im Moment habe ich das Gefühl, daß sie mir langfristig nicht allzu viel gebracht hat. Ich habe keinen intensiveren Dialog mit meinen Eltern, die Barrieren waren nur für den Moment dieser Fahrt gefallen. Hier in Israel ist alles beim alten. Ich frage nicht, sie schweigen. Und doch habe ich jetzt das Bedürfnis, meine Gedanken mitzuteilen, aber nicht meinen Nächsten, sondern euch. Immerhin seid ihr diejenigen gewesen, die alles initiiert haben. Es gab Stunden, da habe ich es bereut, aber auch Tage, an denen ich glücklich war, daß ich in eurem Film mitgewirkt habe. Sonst hätten wir doch nie den endgültigen Schritt gewagt: einmal zusammen nach Polen. Gerade in den letzten Jahren haben wir immer wieder darüber gesprochen, auch darüber, meine Eltern vor eine Videokamera zu plazieren und sie erzählen zu lassen. Und doch haben wir das nie gemacht. Wißt ihr, auch wenn sich der Umgang zu Hause nicht ändern wird, so kenne ich jetzt doch mehr Details als früher, habe präzisere Vorstellungen im Kopf, die ich mit reellen Bildern füllen kann. Ich bin über das Pflaster gelaufen, auf dem beide großgeworden sind, habe die Häuser gesehen, in denen sie ghettoisiert wurden, kenne nun die Stelle, an der früher der Sammelplatz war, kenne die düsteren Straßenzüge und das Stadtbild, das sich von der Substanz her kaum verändert hat. Ich kenne die Gesichter der Alten und stelle sie mir als junge Menschen vor. Ich habe die Gerüche eingeatmet und bringe sie mit einem Hauch Vergangenheit in Verbindung. Ich habe das Fenster gesehen, hinter dem die Wohnung meiner Großeltern lag. Ich habe das Schulgebäude meines Vaters gesehen und versuche mir vorzustellen, wie er als kleiner Junge aussah. Es gibt ja keine Photos aus dieser Zeit. Die Steine von Lodz fordern meine Phantasie auf andere Art, ich habe mehr Anhaltspunkte, die ich nun in meinem Kopf mit Leben fülle. Polen ist ein fremdes Land für mich. Die Sprache kenne ich von zu Hause, ohne daß ich ihre Worte verstehe. Meine Wurzeln sind hier, Polen bedeutet Tod, Verlust und Mord für mich. Und doch bin ich mir selbst durch die Reise nähergekommen. Ich habe die schwarze Kiste geöffnet, die ich seit meiner Kindheit mit mir herumtrage. Nie habe ich in sie hineinzublicken gewagt, nie habe ich so genau wie heute gewußt, was sich in ihr verbirgt. Aber ich werde diese Kiste nie ganz auspacken, das möchte ich nicht. Sie gehört meinen Eltern, nicht mir. Ich habe gelernt zu differenzieren, welche Erfahrungen zu mir und welche zu meinen Eltern gehören. Das war ein langer, schmerzhafter Prozeß. Vielleicht kann man nie ganz die Grenzen ziehen, aber ich mußte unterscheiden lernen, um freier leben zu können. In dieser Hinsicht hat mir der Film geholfen. Man wird sich über vieles erst richtig bewußt, wenn man es ausspricht. Ich bin ein Mensch, der alles mit sich selbst ausmacht. Die Arbeit mit euch, und in gewisser Hinsicht auch dieser Brief, sind neue Erfahrungen für mich. Ihr seid mir vertraut und doch fremd. Obwohl Miriam und Martha mir näher sein könnten, weil auch ihre Mutter bzw. ihr Vater das Ghetto Lodz überlebt haben, fühle ich mich euch stärker verbunden. Es war interessant, sie kennenzulernen, aber unsere Bekanntschaft hat mir mehr gebracht. Das Schweigen unserer Eltern hat uns zusammengeführt. Ich brauche Distanz in zweierlei Hinsicht, um dies aufzuschreiben. Eigentlich hätte ich genügend Menschen, die sich ein Gespräch mit mir wünschen. Ich spüre das jeden Tag, seit wir zurück sind. Mein Bruder will mit mir reden, meine Frau will es, bloß ich, ich kann nicht. Der Mechanismus von zu Hause wiederholt sich in meinem eigenen Verhalten. Ich höre zu, stumm, denke leise, gehe in mich. Aber ich habe das als Teil von mir akzeptiert. Ich fühle mich geborgen in meiner kleinen und großen Familie. Wir haben eine schwierige Erfahrung zusammen durchlebt, das bindet sehr stark. Ich glaube, ich bin dabei, meinen Frieden mit mir selbst zu schließen. Ich werde die geöffnete Kiste nie ganz auspacken. Es liegt zu viel Trauer darin für ein Menschenleben, zu viel Tod, zu viel Demütigung, zu viel Leid. Ich möchte heute leben, jeden Tag genießen, eine unbelastete Tochter großziehen, Liebe geben und empfangen. Ab und an werde ich vielleicht einen vorsichtigen Blick in die Kiste werfen, ohne mich in ihr zu verlieren.

Meine liebsten Grüße, euer Alon.

Sarah legt das letzte Blatt auf den Tisch und mustert Ann. Sie sitzen beide auf Anns gelben Korbstühlen und lassen die Worte auf sich wirken. Im Gegensatz zu Alon sind sie in den letzten Wochen in ein schwarzes Loch gefallen. Die Tage scheinen endlos, wie betäubt sind sie durch die Straßen Frankfurts getaumelt, um die Stunden totzuschlagen. Alle produktiven Ansätze für ein neues Projekt versagten, Nichtstun füllte ihre Zeit. Neun Monate ihres Lebens waren sie wie besessen gewesen von der Verwirklichung ihrer Idee.

Das Filmprojekt ist inzwischen zwar abgeschlossen, doch die Thematik wird sie wohl ewig begleiten. Während des Dreivierteljahres waren sie geistig und physisch völlig ausgelastet. Immerzu damit beschäftigt, das nötige Geld zusammenzutragen, verschiedene private Produktionen und öffentliche Sendeanstalten von der Realisierung ihrer Idee zu überzeugen und die geeigneten Personen für den Dokumentarfilm zu finden. Natürlich überwiegt heute die Freude, es geschafft zu haben, aber ein Auge trauert den ereignisreichen Monaten nach. In den letzten Wochen sind sie sich selbst wie zwei Greise vorgekommen: »Weißt du noch, als wir ...? Erinnerst du dich an ...?« Mit dem Austausch von Erlebtem wurden die Erinnerungen permanent wach gehalten. Ohne es wahrscheinlich beabsichtigt zu haben, regt Alon mit seinem Brief einen Dialog zwischen den Freundinnen an.

Ansätze eines rückblickendes Gesprächs fanden zwar des öfteren statt, doch waren es eben immer nur Versuche, die scheiterten. Jede der beiden benötigte ein temporäres Aus, um Gefühle, Gedanken und Erlebnisse zu verdauen. Sie ahnten, daß der richtige Moment unangemeldet kommen würde. Daß ein Schreiben aus Israel der Auslöser sein würde, hätten sie beide nie vermutet.

Sarah ist diejenige, die ihre Gedanken langsam zu artikulieren beginnt: »Tatsache ist, daß wir über Lana, Manu, Sammi und Rosa mehr wissen, als ihre eigenen Kinder je erfahren werden.« – »Stimmt«, sagt Ann, »was mich aber wundert, ist, daß nicht einer von ihnen uns im nachhinein ausgefragt hat. Der Zugang zu uns hätte ihnen doch ermöglicht, ohne jegliche Hemmungen nachzufragen.« – »Ich weiß nicht, Ann, du mußt ihnen doch auch die Distanz zugestehen, die sie als Kinder vor der

Belastung schützt«, meint Sarah und fügt an: »Erinnerst du dich noch an die Diskussion in Israel, als du die Meinung vertreten hast, daß der Wunsch, meinen Vater zu interviewen, nur ein Vorhaben bleiben wird?« Ann nickt. »Mein Vater war ganze fünf Jahre alt, als die Verfolgung gegen ihn begonnen hat. Sein Erinnerungsvermögen ist nicht so stark wie das deiner Eltern. Sie waren ein paar Jahre älter, ihr Gedächtnis ist stichfester. Es ist unabdingbar für mich, seine Schwester oder seine Cousine vorab zu befragen, ich will auch Literatur heranziehen, um diesen Dialog unter vier Augen ganz auszuschöpfen. Der Verdrängungsmechanismus setzt bei Kleinkindern sehr schnell ein, so auch bei meinem Vater, er kann nicht alles im Detail wiedergeben. Mein Ziel ist es, ihm bei diesem bahnbrechenden Gespräch nicht passiv gegenüberzusitzen. Ich will in der Lage sein, ihm Hilfestellungen zu geben.«

Sarah setzt für einen Moment aus und atmet die warme Luft ein. Sie ist aufgewühlt, die innere Belastung schmerzt sie. Manchmal unterbricht sich Sarah selbst, um ihre Worte zu überdenken. Nach außen wirkt sie wie ein offenes Buch, ihr herzliches Lachen ist so etwas wie ihr Markenzeichen – doch der Schein trügt. Erst in den letzten Jahren hat sie gelernt, sich Freunden gegenüber ein wenig zu öffnen.

Sarah rückt ein paar Zentimeter nach vorne, streckt ihre Beine auf einen Hocker und verschwindet so aus Anns direktem Blickkontakt. Sie braucht diese Distanz, um weiterreden zu können: »Außerdem spüre ich, wie das Mitteilungsbedürfnis meines Vaters gewachsen ist, seitdem wir uns intensiv mit der Thematik beschäftigt haben. Eines habe ich aus der Reise nach Lodz gelernt:

Es nützt nichts, in die Vergangenheit zu reisen. Weder Alon noch Miriam oder Martha haben dadurch das Tabu brechen können. Inzwischen bin ich eigentlich der Auffassung, daß alle drei nicht mit dem Vorsatz nach Lodz gefahren sind, um das Schweigen aufzuheben. Die Konsequenz, die ich für mich aus dem Erlebten ziehe, ist die, daß meine Mutter, meine Schwester Jil und mein Bruder Aron, daß wir alle nicht gemeinsam mit meinem Vater nach Czernowitz reisen müssen. Die Erzählungen sind das Wichtige, nicht die Steine vor Ort. Ich fühle mich geradezu verpflichtet, diese Erzählungen als Erbe mitzunehmen, nie würde ich es mir verzeihen können, dies verpaßt zu haben.«

Ann unterbricht sie: »Du bist da in deiner Bereitschaft weiter als ich. Ich denke eher wie Alon, auch ich möchte das dunkle Kapitel nicht ganz öffnen. Sicher ist es mir wichtig, ein wenig Chronologie in den Ablauf meiner Familiengeschichte zu bringen, aber die Einzelheiten möchte ich mir und meinen Eltern ersparen. Wenn sie bereit sind, darüber zu sprechen, würde ich zuhören, vielleicht auch ein paar Fragen stellen. Aber es ist anders als bei dir. Ich werde kein Gespräch vorbereiten, ich möchte, daß es sich ergibt – oder eben nicht. Das einzige, worüber ich mich ärgere, ist, daß ich meine Oma nicht mehr gefragt habe. Heute ist sie zu alt, um mit mir darüber zu reden. Aber im Grunde war immer sie es, die mir die Vergangenheit lebhaft geschildert hat. Von ihr habe ich die meisten Anekdoten. Sie war ein Leben lang haßerfüllt gegenüber den Deutschen und hatte nachts oft Angst, wenn sie ihr geliebtes Paris für ein paar Wochen Frankfurt verließ. Wenn meine Eltern abends später als geplant nach Hause kamen, verriegelte sie die Wohnung und ließ die Rolläden herunter. Dann sagte sie zu mir: Wer weiß, vielleicht wenn ich mich umdrehe, steht da ein SS-Mann hinter mir und will mich erschießen.«

Sarahs Augen öffnen sich weit, als sie dies hört, Anns Geschichte erinnert sie an die anhaltende Angst von Sammi, der ihnen etwas Ähnliches erzählt hatte. Sie spürt Anns Blick, dreht sich um und hört ihre Stimme vorwurfsvoll fragen: »Woran denkst du, hörst du mir überhaupt noch zu?« – »Ja, sicher. Erzähl bitte weiter, ich wollte dich nicht aus dem Konzept bringen.« Doch Ann hat den Faden verloren, und es dauert ein paar Minuten, bis sie der Aufforderung nachkommt: »Ich glaube, ich habe in Alon mein anderes Ich gefunden. Schon das Gespräch in Israel war wie ein Blick in den Spiegel, der Brief ergänzt das jetzt. Ich finde es nur schade, daß du, Sarah, und ich so wenig Zeit hatten, um spontan miteinander zu sprechen. Jetzt, im nachhinein, ist es schwerer, manches ist schon vergessen. Wir haben zuviel für später aufgespart. Wir sind im Umgang eben sehr verschieden. Dein Verhalten überrascht mich, zum einen bist du Meister im Verdrängen, und doch willst du das Gespräch mit deinem Vater, es treibt dich dahin, obwohl es stark an dir zehren wird. Aber sind wir nicht beide voller Widersprüche? Vielleicht gibt mir das den Mut, meine Meinung noch einmal zu ändern, wenn ich sehe, daß du das Tabu gebrochen hast.«

Die langen, stummen Jahre zwischen den Generationen sind nicht durch Gespräche in der Zukunft aufzuholen. Das Schweigen ist fester Bestandteil ihres Lebens: Ann und Sarah müssen dies ohne Einschränkung akzeptieren lernen.